MW01233831

VIE

DE

MADAME RIVIER.

M.me MARIE RIVIER,

Fondatrice et première Supérieure de la Congrégation de la Présentation de M.

née à Montpezat le 19 Décembre 1768, décédée à Bourg S.t Andéol le 3 Février 1838.

1

VIE

DE

MADAME RIVIER

Fondatrice et première Supérieure

DE LA CONGRÉGATION

DES SŒURS DE LA PRÉSENTATION

DE MARIE,

Par l'Auteur de la Vie du Cardinal de Chevérus.

AVIGNON,

L. AUBANEL, IMPRIMEUR DE L'ARCHEVÊCHÉ.

1842

DÉCLARATION

DE L'AUTEUR.

—

Conformément aux Décrets d'Urbain VIII en date du 13 Mars 1625, du 5 Juin 1631 et du 5 Juillet 1634, je déclare que si je donne quelquefois à Madame Rivier le titre de Sainte, je n'entends par là que désigner une

a

personne d'une piété universellement reconnue, sans nul préjudice de l'autorité de l'Église Catholique, à laquelle seule appartient le droit de préconiser les Saints et de les proposer à la vénération des fidèles : je déclare de plus soumettre tous les faits rapportés dans ce Livre au jugement du Saint-Siége, qui seul peut leur donner par son Approbation cette mesure d'authenticité requise pour servir de base aux Décrets de l'Église sur les vertus des Saints.

AVANT-PROPOS.

Le plus ravissant spectacle qui puisse être
offert à l'homme sur la terre, est celui d'une
âme juste, forte et généreuse qui s'élevant au
dessus de toutes les faiblesses de notre nature,
comptant pour rien toutes les jouissances d'ici-
bas, triomphant d'elle - même et du monde,
n'estime, ne recherche, ne poursuit dans tout

le cours de son existence qu'une seule chose,
la plus grande gloire de Dieu et le plus grand
bien de ses semblables. L'intérêt de ce spectacle s'accroit encore, quand cette âme juste,
forte et généreuse se trouve placée dans des
circonstances favorables qui lui permettent de
développer tout ce que la religion a mis en
elle d'excellent et de sublime, de faire de
grandes choses, de créer de grandes œuvres.
Mais ce qui rend ce spectacle intéressant au
suprême degré et digne de fixer tous les regards, c'est quand cette âme, dépourvue de
tout moyen humain de succès, ne rencontrant
qu'obstacle dans l'infériorité de sa position
sociale, dans son éducation peu soignée, dans
l'état de la société entière, mais forte de Dieu
seul et comptant sur lui seul, conçoit le plan
d'une grande œuvre, l'entreprend, le poursuit à
travers toutes les difficultés dont elle triomphe,
et le réalise avant sa mort sur la plus vaste
échelle.

Tel est le spectacle que nous offre la vie de Madame Rivier. On y verra une âme sainte ne vivant que pour Dieu et pour le prochain, une simple fille de campagne, pauvre, sans ressource, sans cet esprit cultivé et orné que donne l'éducation des grandes villes, concevant au milieu des orages de la révolution, sur les ruines de toutes les Congrégations dispersées, le plan d'une Congrégation nouvelle vouée à l'éducation de l'enfance comme à tous les genres de bonnes œuvres, et l'exécutant avec cette fermeté de volonté, cette sagesse de moyens, cette confiance en Dieu qui la rend plus forte que tous les obstacles. Quoi de plus intéressant et de plus digne d'occuper l'attention d'un Lecteur? Le simple récit des faits lui offrira de nombreux sujets d'édification, de grands exemples de vertu, des modèles de conduite dans toutes les positions de la vie, et des motifs de louer Dieu admirable dans ses Saints.

Cette vie si belle, nous l'avons puisée aux sources les plus pures ; les personnes même qui ont vécu avec Madame Rivier, qui ont suivi de près toutes ses actions, partagé tous ses travaux, entendu et noté par écrit, pour s'en mieux souvenir, ses instructions publiques et particulières, nous ont transmis, après l'avoir rédigé chacune à sa manière, ce qu'elles se rappelaient de la vie de leur sainte fondatrice, de ses vertus et de ses œuvres. On peut même dire que Madame Rivier en personne nous a fourni une partie de nos documents, puisque les faits rapportés dans le premier Livre ont été recueillis de sa bouche par une Sœur intelligente à laquelle son Directeur l'avait obligée de raconter l'histoire de son enfance, de sa jeunesse et de ses premiers travaux. Telles sont nos autorités, nos témoins, nos garants et les auteurs des mémoires sur lesquels nous avons travaillé. Notre travail terminé a été ensuite examiné, discuté par les mêmes personnes qui nous avaient fourni ces Mémoires : elles ont pu s'assurer si tout était exact pour les faits, les lieux et les personnes, si le caractère de Madame Rivier et de son œuvre avait été bien saisi et bien rendu ; et ce n'est qu'après avoir épuisé tous ces moyens d'atteindre à la rigoureuse vérité de l'histoire, que nous livrons cette Vie au public, en formant le vœu qu'elle soit utile et profitable à tous les Lecteurs autant qu'elle est digne de leur confiance. Si ce vœu de notre cœur est exaucé, nous nous réjouirons de la peine que nous a coûté notre déférence pour une volonté vénérée et qui seule a pu nous faire entreprendre un travail si peu compatible avec nos occupations. Nous nous consolerons moins facilement du nouveau sacrifice qui nous a été demandé et que nous avouons nous avoir plus coûté que le premier, c'est celui du titre même de ce Livre, en tant qu'il révèle au public l'ouvrage de l'Auteur de LA VIE DU CARDINAL DE CHEVERUS. Il est des hommes si dignes de tous nos respects qu'il faut savoir courber ses plus fortes répugnances sous l'autorité de leurs désirs.

VIE

DE

MADAME RIVIER.

❖❖❖❖❖❖❖❖❖❖❖❖❖❖❖❖❖❖❖❖❖❖❖❖❖❖❖❖❖❖

LIVRE PREMIER.

Depuis sa naissance en 1768 jusqu'à la
fondation de sa Congrégation en 1796.

———※◉※———

CHAPITRE PREMIER.

*Naissance de Mlle Rivier. Ses infirmités et sa confiance
dans la Sainte Vierge pour en obtenir la guérison. Indices
de sa vocation. Commencement de guérison obtenu le
jour de la Nativité de la Sainte Vierge. Sa délicatesse
de conscience et les pénibles épreuves par où elle passe.
Ses jeux avec les enfants de son âge.*

MADEMOISELLE RIVIER dont nous entreprenons
d'écrire la vie, naquit à Montpezat, paroisse du diocèse
de Viviers, le 19 Décembre 1768, de parents honnêtes et

religieux, mais peu fortunés. Son père se nommait Jean-
Baptiste Rivier et sa mère Marie Anne Combe. Elle fut
baptisée le 21 du même mois et reçut le nom de Marie,
auquel elle ajouta celui d'Anne, quand elle forma sa
congrégation. Elle annonça d'abord un tempéramment
vigoureux et robuste; mais Dieu qui voulait la sanctifier
par la croix, et montrer au monde que c'est par la faiblesse et la souffrance qu'il se plaît à exécuter ses plus
grands desseins, permit qu'à l'âge de seize mois elle fît
une chûte dangereuse qui changea toute sa constitution,
affaiblit son tempéramment, au point que depuis cette
époque jusqu'à sa mort elle souffrit presque toujours.
Elle qui avant cet accident avait commencé à marcher,
qui courait même déjà d'un pas ferme et assuré, ne put
plus se tenir debout, même avec des appuis, ni se mouvoir autrement qu'en se traînant sur le dos à l'aide de
ses mains : elle était extrêmement faible, et chaque
année on croyait la perdre. Elle arriva ainsi à l'âge de six
ans. Alors cette pauvre enfant, déjà pleine de foi et de
piété, conçut une ferme confiance d'être guérie par la
protection de la Ste Vierge sa patronne, et en conséquence elle demanda à sa mère d'être portée tous les
matins devant une statue de Marie qui était dans une
église voisine. Celle-ci n'eut garde de contrarier des
sentiments qu'elle avait elle-même contribué à faire
naître, et, la prenant dans ses bras, elle la portait chaque

jour à l'église, la plaçait assise par terre devant l'image de Marie, et l'y laissait seule prier à son gré. L'enfant contente d'être aux pieds de sa patronne et de sa seconde mère, lui parlait avec la simplicité de son âge et la foi d'un âge plus avancé : « Sainte Vierge, disait-elle, gué- « ris-moi, je t'en prie, guéris-moi : je t'apporterai des « bouquets et des couronnes ; je te ferai donner une « belle robe par ma mère, » et elle répétait ces prières enfantines pendant des heures entières. Le lendemain il fallait la porter encore : si l'on tardait à partir, elle pleurait, elle criait jusqu'au moment du départ; et, le long de la route, elle ne voulait point qu'on arrêtât sa mère pour lui parler, tant était grande son impatience d'être aux pieds de Marie. Là elle recommençait la même prière, et toujours avec la même foi, la même confiance d'être guérie par la Sainte Vierge. Elle con- tinua cet exercice plusieurs mois sans ressentir aucune amélioration, mais en même temps sans éprouver aucun refroidissement dans sa ferveur, aucune diminution dans sa confiance. Pleinement abandonnée à toutes les dispositions de la Providence, elle ne s'attristait pas même du délai de la guérison, convaincue qu'elle lui serait accordée au temps où Dieu le jugerait meilleur pour sa gloire et le salut de sa servante.

De retour sous le toit paternel, elle se récréait gaiement avec tous les enfants du voisinage qui se rassemblaient autour d'elle sur la terrasse de la maison de ses parents : là elle les divertissait par l'enjouement de son esprit, l'hilarité de son caractère, et se faisait aimer de tous : chaque jour ils revenaient la trouver avec un nouvel empressement, et elle de son côté les revoyait chaque jour avec un nouveau plaisir. Ressentant dès lors les prémices de sa vocation, elle éprouvait un grand désir de pouvoir leur faire la classe; et, préoccupée de cette pensée au milieu de ses jeux, elle eût voulu savoir lire et posséder son catéchisme pour instruire tous ces enfants; elle s'appelait toujours *la Mère*, et se faisait obéir en conséquence : c'était elle qui présidait à tous les amusements, et quand quelqu'une faisait une faute ou n'entendait pas bien le badinage, elle la réprimandait et la corrigeait quelquefois sévèrement, sans que cependant les enfants s'en offensassent; tant elle savait dès lors, si l'on peut le dire, se faire respecter et aimer tout à la fois.

Cette idée première de sa vocation fut comme un germe qui se développa promptement. Un jour que, par oubli de sa mère, elle se trouvait délaissée au lit d'où elle était par elle-même incapable de descendre, elle conçut d'une manière claire et distincte la pensée de consacrer toute sa vie à instruire l'enfance; et cette pensée qui s'offrait pour la première fois à son esprit, la charma; elle s'y arrêta avec complaisance, elle la goûta avec délices; déjà il lui semblait se voir entourée d'une troupe d'enfants auxquels elle enseignait le catéchisme, et elle était heureuse. A dater de ce moment, la vocation des écoles occupa toute son ame, et elle ne cessa de ressentir un attrait intérieur, un mouvement secret qui la portait à se dévouer irrévocablement à cette œuvre. Mais pour cela il fallait que Dieu la guérît de son infirmité. C'est pourquoi elle continua ses instances chaque jour auprès de la Sainte Vierge avec plus de ferveur encore qu'auparavant, et avec plus de confiance d'e réussir, puisque, si elle demandait la santé, ce n'était que pour la consacrer à la plus grande gloire de Dieu. Enfin le jour de la Nativité de la Sainte Vierge 1774, elle fut exaucée au moins en partie; elle demanda les béquilles que sa mère lui avait fait faire autrefois, mais dont elle n'avait pu se servir; et, à l'aide de ces appuis, elle marcha tout-à-coup avec facilité et fit plusieurs fois le tour de la maison toute transportée de joie.

Libre alors d'user de ses jambes, la jeune enfant put satisfaire à l'aise sa piété, et aller à l'église prier ou se confesser à son gré. Telle était dès lors la délicatesse de sa conscience, l'horreur qu'elle avait de l'offense de Dieu, qu'à la moindre tache qu'elle appercevait dans son ame, elle allait aussitôt s'en accuser au saint tribunal avec beaucoup de larmes et une vive componction. Elle ne pouvait pas même supporter un doute sur sa conscience, et il fallait qu'elle l'éclaircît promptement auprès de son confesseur.

Cependant malgré tant d'innocence, Dieu permit qu'elle fût éprouvée dès lors par les tentations les plus pénibles. Il lui vint dans l'esprit des pensées de désespoir de son salut, qui la tourmentèrent si horriblement que, noyée dans les larmes, et ne pouvant contenir sa désolation, elle criait tout haut à son confesseur : O mon Père, croyez-vous que le bon Dieu me pardonnera ? Et puis chaque nuit il lui semblait que le démon allait venir la prendre et l'emporter toute vivante dans l'enfer, qu'elle était perdue, perdue sans ressource : cette idée la poursuivait tout le jour, à ce point qu'elle ne pouvait pas s'en distraire un moment ; elle poussait des soupirs, des cris lamentables, ne cessait de répandre des larmes, et, quand la nuit approchait, son état empirait encore ; elle était saisie d'une frayeur et d'un tremblement qui l'empêchaient le plus souvent de dormir. Cette tentation affreuse dura près d'un an ; après quoi, Dieu leva le nuage, et fit rentrer la sérénité et la paix dans son âme.

Délivrée de cette peine intérieure, la jeune Rivier reprit sa gaieté ordinaire, et se livra à des amusements innocents avec les autres enfants de son âge. Elle leur faisait faire des processions dans les rues de Montpezat, représenter les mystères de la vie de Jésus-Christ, surtout ceux de sa passion, et faisait porter aux petites filles des voiles sur la tête, comme si elles eussent été religieuses. Quelquefois même elle menait toute la petite troupe se confesser, et elles le faisaient toutes et tout de bon. Mais quelquefois aussi la légèreté de l'âge prenait le dessus ; la jeune Rivier se dissipait un peu trop, portait sa gaieté à l'excès, et se laissait aller à la négligence dans ses devoirs envers Dieu. Cet état de relâchement se prolongeait quelquefois des mois entiers ; puis elle rentrait en elle-même, et honteuse de ses infidélités, touchée d'un vif repentir, elle allait se confesser avec une grande abondance de larmes, reprenait le service de Dieu avec plus de ferveur et d'humilité, et par là ses fautes même lui servaient à devenir meilleure.

CHAPITRE II.

*Guérison nouvelle de Mlle Rivier, ses progrès dans la piété.
Sa première communion. Son entrée et sa conduite au
couvent de Pradelles. Nouvelles épreuves par lesquelles
elle passe. Sa sortie du couvent pour rentrer à la maison
paternelle.*

LA jeune Rivier, quoique marchant à l'aide de
béquilles, ne cessait de demander à la Sainte Vierge
une guérison plus complète, afin de pouvoir suivre les
grands desseins qu'elle avait formés de travailler à la
gloire de Dieu par l'instruction de l'enfance. La Sainte
Vierge l'exauça enfin après trois ans de prières ; et,
pour rendre le miracle plus éclatant, Dieu permit qu'en
courant avec ses béquilles, l'enfant fit une chûte qui
lui rompit la cuisse, de sorte qu'on désespérait de sa
guérison. Sa mère plongée dans la douleur et ne trouvant point d'espoir sur la terre, tourna ses pensées vers
celle que l'Église appelle la consolation des affligés, et
que sa fille invoquait depuis si long-temps. Il y avait à

Pradelles, petite ville du voisinage, une statue de la
Sainte Vierge en grande vénération, devant laquelle
une lampe était allumée jour et nuit: la mère affligée
prit un peu d'huile de cette lampe, en oignit le pied, la
jambe et la cuisse malades, en se recommandant à la
Sainte Vierge et invitant sa fille à prier avec elle. Dès le
lendemain l'enflure qui était extrême avait disparu:
encouragée par ce premier succès, la mère renouvelle
chaque matin ces onctions et ces prières; et le quinzième
jour, fête de l'Assomption, l'enfant se lève avec assurance, marche seule et sans béquilles, à la grande
surprise et aux transports de joie de toute la famille; et
pressée par le besoin de la reconnaissance, elle se rend
promptement à l'église pour remercier Dieu, glorifier la
Sainte Vierge, et assister aux offices de la journée, au
grand étonnement de tout le monde, qui, en la voyant,
criait au miracle.

La jeune Rivier était alors dans sa neuvième année;
et, pensant qu'elle n'avait recouvré l'usage parfait de ses
membres que pour travailler à la gloire de Dieu, elle ne
songea plus qu'à se donner toute entière à la piété, afin de
correspondre aux vues de la Providence. Ayant souvent
entendu lire la vie des saints, elle se rappelait les grands
exemples qu'ils avaient donnés, et s'excitait dans l'occasion à les imiter, à prier comme eux, à être douce,
humble et charitable comme eux. Les travaux des Apô-

1.

tres et des hommes apostoliques provoquaient en elle
une sainte émulation, un désir immense de faire aussi
quelque chose pour Dieu et pour les ames : mais ce qui
la ravissait par dessus tout, c'était la vie des Pères du
désert ; elle enviait leur bonheur d'avoir vécu loin du
monde, de son tumulte et de ses agitations, uniquement
occupés de la pratique de l'oraison et de la pénitence ;
et, dans l'ardeur d'un désir qui ne calcule pas, qui
oublie même ses projets antérieurs les mieux arrêtés,
elle forma le dessein de se retirer elle aussi dans un
désert, pour y vivre solitaire sans autre affaire que
l'exercice continuel de l'union de son ame à Dieu : déjà
même elle s'en était ouverte à une personne dont elle
voulait faire sa compagne dans ce genre de vie extraordinaire, lorsque sa mère instruite du projet, lui fit défense d'y penser. Obligée de vivre au milieu du monde,
elle ne s'en consola que par la pensée qu'elle pourrait y
travailler à la gloire de Dieu en instruisant l'enfance,
et pratiquait en attendant toutes les vertus de sa position.
Elle était surtout remarquable par son amour pour les
pauvres : tout enfant qu'elle était, elle ne pouvait les
voir sans se sentir émue de compassion et d'un vif désir
de les soulager ; elle leur donnait tout ce dont elle
pouvait disposer, et ne recevait jamais la moindre pièce
de monnaie sans penser à l'instant à quel pauvre elle
pourrait en faire l'aumône : elle éprouvait même une

sorte de tourment et de sollicitude jusqu'à ce qu'elle se fût dépouillée en faveur de quelque indigent. Un jour qu'elle avait reçu de son parrain une somme un peu plus forte, elle se mit aussitôt à la recherche d'un pauvre pour la lui donner ; mais n'en trouvant point assez tôt au gré de son impatiente charité, elle demande à une femme qu'elle rencontre si elle est pauvre, et sur la réponse de celle-ci qu'elle n'est pas riche : « Eh bien, « lui dit-elle, si vous voulez cette somme, la voilà, » et elle lui donna à l'instant tout son petit trésor. Elle aimait tant les pauvres que c'était pour elle un bonheur de leur donner non seulement tout son argent, sans jamais en rien réserver pour le plaisir ou la vanité à l'exemple des autres enfants, mais encore ses robes et ses vêtements, autant que sa mère le lui permettait : elle ne gardait que ce qu'elle avait sur le corps, et si elle portait deux jupes, elle en quittait souvent une pour vêtir une enfant pauvre. Aux aumônes elle aimait à joindre les bons offices : souvent on a vu cette toute petite enfant conduire par la main dans les rues de Montpezat une pauvre aveugle qui était le jouet des autres enfants, et la mener partout où elle voulait, sans se mettre en peine des railleries qui lui en reviendraient. Touchante charité à laquelle Madame Rivier aimait à attribuer plus tard toutes les grâces qu'elle reçut de Dieu et en particulier celle de pouvoir soulager tant

de pauvres, comme nous le dirons dans la suite de
cette histoire.

Préparée par tant de vertus et de bonnes œuvres,
la jeune Rivier fit sa première communion à l'âge
d'environ onze ans; et, l'année suivante, on la plaça
chez les religieuses de Notre-Dame de Pradelles pour y
faire son éducation. Elle y entra avec bonheur; car
depuis long-temps déjà, elle aimait la vie des monastères,
et souvent elle avait désiré s'associer en particulier aux
religieuses de Ste Claire dont on lui avait raconté la vie
pénitente, et qu'elle voyait tous les ans venir faire la
quête à Montpezat. Dans cette nouvelle demeure, sa
conduite régulière et édifiante, son application et ses
succès dans toutes les branches de l'éducation, son dis-
cernement et sa sagesse, la bonté et la fermeté de son
caractère, lui eurent bientôt gagné l'estime et l'affection
de toutes les religieuses : au bout de peu de temps, on
la jugea capable d'être maîtresse elle-même, et on lui
confia les enfants de la première communion avec un
certain nombre de grandes filles, pour leur enseigner le
catéchisme et les former à la piété : elle leur apprenait à
faire oraison, leur faisait rendre compte des actions de
la journée et de la manière de les faire saintement, les
animait à la vertu, les reprenait de leurs défauts avec
une fermeté tempérée de douceur; et son gouvernement
était si remarquable que malgré sa petite taille qui l'eût

fait prendre pour un enfant de sept ans, tout le pensionnat la respectait, lui obéissait, plus même quelquefois
qu'aux religieuses. On l'aimait en proportion, parce que
dans les récréations on la trouvait bonne, complaisante,
aimable, condescendante jusqu'à l'excès : elle se prêtait
alors à tout ce qu'on voulait, n'ayant aucune volonté que
celle de plaire et d'obéir à ses compagnes en tout ce qui
leur était agréable ; et elle profitait de cette amitié que
toutes lui témoignaient, pour les porter à la piété, les
exciter à la ferveur. Elle leur communiquait les bons
sentiments que la grâce produisait en elle, en particulier
son attrait pour la solitude qu'avaient fait renaître la vie
paisible et recueillie du couvent, ainsi que les exemples
des Saints dont elle entendait lire l'histoire ; et toutes
entrèrent si bien dans ses pensées, que pleines d'une
sainte ardeur pour la vie solitaire, elles se firent dans
l'enclos du couvent, chacune une petite cellule, un
pieux ermitage où elles se retiraient à certaines heures
pour prier, pour méditer et lire la vie des Saints.

Mlle Rivier coulait ainsi depuis un an au couvent de
Pradelles des jours délicieux et pleins de bonnes œuvres,
lorsque des parents qu'elle avait à quelques lieues
de là demandèrent la permission de l'emmener chez
eux pour lui procurer la pieuse jouissance d'assister
aux exercices d'une mission qui se donnait dans leur
paroisse ; et ce fut là pour elle la source des peines les

plus déchirantes. Cette ame pure à laquelle il ne fallait que des paroles de paix et des leçons de perfection, prit pour elle tout ce que le missionnaire disait de véhément, d'effrayant et de terrible pour les grands pécheurs : au lieu de voir en Dieu un père infiniment aimable, elle ne vit plus en lui que le souverain juge à la face irritée, qui entr'ouvrait l'enfer sous ses pas, qui déroulait à ses regards une éternité de malheurs, et dans sa frayeur elle ne savait que devenir : elle fit au missionnaire la confession générale la plus détaillée avec une grande abondance de larmes, et en reçut des paroles de consolation et d'espérance ; mais son ame n'en demeura pas moins troublée : toutes ses pensées, ses paroles et ses actions devenaient pour elle des sujets d'inquiétude, elle croyait faire des péchés en tout. Elle rentra au couvent dans cet état de désolation, et là ses peines ne firent encore que s'accroître. Toutes les fautes qu'elle entendait reprocher à ses compagnes, elle s'imaginait les avoir commises elle-même, et se consumait de remords et de douleur, sans que rien pût la désabuser de son illusion et calmer ses scrupules, Dieu le permettant ainsi non seulement pour l'éprouver et la sanctifier par la croix, mais encore pour lui apprendre à diriger et consoler plus tard les âmes qu'elle trouverait soumises à la même épreuve : dans cet état, elle ne connaissait d'autre adoucissement à ses peines que de pouvoir consulter ses supérieures à tous les moments du jour où son cœur en avait besoin ; mais Dieu sévère envers elle parce qu'il avait sur cette ame d'élite de grands desseins, lui ôta même cette consolation ; et, après seize mois de séjour au couvent de Pradelles, sa mère l'en retira, et la fit revenir à la maison paternelle.

CHAPITRE III.

Nouvelles peines et anxiétés de Mlle Rivier. Estime géné-
rale que sa vertu lui concilie. Son retour au couvent de
Pradelles. Elle pense à se faire religieuse. Obstacles
qu'elle rencontre. Son retour à Montpezat.

Aux peines qu'avait éprouvées Mlle Rivier dans les derniers mois de son séjour à Pradelles, vinrent s'en joindre d'autres, d'autant plus déchirantes qu'abandonnée à elle-même, sans conseil et sans guide, sans autre lumière que l'instruction commune qu'on donnait aux enfants de son âge, elle ne voyait aucun moyen d'en sortir. Ces peines prenaient leur source dans l'ardeur même qui la transportait de plaire à Dieu en tout,

et qui lui fit croire qu'elle était obligée de suivre
toutes les bonnes pensées qui lui venaient dans l'esprit,
tous les pieux désirs qui s'élevaient dans son cœur : la
simple idée de faire un vœu lui paraissait un vœu, en
sorte qu'ayant pensé un jour qu'il serait très agréable à
Dieu qu'elle s'engageât par vœu à tout recevoir des
mains de la Providence, sans rien demander, ni rien
refuser, elle prit cette pensée pour l'engagement même,
et se crut liée à ne demander quoi que ce fût, sous peine
de péché mortel. Pleine de cette idée, elle mangeait à
table ce qu'on lui présentait; mais si on ne lui offrait
rien, elle ne mangeait rien de crainte d'enfreindre ce
qu'elle reg ardait comme un vœu ; et comme dans la
maison de sa mère l'usage était, au lieu d'offrir les plats
qui étaient sur la table, de laisser chacun se servir et
manger à son gré, elle se levait souvent de table sans
avoir rien pris, et avec une faim qui la faisait horriblement souffrir. Bientôt elle dépérit; elle devint d'une
maigreur extrême, au grand chagrin de sa mère qui
n'attribuait la conduite de sa fille qu'à un dégoût maladif
de toute nourriture, et était loin d'en soupçonner la véritable cause. Mais la perte de ses forces ne la faisait point
changer de résolution ; elle était décidée à mourir plutôt
que de manquer à son engagement prétendu, lorsque
Dieu enfin permit qu'elle fût tirée de cet état par une
femme simple et sans instruction à qui elle s'en ouvrit,

et qui eut assez de sens pour lui faire comprendre son illusion, assez de prudence pour en avertir sa mère,

Au milieu de toutes ces peines d'esprit, Mlle Rivier ne perdit rien de toutes ses qualités aimables : elle était toujours gaie comme si elle n'eût rien souffert, toujours affable et obligeante : sa conduite régulière édifiait tout le monde, sa modestie frappait tous les regards et pénétrait ceux qui la voyaient de respect et de vénération : sa louange était dans toutes les bouches ; on se recommandait à ses prières, comme aux prières d'une sainte ; et cependant elle ne s'enflait point de ces témoignages d'estime : au lieu de croire le monde qui la louait, elle rentrait en elle-même pour voir ce qu'elle était devant Dieu, et y trouvait toujours de quoi s'humilier et se confondre. Elle se reprochait un refroidissement dans sa ferveur, un mouvement de légèreté, un acte de dissipation, un moment de négligence dans certains exercices de piété, et elle jugeait que d'après cela les louanges et l'estime des hommes lui allaient bien mal. D'autres fois, elle lisait la vie des saints, lecture pour laquelle elle avait une sorte de passion ; elle se comparait avec eux, s'humiliait de la différence, et s'animait à leur ressembler.

Mlle Rivier passa ainsi trois ou quatre ans dans la maison paternelle ; après quoi, sa mère jugea à propos de la replacer encore au couvent de Pradelles pour y achever son éducation. Elle n'y resta que huit mois, et pendant ce temps elle édifia, comme autrefois, toute la communauté par la parfaite régularité de sa conduite, la sainte ardeur de son zèle et les pratiques de sa piété : comme autrefois aussi, elle fut entourée de la considération et de l'estime des religieuses qui lui confièrent les mêmes emplois où elle s'était rendue si utile aux pensionnaires. La paix et la joie intérieure dont elle jouissait dans cette maison lui inspirèrent le désir de s'y fixer comme religieuse. Elle s'en ouvrit à la supérieure et à ses parents, et des deux côtés surgirent les plus grands obstacles. La Supérieure, après avoir pris l'avis de la communauté, ne crut point pouvoir accueillir sa demande à cause de sa faible santé; et les parents, jaloux de conserver une personne si chère au milieu d'eux, s'y opposèrent de toutes leurs forces : ces obstacles, loin de rebuter Mlle Rivier, ne firent qu'accroître ses désirs, et rendre plus vive son ardeur pour la vie religieuse. Tout l'enchantait au couvent, le costume, les exercices, la règle, les usages; tout lui promettait le bonheur; et cependant, chose digne de remarque, quand les obstacles semblaient s'applanir, qu'elle se représentait être déjà religieuse et avoir prononcé ses vœux, un sentiment incroyable de répugnance s'emparait de son ame, la vie du couvent ne lui apparaissait plus que sous des couleurs sombres, tristes et rebutantes. Elle ne savait comment expliquer en elle des sentiments si contraires: toutefois, estimant plus probable que ces répugnances n'étaient que des tentations du démon, elle ne cessait de poursuivre ses instances soit auprès des religieuses, soit auprès de ses parents. tout fut inutile: « Eh bien, dit-elle d'un ton résolu et « qui semblait prophétique, on ne veut pas que je reste « au couvent, j'en formerai un moi-même. » C'était en 1786 qu'elle parlait ainsi: six ans après, le couvent de Pradelles avec tous les autres monastères de France, était tombé; et, en 1797, Mlle Rivier avait élevé son couvent à Thueyts, comme nous le dirons plus tard. Quoiqu'il en soit, elle sortit dans ces dispositions du couvent de Pradelles pour revenir à Montpezat au sein de sa famille.

CHAPITRE IV.

M_{lle} Rivier commence ses premières écoles à Montpezat.
Elle instruit les novices du Tiers-ordre de St Dominique.
Elle forme une espèce de Communauté des grandes filles
de la paroisse. Elle réunit les Dimanches et les fêtes un
grand nombre de personnes pour les instruire et les for-
mer à la piété. Son zèle pour les pauvres : Elle prépare à
la première communion les enfants de l'un et de l'autre
sexe.

À PEINE Mademoiselle Rivier était-elle de retour à
Montpezat, que dévorée du zèle de la gloire de Dieu et
du salut des ames, elle s'occupa avec ardeur des moyens
d'élever une école où elle pût instruire et former à la piété
l'enfance abandonnée. Bientôt ce projet fut connu dans
la paroisse, et tandis que les uns y applaudissaient et
l'en félicitaient, les autres surpris d'un pareil dessein
dans une jeune personne de dix-huit ans, mesurant
peut-être son mérite à sa taille qui était très-petite, la
critiquaient et s'en moquaient, 'estimant incapable de

fonder et de gouverner une école, de s'en faire respecter et obéir. Mais pendant qu'ils parlaient, Mlle Rivier, sans tenir aucun compte de leurs vains discours, s'était déjà choisie une maison convenable à son dessein dans un local appartenant aux filles du Tiers-ordre de St Dominique, lesquelles jalouses d'avoir au milieu d'elles une personne d'un tel mérite, le lui cédèrent de grand cœur, à la seule condition qu'elle s'agrégerait elle-même au tiers-ordre. Il ne restait plus qu'à faire sortir la personne qui y logeait et s'opiniâtrait à y rester, malgré la volonté des propriétaires. M^{lle}Rivier que ces obstacles ne rendaient que plus ardente à poursuivre son œuvre, en vint à bout à force de sollicitations, d'industries, de moyens de toute espèce, et ouvrit aussitôt son école. Toutes les personnes de bien s'empressèrent de lui confier leurs enfants, et peu de jours s'étaient écoulés que déjà sa classe était nombreuse. Alors ceux qui l'avaient jugée incapable, reconnurent combien ils s'étaient trompés, et l'on vit avec admiration cette jeune personne maintenant dans son école l'ordre le plus parfait, respectée de tous les enfants, honorée des parents eux-mêmes, sur lesquels elle avait su prendre tant d'autorité qu'ils ne lui parlaient jamais qu'avec le plus grand respect. Toutes les punitions infligées par elle, étaient toujours approuvées par eux, et si quelques enfants s'enfuyaient pour s'y soustraire, les parents venaient eux-mêmes, sur la demande de la jeune institutrice, les leur faire subir en pleine classe.

Frappées du bien qu'elle faisait dans son école, les filles du tiers-ordre lui proposèrent de se charger en même-temps de diriger leur noviciat. Mlle Rivier qui ne savait reculer devant aucune espèce de bien, qui d'ailleurs avait de grandes obligations à ces pieuses filles pour la cession qu'elles lui avaient faites de leur maison, et qui enfin avait été elle-même agrégée au tiers-ordre, accéda volontiers à cette proposition. Sous une telle maîtresse, le noviciat prit une face nouvelle et un accroissement inespéré. Mlle Rivier mettait tout en œuvre pour former à la vertu les novices confiées à ses soins; saints exemples, avis particuliers, instructions publiques, exhortations pleines de cette chaleur divine dont son cœur était rempli, explications fréquentes des règles et de l'esprit du tiers-ordre, rien n'était omis; et les novices, au nombre de vingt, en profitèrent si bien qu'elles devinrent l'édification de toute la paroisse par la régularité de leur vie, la modestie et la décence de leur maintien, le recueillement de tout leur extérieur.

Mais ce n'était point encore assez pour le zèle de la jeune institutrice : inquiète du danger auquel sont exposées les jeunes filles du monde jusqu'à l'époque de leur mariage, elle conçut le projet de les réunir chaque jour, et d'en faire une espèce de communauté, autant que la position de chacune le permettrait. Une de ses amies, Mlle Chambon lui ayant offert sa maison et sa personne pour l'éxécution de ce pieux dessein, elle communiqua aussitôt sa pensée aux jeunes personnes de la paroisse; et tel fut son ascendant sur elles, ou l'art avec lequel elle sut leur faire goûter ce projet, que bientôt la nouvelle communauté se trouva composée de tout ce qu'il y avait de filles plus vertueuses dans Montpezat. Mlle Rivier heureuse de ce concours, organisa ces pieuses réunions, nomma une supérieure et une assistante, et traça les règles à suivre. Il fallait, pour être admise, faire une retraite et une confession générale ou au moins extraordinaire; on ne devait assister à aucune noce, ou à aucun baptême sans la permission de la directrice qui examinerait si la chose était convenable et exempte de danger pour la personne. Dès le matin, toutes celles qui n'étaient pas empêchées par leurs parents ou leurs occupations devaient se rendre chaque jour avec leur ouvrage chez Mlle Chambon : là on faisait la prière et la méditation en commun ; puis commençait le travail, pendant lequel il y avait une lecture que chacune faisait à son tour dans *la Vie des saints*, *le Magasin des pauvres*, *le Manuel des peuples de la campagne* ou quelqu'autre livre de ce genre. Toutes ensuite rendaient compte de la lecture, chacune à sa manière ; et la personne qui présidait y ajoutait des développemens, indiquait les fruits qu'il en fallait retirer, inspirant à toutes l'amour de la modestie, la fuite des mauvaises compagnies, l'horreur des moindres fautes. Celles qui n'avaient à faire que des travaux manuels compatibles avec leur séjour dans cette pieuse réunion, y demeuraient la plus grande partie de la journée; et Mlle Rivier hors le tems des classes, Mlle Chambon pendant les classes les récréaient par des histoires, des cantiques, des conversations gaies et édifiantes tout à la fois. Ainsi se passait la journée dans une joie toute sainte; et le soir toutes se rassemblaient pour veiller en commun : on disait le chapelet, on faisait la lecture et la prière, on se récréait; et quand l'heure était venue, chacune se retirait modestement chez soi, heureuse d'avoir passé une bonne et sainte journée. Les Dimanches et jours de congé, il y avait des jeux et des récréations extraordinaires : on représentait tantôt une profession religieuse, tantôt quelques traits de la Sainte Ecriture ou de la vie des saints; on prenait un petit repas, ou dans les beaux jours on allait en quelque village faire une collation champêtre de lait et de gâteaux. Il est facile de concevoir combien ces aimables industries de la charité attachaient les cœurs à Mlle Rivier. Toutes ces filles avaient en elles une confiance entière; chacune venait prendre ses avis pour sa conduite intérieure, on ne se réglait que par ses conseils, et si quelqu'une faisait quelques fautes, elle savait la reprendre sans l'offenser et la remettre dans la bonne voie.

Jalouses de profiter aussi de ses avis et de ses lumières, les femmes vinrent à leur tour la prier de les réunir chaque Dimanche pour les instruire de la religion et des devoirs de leur état : quoiqu'accablée d'occupations, elle s'y prêta de bonne grâce, et ses instructions furent tellement goûtées, que ces femmes mirent en elle toute leur confiance. Elle était leur conseillère, la dépositaire de leurs pensées les plus secrètes ; et même à l'approche des grandes solennités, elles venaient en foule la prier de leur faire l'examen de conscience, et de les préparer à la réception des sacremens.

Qu'on juge d'après cela, combien étaient grands les travaux de Mlle Rivier pour la gloire de Dieu et le salut des ames : chaque jour, elle avait à diriger sa classe, le noviciat du tiers-ordre, l'assemblée de ses jeunes filles, et à répondre à tous les avis qu'on lui demandait : chaque dimanche, sans compter l'exercice sur la passion de notre Seigneur qu'elle appelait *le Voyage du Calvaire*, et qu'elle faisait faire à ses filles et aux enfants, sans parler du Rosaire et de tous les offices de la paroisse auxquels elle assistait très-régulièrement, elle présidait trois réunions, celle des femmes, celle des jeunes filles et celle des Dominicaines professes et novices, et, dans toutes ces assemblées, elle portait la parole, donnait les avis qu'elle croyait utiles, et exhortait tout le monde à la perfection.

Cependant tel était son dévouement et son ardeur pour le bien, qu'elle trouvait encore le secret de vaquer à d'autres œuvres de zèle : elle s'occupait de tous les pauvres de la paroisse, étudiait en détail les besoins de chacun, et donnait, selon les circonstances, du linge, des habits ou de l'argent, quelquefois même une partie de son repas ; elle recueillait les orphelines abandonnées et les plaçait ensuite dans des maisons honnêtes, recevait avec bonté tous les malheureux qui se présentaient à sa porte, faisait l'aumône de tout ce qu'elle avait, et, quand elle n'avait plus rien, elle empruntait pour les secourir.

A ces sollicitudes s'en joignaient d'autres bien plus graves encore : le curé de Montpezat lui envoya tous les enfants de l'un et de l'autre sexe, et se déchargea sur elle du soin de les préparer à la première communion, déclarant publiquement qu'il abandonnait tout à sa sollicitude, et que sans autre examen ou information il admettrait ceux qu'elle aurait admis, rejeterait ceux qu'elle aurait rejetés. Mlle Rivier comprit toute la responsabilité d'une telle mission, et, malgré ses autres occupations qui déjà lui laissaient à peine le temps de prendre ses repas, elle s'appliqua avec tout le zèle dont elle était capable au ministère difficile qui lui était confié : elle accueillit et traita tous ces enfans avec une bonté propre à gagner leur confiance, mais en même tems avec une fermeté qui commandait le respect, et par ce double moyen obtint d'eux le silence, l'attention et la modestie du maintien, leur fit parfaitement apprendre le catéchisme, le leur expliqua de manière à s'assurer qu'ils n'en savaient pas seulement la lettre, mais encore qu'ils en comprenaient l'esprit et le sens. Non contente d'éclairer leur intelligence, elle s'appliqua encore à former leur cœur en leur inspirant par des exhortations véhémentes en public et en particulier, l'horreur du péché, l'amour de la vertu, l'esprit de ferveur que demande la première communion, et en leur suggérant de pieuses pratiques propres à les faire entrer dans ces dispositions. Tous les enfants écoutèrent ces instructions avec le plus grand intérêt; et la sagesse de leur conduite, leur docilité, leur retenue, la réserve édifiante des garçons envers les filles et des filles envers les garçons, quoique mêlés ensemble dans un même catéchisme, ne tardèrent pas à montrer combien ils en profitaient. Le temps de la première communion approchant, Mlle Rivier fit le choix de ceux qui devaient être admis, et redoubla de zèle et de prières pour les disposer à cette grande action. Le jour solennel arrivé, toutes les filles étant vêtues de blanc et portant une couronne sur la tête, elle fit réciter à l'église par quelques unes d'elles de petits discours de sa composition qu'elles avaient appris par cœur, ce qu'elles firent d'un air si pénétré, d'un ton de voix si touchant que tous les assistants fondaient en larmes, et ne pouvaient même retenir leurs sanglots. Les garçons de leur côté étaient revêtus d'une aube avec une ceinture, rangés dans le plus bel ordre, et ils égalaient les filles en recueillement et en ferveur, en sorte que cette première communion, la dernière qui fut faite à Montpezat avant la révolution, fut la plus belle et la plus touchante que l'on eût vue dans cette paroisse. L'impression qu'elle fit sur les enfants fut si vive et si profonde que Mlle Rivier à laquelle ils se reconnaissaient redevables de tout ce bonheur, demeura toujours pour eux un objet de vénération et de reconnaissance. De longues années après, les garçons comme les filles continuaient encore à réclamer ses avis, et les recevaient avec respect; et on a même vu en 1837 un homme qui avait été du nombre de ces heureux enfants venir demander comme une grâce à voir encore une fois avant de mourir, la sainte institutrice qui lui avait fait faire sa première communion.

CHAPITRE V.

Mlle Rivier va passer vingt mois à St-Martin de Valamas,
et y déploie le même zèle. Revenue à Montpezat, elle
ajoute d'autres œuvres de charité à ses premiers travaux.
Inquiétudes de zèle qui la tourmentent. Choix qu'elle
fait de quelques compagnes pour travailler au salut des
jeunes personnes.

Au milieu des succès dont Dieu bénissait ses travaux,
Mlle Rivier souffrait de n'en pas faire encore assez pour
répandre partout la connaissance et l'amour de J. C.,
et son zèle croissait avec ses fatigues. Il y avait à quelque distance de Montpezat une grande paroisse, nommée St-Martin de Valamas, où la jeunesse délaissée
sans instruction, allait se perdant tous les jours davantage, et la religion dépérissait d'une manière effrayante.
Le nouveau curé de cette paroisse qui connaissait le zèle
immense de Mlle Rivier, convaincu que le meilleur
moyen de régénérer son peuple était d'attirer auprès de
lui une si précieuse institutrice, lui proposa de venir se

fixer à St-Martin, et lui écrivit à ce sujet une lettre pressante où il lui exposait combien ce théâtre serait plus digne de son zèle, combien la gloire de Dieu et la religion y gagneraient davantage. A un tel langage, le cœur de Mlle Rivier n'avait pas de résistance à opposer ; elle accepta la proposition. Mais plusieurs difficultés contrariaient son départ immédiat : d'un côté elle devait trois cents francs d'un emprunt fait pour secourir les pauvres, et elle ne pouvait partir sans avoir acquitté sa dette : d'un autre côté elle connaissait l'opposition que les habitants de Montpezat mettraient à son départ, et elle ne savait comment s'y soustraire. Elle fit part de ces deux obstacles au curé de St-Martin, et celui-ci leva la première difficulté qui l'arrêtait en payant la dette de ses propres deniers ; il ne restait plus à surmonter que l'opposition des habitants : désespérant du succès d'une négociation, il crut plus sage de dépêcher tout simplement un envoyé à Montpezat pour lui amener Mlle Rivier, sans demander l'agrément de personne ; mais les habitants ne se furent pas plutôt aperçus du sujet du voyage, qu'ils accablèrent l'envoyé de reproches et de menaces, le contraignirent de s'en retourner, et tinrent jusqu'à son départ Mlle Rivier renfermée dans une maison particulière. Elle resta donc quelque temps encore à Montpezat ; mais pressée par son zèle qui l'appelait dans un champ plus hérissé de ronces et d'épines, où il y avait plus à travailler et à souffrir, elle crut ne pouvoir différer davantage, et partit en secret, sans prévenir personne.

Arrivée à St-Martin, elle commença aussitôt les mêmes œuvres de zèle et de charité qui l'occupaient toute entière à Montpezat. Elle ouvrit sa classe qui fut bientôt très nombreuse ; elle se fit la mère des pauvres, leur distribuant soit son argent à mesure qu'elle le recevait de ses élèves, soit une partie de son linge ou de ses habits, et reprit, comme à Montpezat, les dimanches et fêtes, ses instructions aux femmes et aux jeunes personnes. On ne saurait dire les grands biens qui furent les fruits de ces instructions : on y accourait en foule, et plus on entendait la pieuse institutrice, plus on voulait l'entendre. Elle expliquait les Commandemens de Dieu et de l'Église, les fautes qu'on peut commettre contre chacun d'eux, la manière de bien faire ses actions, de bien recevoir les sacremens et surtout de bien se confesser ; et toutes ces choses, elle les présentait par forme d'histoire, mettant en scène un personnage qu'elle supposait faire ou dire ce que la leçon à expliquer prescrivait ou défendait ; et ce récit était si naturel qu'il semblait qu'on voyait la chose même, si plein d'intérêt qu'il faisait disparaître toute la sécheresse d'un enseignement doctrinal, et était pour les auditeurs comme une récréation pleine de charmes. Elle faisait ensuite

l'application de son récit à la pieuse assemblée : « Qu'en
« pensez-vous , mes chères amies ? leur disait-elle ,
« faut-il se comporter de la sorte ?.... ne vaudrait-il pas
« mieux faire ainsi ?.... Est-ce de cette manière qu'on
« plaît à Dieu , qu'on gagne le ciel ?.... En disant telles
« paroles ou faisant telles actions, ne s'expose-t-on pas
« à aller dans l'enfer? » Ainsi les instructions de Mlle Rivier étaient toutes pratiques ; elles mettaient la doctrine
en action et pour ainsi dire sous les yeux des auditeurs ;
et elle relevait ce genre si utile par une force et une
énergie entraînante qui touchait tous les cœurs. Aussi
avait-on en elle une confiance entière ; on venait lui demander conseil, lui ouvrir sa conscience presque comme
à son confesseur , et on n'avait rien de caché pour elle.

Autant Mlle Rivier était estimée des personnes qui
suivaient ses instructions, autant elle était considérée
des personnes du monde : son esprit, sa gaieté, son
enjouement, sa tenue toujours propre et décente , sans
cependant avoir rien qui sentît la vanité et la frivolité ,
la faisaient désirer et rechercher dans les sociétés ou
soirées : elle crut d'abord pouvoir se trouver dans les
réunions où assistait le curé de la paroisse, elle plut à
tout le monde par son caractère aimable et le ton spirituel de sa conversation. Un jour dans un jeu que faisait
la compagnie, un jeune homme ne soupçonnant pas une
vertu si austère sous un extérieur si enjoué, s'approcha

d'elle pour lui donner un baiser, et elle aussitôt indignée de l'insulte faite à sa modestie, lui appliqua le plus rude soufflet à la grande stupeur de toute l'assemblée et du jeune homme lui-même qui se retira honteux et confus sans dire un seul mot. Dégoûtée du monde par cet accident, elle n'alla plus que chez le curé de la paroisse; mais un officier en garnison à St-Martin qui l'y avait vue plusieurs fois et avait goûté l'amabilité de son esprit et de sa conversation lui ayant fait par lettre une proposition de mariage, elle conclut qu'elle ne devait plus aller en société chez le curé lui-même, que la place d'une vierge chrétienne était dans la solitude, dans l'éloignement du monde, des prêtres mêmes les plus vénérables, et elle pleura amèrement les petites saillies et les légèretés qui avaient pu donner lieu à la démarche du jeune officier.

Depuis cette époque, le monde ne vit donc plus Mlle Rivier dans les sociétés; elle vécut dans la retraite, partageant tout son temps entre la prière et les bonnes œuvres. Elle ne se donnait point de repos, et plus elle faisait, plus elle voulait faire encore : elle sentait au dedans d'elle un vif désir de procurer par de plus grandes œuvres la gloire de Dieu, et ce désir la tourmentait comme une inquiétude. Que faire de plus? Elle ne le voyait point, et elle ne savait pas démêler distinctement ce qu'elle souhaitait : seulement elle voulait faire davantage, et en

attendant elle travaillait sans relâche. Tant de travaux
amenèrent une violente maladie, et tous les habitants
de St-Martin en furent alarmés comme de la maladie
d'une proche parente ou de la personne la plus chère :
ils lui prodiguèrent les soins les plus assidus et les plus
généreux ; c'était à qui la garderait pendant le jour, à
qui veillerait auprès d'elle pendant la nuit, et lui donnerait plus de témoignages de dévouement. On priait chaque
jour pour sa guérison, on lui apportait à l'envi tout ce
qu'on soupçonnait pouvoir lui être utile ou agréable.
Tant de soins et de prières ne furent point perdus ; la
malade si chère à tous recouvra la santé et reprit ses
fonctions et ses bonnes œuvres avec son zèle ordinaire.

Après vingt mois de travaux à St-Martin, elle crut
sa mission remplie dans cette paroisse, et revint à
Montpezat, où ses bonnes œuvres près de déchoir la
rappelaient et nécessitaient sa présence. Là elle reprit
avec le même zèle qu'autrefois sa classe, la direction du
noviciat, ses assemblées, et toutes les saintes occupations
dont nous avons parlé. Cependant au milieu de ces
travaux habituels, elle ne négligeait aucune des bonnes
œuvres particulières qui se rencontraient. Avertie qu'il y
avait à Montpezat une fille scandaleuse plongée dans la
plus profonde misère ainsi que plusieurs enfants fruits de
ses désordres, elle surmonta la répugnance naturelle que
devait lui inspirer une telle compagnie, pour n'écouter

que les inspirations de son zèle et de sa charité, et recueillit dans sa propre maison cette pécheresse malheureuse avec deux de ses petites filles qui étaient estropiées. Elle s'appliqua à l'instruire, à lui faire sentir l'horreur de sa conduite, le danger qu'elle courait de perdre son âme ; et celle-ci docile à ses leçons, se convertit sincèrement, fit une confession générale et se réconcilia avec Dieu. Heureuse d'un retour si consolant, Mlle Rivier pourvoyait à tous ses besoins, lui procurait du travail au dehors pour suppléer par l'argent qu'elle gagnerait à ce qu'elle ne pouvait faire elle-même ; et pendant son absence, elle soignait les petits enfants, les levait et les couchait, les tenait toujours propres et leur donnait à manger. Un si bel acte de charité trouva des critiques ; on appelait cela une imprudence et l'inspiration d'un secret amour-propre qui voulait se mêler de tout. Mais la servante de Dieu, sans se mettre en peine des hommes, n'en continua pas moins sa bonne œuvre, toute disposée à recommencer si l'occasion s'en présentait. L'occasion, en effet, ne tarda pas. Une étrangère qui passait par Montpezat étant accouchée dans ce lieu et ayant eu la barbarie d'y abandonner son enfant nouveau-né, Mlle Rivier vola au secours de cette innocente créature, lui procura une nourrice à ses propres frais et le soigna comme une mère jusqu'à sa mort qui arriva peu de temps après.

2.

Cependant tant d'œuvres de zèle et de charité accablaient la pieuse institutrice, et sa santé ne pouvait plus tenir au travail pénible dont elle était surchargée. D'un autre côté, une pensée l'affligeait et lui venait continuellement à l'esprit : « Tout va bien dans cette paroisse, se « disait-elle, mais les autres paroisses ! ô comme elles « sont abandonnées ? Qui y fait l'école et le catéchisme ? « Qui y montre aux filles et aux femmes le chemin du « ciel ? » A cette pensée, elle eût voulu se multiplier, se répandre partout pour travailler partout à faire connaître et aimer Dieu ; et au lieu de cela, elle ne pouvait pas même suffire au travail de la seule paroisse où elle était : que faire donc ? Ce fut alors qu'elle conçut la pensée de s'associer quelques personnes pieuses pour l'aider à Montpezat, et d'aller ensuite, quand elles seraient bien formées, ouvrir des écoles dans d'autres paroisses. Pleine de cette idée, elle accepta avec joie et sans examen la première personne qui se présenta pour cette bonne œuvre ; mais l'essai fut des plus malheureux : au lieu de lui être utile, cette personne ne servait que d'exercice à sa patience, et ne lui parlait jamais que du ton le plus grossier et le plus injurieux : Mlle Rivier supporta tout avec une douceur inaltérable, et au lieu de la renvoyer, elle attendit sans se plaindre qu'elle se retirât d'elle-même. Elle ne fut pas plus heureuse avec la seconde personne qui se présenta ; une maladie dangereuse obligea celle-ci de retourner dans sa famille ; de sorte que Mlle Rivier continua de porter toute seule le poids de ses travaux. Elle le porta courageusement et ne craignit pas même d'y ajouter de nouvelles occupations en acceptant la mission que lui confia alors le curé de la paroisse, de surveiller les garçons et les filles auxquels elle avait fait faire la première communion, afin de les maintenir dans la bonne voie en éloignant d'eux les occasions et les compagnies dangereuses, et de les y rappeler s'ils venaient à s'en écarter. Pour mieux atteindre ce but, elle fit choix de trois bonnes filles qu'elle chargea chacune de la surveillance d'un village. Ces inspectrices zélées et habiles remplirent parfaitement leur mission. Elles avaient l'œil sur toute la jeunesse des deux sexes, observaient exactement la conduite de chacun et faisaient ensuite leur rapport à Mlle Rivier. Celle-ci allait aussitôt réprimander et corriger les coupables, leur faisait comprendre leurs torts et ne craignait pas d'adresser aux pères et aux mères les reproches qu'ils méritaient pour n'avoir pas surveillé leurs enfants. Toujours ses avis étaient bien reçus, parce qu'on savait qu'ils partaient d'un cœur brulant de zèle, et personne n'aurait osé lui manquer. Plusieurs fois même elle est allée arracher les jeunes filles de la danse ou des mains des soldats avec lesquels elles folâtraient, et son autorité était si grande que quoiqu'elle agît dans

ces circonstances contre les règles de la prudence, comme
elle le reconnut plus tard, elle réussit à sauver ces jeunes personnes près de périr victimes de leur témérité.

CHAPITRE VI.

*Sa conduite à l'époque de l'expulsion des prêtres qui refu-
sèrent le serment. Elle fait de sa maison une sorte de
couvent. Elle perd sa mère. La maison où elle faisait son
école est vendue. Elle va se fixer à Thueyts. Opposition et
combats intérieurs qu'elle éprouve. Maladie contagieuse
dont elle est atteinte. Elle reprend sa classe.*

LES jours orageux de la révolution avaient alors
commencé ; on demandait aux prêtres le serment *à la
Constitution civile du Clergé*, et ceux qui avaient assez
de foi et de courage pour le refuser, étaient persécutés,
obligés de s'enfuir ou de se cacher, de sorte qu'on ne
trouvait plus de prêtres dignes de la confiance d'une
ame catholique que de loin en loin et dans le secret. Mlle
Rivier conclut de cet état de choses, que c'était là pour
elle le temps de travailler avec plus d'ardeur que jamais

à la gloire de Dieu et au salut des ames, que la religion, privée de ses ministres, de ses solennités et de son culte réclamait tout son zèle ; et en effet, elle n'omit rien de ce qu'elle put faire. Elle ranimait la foi de toutes les personnes sur lesquelles elle avait quelque influence, les réunissait en assemblées, leur adressait des instructions touchantes, les disposait à la réception des sacremens, et quand quelque prêtre caché venait à Montpezat apporter les secours de son ministère, elle les en pré-venait : on se rendait dans la maison de Mlle Chambon qui déjà, dans des temps meilleurs, avait été le lieu de tant de pieuses réunions; et on se confessait avec plus de componction, on communiait avec plus de piété, qu'avant les jours de la persécution. Elle s'attachait surtout à soutenir les enfants à qui elle avait fait faire la première communion, et qui à ce titre lui étaient spécialement chers, qui d'ailleurs l'aimaient comme une mère et se faisaient gloire de se conduire en tout par ses avis : elle leur recommandait d'être fermes dans la foi, et disposés au martyre plutôt que d'y renoncer ; et ses discours faisaient une telle impression sur eux, qu'ils brûlaient du désir de donner leur vie pour la Religion : dans leur sainte ardeur, ils voulaient aller au chef-lieu du Département provoquer le courroux des agents révolutionnaires pour en obtenir la mort, et leurs parents étaient obligés de les surveiller pour prévenir cette pieuse imprudence.

Cependant même au plus fort de la persécution, Mlle Rivier ne perdait point de vue le projet d'établir un Couvent, et cette idée la poursuivait jour et nuit. En attendant le moment de la Providence, elle s'appliquait à imiter au moins autant que possible, les usages et les pratiques d'une Communauté. Elle fit dans sa maison un oratoire, qu'elle orna de colonnes, de guirlandes et de fleurs, qu'elle tapissa de papier peint et décora avec tant de goût, qu'il ressemblait à une petite chapelle et inspirait la piété et le recueillement. Elle acheta une petite cloche pour annoncer tous les exercices, et ils se faisaient tous à heure fixe comme dans un Couvent. Une règle parfaitement observée donnait à cette maison toute l'apparence d'une Communauté religieuse, et la conduite des élèves et des pensionnaires répondait à cette idée : c'était une modestie, une retenue qui édifiait tout le monde, un ordre dans leurs exercices, une ferveur dans leurs pratiques de piété qui les eût fait prendre pour autant de religieuses.

Mlle Rivier jouissait avec bonheur du spectacle édifiant que donnait son école, lorsque Dieu qui voulait posséder son cœur sans partage exigea d'elle le plus pénible sacrifice. Elle avait une mère qu'elle aimait de l'amour le plus tendre, laquelle avait toujours applaudi à son zèle, même au milieu des railleries et des contradictions du monde, et l'avait même aidée de tous ses moyens dans ses pieuses entreprises; et cette mère si bonne tomba dangereusement malade. Profondément affligée de cet accident, Mlle Rivier ne négligea rien de tout ce que peut inspirer en pareille circonstance la piété filiale : elle demanda au ciel la guérison d'une malade si chère, par des messes nombreuses qu'elle fit célébrer à cette intention, par des aumônes abondantes qu'elle répandit en cette vue dans le sein des pauvres, par les prières ferventes qu'elle épancha devant le Seigneur et auxquelles se joignirent, sur sa recommandation, toutes les ames pieuses de la paroisse, toutes ses élèves, les filles et les femmes de ses assemblées, et surtout les Sœurs de St-Dominique. Elle lui prodigua, en outre, tous les soins de la meilleure des filles, se tenant habituellement près de son lit de douleur sans jamais céder la place aux personnes bienveillantes qui, par attachement pour la fille, s'offraient en foule à garder et à veiller la mère, excepté quand une indispensable nécessité la forçait de s'absenter. Elle l'entretenait dans les pensées de la foi, l'exhortait à la patience dans les souffrances, et lui rappelait la soumission à la volonté divine. Cependant le mal allait toujours croissant, la mort approchait, et Mlle Rivier sentait son cœur déchiré par le spectacle des souffrances d'une mère chérie qu'elle allait perdre pour toujours : toutefois elle fit violence jusqu'au bout à sa douleur, disposa la ma-

lade à la réception des derniers Sacremens, lui ménagea l'assistance d'un saint prêtre propre à la préparer au
grand passage du temps à l'éternité, et ne la quitta
qu'après qu'elle eût rendu le dernier soupir. Sa tendresse filiale ne s'en tint pas là ; elle employa en messes
ou en aumônes pour la chère défunte tout le modique
héritage qui lui échut, et y ajouta tout ce qu'elle put
de prières et de bonnes œuvres : c'était là sa plus douce
consolation dans la douleur extrême qui l'accablait, et
dont pendant long-temps elle ne put se distraire ni le
jour ni la nuit.

A une douleur si vive pour la nature vint s'en joindre une autre peut-être non moins vive pour la foi et le
zèle de Mlle Rivier. Le gouvernement révolutionnaire
s'empara de la maison des Dominicaines qu'elle occupait, et la vendit comme bien national. Dès lors plus
moyen de faire la classe et d'enseigner la religion à la
jeunesse ; cette maison était le seul lieu convenable
dans Montpezat. Mlle Rivier en fut si affligée, qu'elle en
tomba malade et perdit momentanément l'usage de
l'ouie. Dès que sa santé et ses forces lui furent reve-
nues, ne pouvant vivre sans travailler à la gloire de
Dieu, elle rassembla quelques enfants chez Mlle Chambon et se créa une petite classe. Mais cet état de choses
ne put durer long-temps ; sa classe ne lui fournissait
point de quoi vivre, et les assignats ayant perdu leur

valeur, elle se voyait dans l'impuissance de payer ce
qu'elle avait emprunté pour ses aumônes. Dans cet
extrême embarras, elle fut sur le point d'accepter les
propositions d'un de ses parens qui l'appelait chez lui
pour élever ses enfants et lui faisait les promesses les
plus avantageuses. Mais plusieurs habitans de Thueyts,
paroisse voisine de Montpezat, lesquels connaissaient
tout le mérite de la vertueuse institutrice et avaient
plusieurs fois tenté de l'attirer chez eux, ayant appris sa
résolution, lui proposèrent l'école de cette ville , et
signèrent l'engagement de lui faire un traitement
convenable. Mlle Rivier qui, depuis long-temps se sentait un attrait intérieur pour venir se fixer à Thueyts,
et espérant trouver dans M. Pontanier, prêtre vénérable de cette paroisse, un sage conseiller, un pieux
et habile directeur, ne fut pas plutôt instruite des dispositions qu'on venait de prendre , qu'elle partit avec
l'intention de s'y fixer s'il était possible. Parvenue au
haut de la Gravène (*), montagne d'où l'on aperçoit la
paroisse de Thueyts , elle fut tout-à-coup saisie de
sentiments confus de joie et de tristesse, de désir et

(*) Cette montagne est ainsi appelée parce qu'elle est toute
composée d'une espèce de gravier provenant des débris des
scories vomies par le volcan dont le cratère est sur la même
montagne. (*Voyez les Recherches sur les volcans éteints du
Vivarais, par M. Faujas de St-Fonds*, p. 212 et suivantes).

de crainte, d'empressement et de répugnance : il lui
semblait voir toutes les croix et les contradictions qui
l'attendaient dans ce lieu, et d'un autre côté elle se
sentait poussée et comme lancée en avant avec une douce
suavité intérieure par une force irrésistible, qui paraissait
lui promettre une abondance de bénédictions et de
succès. Elle arriva dans ces dispositions à Thueyts ; et
quel fut son étonnement d'apprendre que les choses
n'étaient rien moins qu'arrangées, qu'il y avait une
violente opposition, et que selon les apparences le projet ne réussirait pas ! Sans attendre plus long-temps,
elle reprit aussitôt le chemin de Montpezat dans une
extrême désolation ; mais au lieu de s'y rendre direc-
tement, elle s'arrêta en route chez un particulier très-
religieux qu'elle connaissait, et de là elle se décida à aller
passagèrement à Largentière, chez une de ses sœurs.
Dès que la nouvelle de son départ si subit fut connue
dans Thueyts, on fut alarmé autant que surpris, et
on lui députa promptement un exprès pour la conjurer
d'attendre là où elle se trouvait et pour lui promettre
que tout allait s'arranger. On se mit en effet aussitôt à
l'œuvre, on s'assembla, et le parti de l'opposition ne
manqua pas au rendez-vous : les débats furent des
plus violents ; mais enfin, après trois jours de lutte,
l'admission de Mlle Rivier fut décidée à la pluralité des
voix, et un nouvel exprès partit sans retard pour aller

la chercher et la ramener à Thueyts. Il y avait trois jours qu'elle était en prières pour obtenir l'heureux succès de cette affaire; elle se tenait pendant de longues heures aux pieds de la Sainte Vierge pour lui recommander ce succès, et elle n'interrompait guère ses instances que pour aller sur la route de Thueyts dans l'espoir de rencontrer l'envoyé chargé de la ramener. Elle le rencontra, en effet, le troisième jour; il était porteur d'une lettre de M. Pontanier, qui avec toute l'autorité que lui donnaient son caractère de prêtre et sa qualité de directeur, lui intimait l'ordre de se rendre à Thueyts: « Au nom de J. C., lui disait-il, venez à Thueyts; telle « est la volonté de Dieu, je ne puis en douter après y « avoir mûrement réfléchi; c'est là que la Providence « vous appelle pour faire le bien. »

Mlle Rivier reçut cet ordre comme venant du ciel, et s'y soumit avec d'autant plus de joie qu'il était parfaitement conforme aux mouvemens que la grâce opérait dans son cœur. Cependant tout le long du trajet, son imagination lui montrait des milliers de croix sur la route; il lui semblait que le *chemin en était une pépinière;* mais cette vue ne l'empêchait pas de désirer de se fixer à Thueyts, et elle éprouvait la plus grande résignation à toutes les peines dont il plairait à Dieu de l'affliger dans ce nouveau séjour. Tout fut paisible à son arrivée, et pas le moindre signe d'opposition ne se manifesta. Elle s'établit, comme à Montpezat, dans la maison des Dominicaines, y ouvrit son école, et dès les premiers jours elle y mit un tel ordre, sut si bien gagner l'affection de ses élèves et l'estime des parents, que ceux-là même qui s'étaient le plus hautement déclarés contre elle, n'hésitèrent pas à lui confier leurs enfants, et devinrent ses plus chauds partisans. On était enchanté de ses manières douces et honnêtes, des progrès qu'elle faisait faire à ses élèves, de l'empire qu'elle savait prendre sur elles pour se faire respecter et obéir, de la régularité, de la modestie et du bon esprit qu'elle avait le secret de leur inspirer.

Elle se concilia encore plus l'admiration de tout le monde par sa générosité et sa force d'ame, dans une épidémie qui affligea Thueyts, en 1794, et fit mourir un grand nombre de personnes. C'était, disaient les médecins, une fièvre typhoïde. Sans penser au danger qu'elle courait, et n'écoutant que les inspirations de sa charité, Mlle Rivier se dévoua spécialement aux soins d'une malade atteinte du fléau dévastateur, et passa plusieurs nuits auprès d'elle. Pour fruit de sa charité, elle contracta elle-même la maladie; elle en négligea d'abord les premiers symptômes, et bravant la fièvre dont elle ne soupçonnait pas encore la nature dangereuse, elle se rendit chez ses parents à Montpezat, où quelques affaires l'appelaient. A peine Mlle Rivier était-elle arri-

vée, qu'il fallut se mettre au lit? le mal fit des progrès si
rapides, si effrayants qu'on lui administra les Sacremens des mourants. La nouvelle de sa maladie arrivée à
Thueyts, y répandit la consternation ; on en fut affligé
comme d'une grande calamité, on fit des prières et des
neuvaines pour sa guérison, et, ni la distance des lieux,
ni le péril de la contagion, ne purent empêcher qu'on
n'allât souvent la visiter; on voulait même, si les médecins ne l'eûssent défendu, la rapporter à Thueyts sur un
matelas, afin de ne se séparer d'elle ni jour ni nuit, et
de l'entourer de tous les soins que réclamait son état. Plus
affligées encore que tous les autres, ses élèves montrèrent
dans cette circonstance une affection et un dévouement
incomparables; elles allaient en troupes à Montpezat, et
étaient inquiètes comme de la maladie d'une mère :
enfin, le ciel la rendit à tant de vœux et de prières ;
et après six semaines de maladie, Mlle Rivier revint
à Thueyts malgré l'épidémie qui y régnait encore, et
reprit sa classe. Le nombre de ses élèves s'accrut
tellement, qu'elle fut obligée de continuer l'école, même
pendant ses repas, et de la prolonger jusque dans la
nuit, quoique prenant à peine la nourriture nécessaire pour se soutenir, parce qu'elle voulait, à force
d'économie, se mettre en état de payer les dettes qu'elle
avait contractées à Montpezat pour ses aumônes. Au
travail de sa classe, elle joignit bien d'autres fatigues.

, Tous les jours elle faisait à haute voix, dans l'église, la prière du soir, suivie du chapelet et d'une lecture de piété ; tous les dimanches, pour remplacer les prêtres auxquels la persécution ne permettait pas de paraître, elle y lisait à haute voix les prières de la messe, en ajoutant une lecture qu'elle développait elle-même ; et dans sa maison, trop petite pour contenir la foule qui s'y pressait, elle faisait l'instruction aux femmes sur les Commandemens de Dieu et de l'Église, les péchés capitaux, la manière de fréquenter les sacremens, donnant à ses explications le double intérêt de la clarté qui les faisait comprendre aux plus ignorantes, et d'une gaieté aimable qui les faisait écouter toujours avec plaisir. Souvent aussi, elle faisait débiter par les enfants des dialogues de sa composition, sur quelque sujet instructif ou édifiant; et cette variété dans la manière d'enseigner flattait les parents des élèves, en même temps qu'elle piquait la curiosité de tous et attirait un plus grand nombre d'auditeurs. Le soir de chaque dimanche, elle avait encore une nouvelle réunion, celle des jeunes personnes qui venaient se récréer chez elle, et dont par complaisance elle partageait les jeux. Comme elle portait toujours présente dans son esprit la pensée de fonder une Communauté, elle se plaisait à leur faire représenter la cérémonie d'une prise d'habit, avec toute la solennité usitée dans les couvents.

On parait le mieux possible la postulante supposée, on allait la chercher à l'oratoire en procession et en chantant; on la conduisait ainsi, avec toutes les solemnités d'usage, drap mortuaire, chant lugubre et sermon, dans la salle des classes où se faisait la cérémonie. Elle demandait ensuite qui voudrait se joindre à elle pour fonder un Couvent où la cérémonie n'aurait plus lieu en représentation mais en réalité; et elle faisait d'avance entre toutes ces filles la répartition des divers emplois de la nouvelle Communauté.

Ainsi Mlle Rivier avait fait de sa maison comme un rendez-vous de piété, et y avait tout disposé dans cette vue; tout y respirait, tout y prêchait la religion. Le corridor et les murs des chambres étaient ornés de pieuses sentences qu'on lisait avec attention et qu'on méditait avec fruit; le grenier était converti en oratoire où l'on faisait l'exercice qu'elle appelait *le Voyage du Calvaire*, la procession, la méditation et autres pieuses pratiques. C'était là comme le foyer de la ferveur; c'était là qu'on allait prier et solliciter les secours du ciel; c'était là surtout que Mlle Rivier allait épancher son cœur, déposer ses peines, verser des larmes sur les calamités qui inondaient la France, et recommander à Dieu le projet qui la poursuivait toujours de fonder une Communauté. Vers la fin de l'année 1796, un incident lui fit concevoir l'espérance qu'enfin ses vœux allaient être prochaine-

3

ment exaucés. Elle se préparait elle et ses élèves, avec toute la ferveur dont elles étaient capables, à la fête de Ste Catherine, patronne de l'école, lorsque M. Pontanier, son directeur, vint lui proposer de prendre désormais pour fête patronale, la Présentation de Marie, et de consacrer sa maison, ses élèves et ses projets à cette reine des vierges, considérée dans le mystère de sa Présentation au Temple. A cette proposition, Mlle Rivier se sentit le cœur pénétré d'une sainte joie, et entra avec transport et avec bonheur dans la pensée de l'homme de Dieu, laquelle lui semblait inspirée par le ciel même. Maîtresse et élèves, toutes célébrèrent cette fête avec une ardeur extraordinaire, toutes firent la communion, toutes se consacrèrent à Marie avec cet enthousiasme de ferveur qui accompagne une inspiration céleste, et qui présage de grandes choses; Mlle Rivier se crut à la veille de voir naître la Communauté qu'appelaient tous ses vœux. Son espoir et sa joie s'accrûrent encore, lorsque le même jour, le pieux Directeur lui fit présent d'un cachet au chiffre de Marie, en ajoutant que ce serait là le sceau de son Couvent. Ce religieux cachet la ravit, elle le serra tout le jour dans sa main, le baisa plusieurs fois, persuadée que la Sainte Vierge mettrait le sceau à ses désirs, et consoliderait d'une manière inébranlable la maison qu'elle allait fonder, sans savoir encore par quels moyens.

LIVRE SECOND.

Depuis la naissance de la Congrégation des
Soeurs de la Présentation de Marie,
à Thueyts, en 1796, jusqu'à la
translation de la Maison-Mère
à Bourg St-Andéol, en 1819.

CHAPITRE PREMIER.

*Mlle Rivier s'associe quelques filles pauvres et peu instrui-
tes. Elle est l'objet des moqueries publiques. Elle envoie
ses pauvres associées faire le Catéchisme dans les
villages. Elle souffre beaucoup dans une année de disette.
Une ancienne Religieuse s'associe à elle. Elle achète la
maison qui devient le berceau de la Congrégation.*

IL y avait bien des années que Mademoiselle Rivier
se sentait pressée par la grâce, comme nous l'avons vu
dans le Livre précédent, de fonder une Communauté

d'institutrices vertueuses et zélées, qui allassent dans les paroisses inspirer aux enfants et aux grandes personnes de leur sexe, les principes de la religion et de la vertu si universellement oubliés dans ces jours de désordre et de subversion. Elle eut voulu aussi fonder un asile pour recueillir les orphelines abandonnées, les élever chrétiennement et les placer ensuite dans des maisons vertueuses où elles pussent pratiquer les bons enseignements qu'on leur aurait donnés. Mais, comment exécuter ces beaux projets sans aucune ressource pour subvenir aux dépenses, sans personne pour seconder l'entreprise, et dans un temps surtout où toutes les maisons religieuses venaient d'être renversées, où les plus haîneuses préventions contre tout ce qui offrait l'apparence de Communauté avaient envahi presque tous les esprits? La difficulté, sans doute, était immense, mais elle n'arrêta pas le zèle et la foi de Mlle Rivier, qui estimait la confiance en Dieu plus puissante que tous les obstacles humains. Il y a plus : considérant que l'Église, cette grande communauté qui remplit tout l'univers, avait été fondée au milieu de mille obstacles conjurés contre elle, par douze pauvres, ignorants et sans naissance, obscurs et sans crédit, elle crut que les instrumens les plus faibles, les plus impuissants selon le monde seraient les plus propres à son œuvre, que là où il y aurait moins de la créature, il y aurait plus de

Dieu, que le doigt de la Providence y serait plus manifeste et que personne ne pourrait avec la moindre
apparence de raison s'en attribuer la gloire, qu'enfin
une origine obscure et sans éclat serait pour toutes les
Sœurs à venir une leçon utile d'humilité, de simplicité,
de pauvreté, de confiance en Dieu. Pleine de ces pensées de foi, elle se choisit pour premières compagnes
cinq pauvres filles très-pieuses, mais sans éducation,
dont trois ne savaient rien autre chose que le catéchisme, et les deux autres ne pouvaient qu'apprendre
à lire aux enfants, car elles ne savaient pas même
écrire. Aucune d'elles n'avait de costume religieux, et
elles conservaient toutes le vêtement grossier de leur
ancienne condition. Le monde qui juge tout avec des
yeux charnels, plaisanta beaucoup la nouvelle Communauté et en fit l'objet de ses railleries journalières.
On ne reconnaissait plus là l'esprit et la sagesse de
Mlle Rivier : elle a perdu la tête, disait-on ; à quoi
pense-t-elle de vouloir faire un couvent avec de pareils
sujets? et telle fut la déconsidération qui en réjaillit sur
elle, qu'on cessa dès lors les petits présents ou offrandes
qu'on avait accoutumé de lui faire pour aider à sa subsis-
tance. Mais la servante de Dieu laissait dire le monde,
priait beaucoup, instruisait et formait ses compagnes,
et songeait à acheter une maison pour y loger sa nouvelle Communauté. Cependant, elle ne voulait rien

faire sans conseil, elle savait que Dieu ne bénit que les
œuvres d'obéissance ; et son directeur, M. Pontanier,
n'osait pas lui permettre d'aller en avant ; le Grand-
Vicaire du Diocèse lui-même, M. Vernet (*) consulté
sur cette affaire, jugeait l'entreprise téméraire et
imprudente. Que faire donc ? Mlle Rivier saisie d'un
violent chagrin fondait en larmes, poussait des cris de
douleur, priait de toute son âme, et en attendant que
l'obéissance la laissât faire, elle envoyait les dimanches et
les fêtes chacune de ses filles dans les villages pour y caté-
chiser les enfants, les femmes et même les hommes qui
voulaient assister à ces instructions ; ce qui opérait un
bien sensible. Pour elle, elle continuait toujours ses
œuvres, reprenait et corrigeait ouvertement le vice, et
par l'ascendant que lui donnait sa vertu, arrachait les
pécheresses au désordre, les forçait même quelquefois
à quitter leurs parures mondaines pour reprendre les
vêtemens simples et grossiers de leur condition, et à
faire une fervente retraite et une bonne confession pour
rentrer en grâce avec Dieu. Cependant, la ferveur et la
générosité de ses Sœurs la consolaient et lui donnaient
chaque jour plus d'espoir. Elle eut une preuve non

(*) Il était Grand-Vicaire de Mgr l'Archevêque de Vienne,
nommé par le St-Siége, administrateur du Diocèse de Viviers,
depuis la défection de M. de Savine.

suspecte de la solidité de leur vertu, dans la grande disette qui termina l'année 1796. Alors elles n'avaient pour vivre, que du pain fait avec du son de farine de seigle et les restes de la table du Pensionnat, qui étaient loin de suffire pour les nourrir, en sorte qu'elles souffraient beaucoup de la faim. Elles étaient même réduites à aller chercher sur leurs épaules à la montagne voisine le bois nécessaire et quêter chez les paysans quelques poignées d'herbes pour en faire le souper de la Communauté. Mais ces généreuses filles ne se laissèrent point abattre par les croix dont la Providence les chargeait ; elles souffraient, mais c'était avec joie, et leurs souffrances ne faisaient qu'accroître en elles la ferveur et l'amour. Mlle Rivier jouissait avec bonheur de ce spectacle, mais en même temps elle ne cessait d'implorer le secours du ciel par de ferventes prières, et quand le pain manquait, elle allait se jeter aux pieds de la Sainte Vierge, et l'appeler à son aide avec la simplicité d'un enfant qui s'adresse à sa mère.

Ainsi, la petite Communauté naissante était toute pleine de ferveur au milieu des croix ; on y aimait la prière et l'oraison ; on faisait ses délices de Dieu seul et on le bénissait de tout ce qu'on avait à souffrir. On célébrait surtout les fêtes de la Sainte Vierge, avec une joie toute filiale et un zèle merveilleux. On dressait de petits oratoires en son honneur en divers endroits de la maison ; on les visitait processionnellement en chantant les Litanies, et quand on était arrivé à l'oratoire principal qui était au grenier, la digne Supérieure faisait une instruction sur les vertus de la Mère de Dieu. Les personnes religieuses frappées du spectacle de tant de piété, ne pouvaient s'empêcher de croire que Dieu bénirait de si beaux commencements ; mais le monde n'en cessait pas pour cela ses railleries, et au lieu de seconder l'œuvre naissante, on la contrariait en toute manière, on refusait les aumônes accoutumées, et la détresse allait croissant. Alors Mlle Rivier recourant à sa protectrice ordinaire avec une confiance filiale et la simplicité d'un enfant, écrivit à la Sainte Vierge une lettre touchante, où après avoir exposé sa pénible situation, elle la conjurait de lui venir en aide et protestait de son abandon entier entre ses bras maternels. Elle envoya cette lettre par une vertueuse fille à Notre-Dame-de-Bon-Secours, lieu de dévotion près de Joyeuse, avec mission de la déposer sur son autel. La Sainte Vierge sembla l'avoir entendue. Quelques secours lui arrivèrent; mais ce qu'elle estimait bien davantage, une ancienne Religieuse du Couvent de St-Joseph de Monistrol, personne d'un grand mérite et d'une piété plus grande encore, s'associa à la petite Communauté, dont elle admirait les vertus, en partagea de bonne grâce toutes les privations et procura tout à la fois de la réputation au

Pensionnat, qui dès lors devint plus nombreux, du soulagement à Mlle Rivier dans ses travaux, et un appui dans ses peines.

Une consolation plus grande encore pour son cœur, fut la permission qui lui fut donnée enfin par son directeur et le Grand-Vicaire du Diocèse, M. Vernet, de poursuivre son œuvre selon le plan qu'elle avait conçu. Forte de cette permission, elle s'occupa aussitôt de l'achat d'un local convenable pour devenir le berceau de la Communauté : car, la maison des Dominicaines où elle demeurait, était si petite, si étroite et si incommode, qu'il y avait lieu de s'étonner comment les parents pouvaient y mettre leurs enfants. Après quelques hésitations, elle jeta ses vues sur une maison fort retirée et éloignée du bruit, qui lui parut singulièrement propre à son dessein ; mais deux obstacles survinrent à la traverse, le premier fut l'opposition de M. Rivier, son frère, qui, traitant de folie une pareille entreprise dans un temps de révolution, n'entendait pas qu'elle jetât là la dot qu'il avait encore à lui payer ; mais cette ame forte ne se laissa point fléchir, et répondit que quand même l'entreprise ne devrait avoir qu'un succès d'un an ou deux, elle y sacrifierait également sa modique fortune, parce qu'elle croyait que c'était la volonté de Dieu. Le second obstacle, plus difficile à vaincre que le premier, vint de la propriétaire de la maison, qui

3.

ne voulut entendre aucune proposition de vente.
Mlle Rivier, pour l'amener à ses vues eut recours à sa
ressource accoutumée, la prière fervente ; et Dieu, qui
tient tous les cœurs dans sa main pour les incliner où
il lui plaît, changea la volonté de cette personne, de
telle sorte que non seulement elle consentit à la vente,
mais par un mouvement de générosité bien inattendu,
elle céda la maison au dessous de son prix réel ; et,
comme si Dieu eut voulu prouver que c'était son œuvre, à peine le contrat fut-il passé, que la personne en
conçut le plus violent chagrin et fit tout ce qu'elle put
pour le faire révoquer ; mais ce fut inutilement, et le 17
novembre 1797, Mlle Rivier et ses compagnes entrèrent en possession. Elles se disposèrent aussitôt à s'organiser en Communauté et à en prendre toute la forme.
La fête de la Présentation qui approchait, leur sembla
le jour le plus convenable pour cet objet ; et en effet, à
la messe que leur dit M. Pontanier dans ce jour à
jamais solennel qui donna à la Congrégation des Sœurs
de la Présentation de Marie et sa naissance et son
nom, Mlle Rivier prononça l'acte par lequel elle se
consacrait sous les auspices de la Sainte Vierge, à l'é-
ducation de la jeunesse : ses compagnes, au nombre
de huit, répétèrent à haute voix la même consécration, en ajoutant qu'elles reconnaissaient Mlle Rivier
pour leur Supérieure, et promettaient de lui obéir

constamment ainsi qu'aux règles déjà établies et à celles qu'on ferait dans la suite. Elles furent fidèles à leur engagement, et c'était un spectacle touchant de voir l'obéissance simple et prompte de la nouvelle Communauté, le respect religieux avec lequel elles observaient toutes les règles, et recevaient toutes celles que M. Pontanier, leur directeur, jugeait à propos d'y ajouter. Mlle Rivier leur donnait l'exemple en tout, sans cependant négliger les soins du temporel, qui alors, étaient très-multipliés; car il fallait approprier la maison à sa nouvelle destination, y créer une chapelle, un réfectoire, un dortoir et autres lieux réguliers; il fallait enfin des réparations et des aggrandissements, et tout cela ne pouvait se faire sans beaucoup de sollicitudes, comme il est facile de le concevoir.

CHAPITRE II.

Voyages de Mlle Rivier pour se procurer des sujets. Elle veut se démettre de la supériorité. Violent orage contre sa maison suscité par une des Sœurs même, et ensuite par les agents de la révolution. Confiance en Dieu, prudence et calme de Mlle Rivier dans ces circonstances. Lettre admirable qu'elle écrit à M. Pontanier.

MADEMOISELLE Rivier toute occupée de son œuvre, et cherchant de toutes parts des sujets capables de la seconder, apprit qu'il y avait au Puy, avant la révolution, une Congrégation religieuse (*), vouée comme la sienne à l'instruction des enfants et des grandes filles, et où se formaient des institutrices qui devaient non-seulement faire l'école dans les paroisses, mais encore

(*) La maison de cette Congrégation s'appelait la *maison de l'Instruction*, et les maîtresses portaient le nom de *Demoiselles de l'Instruction*. (Voyez l'Histoire de leur institution et de leurs succès, dans le Ve Livre de la Vie de M. de Lantage.)

présider chaque dimanche les assemblées ou réunions pieuses des personnes du sexe. Cette excellente Congrégation ayant été dispersée par l'orage révolutionnaire, qui ne faisait grâce à aucune institution religieuse, Mlle Riviers pensa, que parmi tous ces débris épars elle pourrait trouver d'excellents sujets pour son œuvre, et en conséquence, elle entreprit le voyage du Puy. Un ancien membre de cette Congrégation, Mlle Sénicroze, l'accueillit avec beaucoup de bonté, et la mit en rapport avec les personnes de la ville qu'elle jugeait capables de remplir ses vues, et en qui elle connaissait du penchant pour la vie de Communauté : mais aucune d'elles n'eut le courage de la suivre, et le seul avantage qu'elle retira de son voyage, fut l'intimité qui s'établit entre elle et Mlle Sénicroze. Ces deux ames, animées des mêmes sentiments, brûlantes du même feu, le zèle de la gloire de Dieu et du salut des ames, se comprirent et s'aimèrent dès qu'elles se connurent, et désirèrent conserver entre elles des relations de charité et de piété. Mlle Sénicroze vint voir à son tour sa digne amie à Thueyts, et fut si enchantée de la nouvelle Communauté, du bel ordre qui y régnait, de la piété franche, de l'union mutuelle, de la prompte obéissance de toutes les religieuses, et surtout de toutes les belles qualités qu'elle remarquait toujours davantage dans la Supérieure, qu'elle conçut le désir de n'en plus sortir et de

s'y fixer elle-même comme Religieuse. Elle s'en ouvrit
à Mlle Rivier, et celle-ci accueillit cette communica-
tion avec transport; elle crut y voir une disposition
bienveillante de la Providence, qui, voulant la décharger d'une supériorité bien au-dessus de ses forces, lui
envoyait une personne capable en faveur de laquelle
elle pourrait se démettre. Son cœur tressaillait à cette
pensée, et déjà elle s'estimait heureuse de mener une
vie toute d'obéissance, comme la dernière des Religieuses. Mais Dieu ne le permit pas : Mlle Sénicroze
fut rappelée au Puy par son directeur, pour continuer
l'éducation de plusieurs demoiselles dont elle s'était
chargée, et M. Pontanier, considérant tout le bien
qu'une personne d'un tel mérite pourrait faire dans
cette ville, l'obligea à partir sans retard.

Ce départ consterna Mlle Rivier, et elle en tomba
gravement malade ; mais dans cet état de souffrances,
son mal était la chose qui l'occupait le moins, et toutes
ses pensées étaient à la recherche d'une personne à qui
elle pût confier la direction d'une maison où elle ne
voulait être que la dernière Sœur. Après bien des réflexions, elle crut avoir trouvé ce qu'elle cherchait dans
la personne de Mme Dubès, ancienne Religieuse du
Couvent de Pradelles, qui y avait été sa maîtresse et
était alors retirée à Mende. Aussitôt, empressée d'exécuter son dessein elle sort du lit où la retenait la fièvre

depuis trois semaines, et, malgré la souffrance et la faiblesse, elle part pour Mende avec deux de ses parents qui étaient venus la voir. Arrivée auprès de Mme Dubès, elle lui fait part de l'objet de son voyage et la conjure de venir prendre le gouvernement de la Congrégation naissante. Celle-ci se rend sans peine à cette proposition et toutes deux arrivent bientôt à Thueyts. Mais la difficulté était de faire agréer à la Communauté le changement de Supérieure. Pour y préparer les esprits, Mlle Rivier, dès le premier jour, céda la place d'honneur à Mme Dubès, lui fit dire les prières d'avant et d'après le repas, engagea les Sœurs à prendre ses conseils et à lui ouvrir leur cœur. Les choses allèrent bien tant que les Sœurs ne virent en tout ceci que des marques de déférence accordées à une Religieuse recommandable par son âge et ses vertus; mais quand elles eurent reconnu l'intention qui avait inspiré cette conduite, elles ne purent contenir leur douleur, s'en ouvrirent à M. Pontanier, ainsi qu'à un autre vénérable ecclésiastique; et, l'avis de ces deux hommes de Dieu se trouvant conforme à leurs vœux, elles allèrent se jeter aux pieds de Mlle Rivier, lui protester, les larmes aux yeux, qu'elles ne voulaient point d'autre Supérieure qu'elle, que c'était à elle qu'elles avaient promis obéissance et qu'à elle seule elles voulaient obéir. Force fut donc à l'humble Supérieure de renoncer à son projet, et de baisser la tête sous la charge

qu'elle redoutait si fort, mais que la Providence elle-
même lui imposait d'une manière si manifeste. Elle
reprit ses fonctions en entier, et Mme Dubès se retira,
emportant une estime nouvelle pour celle qu'elle reconnaissait avec toutes les Sœurs plus digne que personne
de gouverner la Communauté.

Mlle Rivier n'eut pas plutôt repris la supériorité,
qu'elle en sentit le poids d'une manière bien cruelle
pour son cœur. Une de ses Religieuses, ennuyée de la
vie de Communauté et animée du plus mauvais esprit,
chercha à dégoûter les pensionnaires du Couvent et à
les emmener avec elle pour fonder ailleurs un autre
Pensionnat, où elle leur promettait plus de liberté et
de bonheur. Mlle Rivier ayant découvert ses intrigues,
lui adressa les reproches qu'elle méritait ; mais la
malheureuse, au lieu d'en profiter pour rentrer en elle-
même et se convertir, n'en devint que plus méchante,
et osa insulter sa digne Supérieure, jusqu'à la traiter
d'orgueilleuse et d'ambitieuse. Mlle Rivier, après avoir
prié et consulté Dieu, crut de son devoir de retrancher
le membre gangrené et chassa l'indigne Religieuse.
Celle-ci, plus furieuse encore, ne mit plus de bornes
à sa malignité ; elle s'attacha à décrier les Religieuses,
à répandre partout des blâmes et des calomnies sur
l'éducation et la nourriture qu'on donnait aux jeunes
personnes, et ne négligea rien pour faire tomber le

Pensionnat. Dans une circonstance si critique, Mlle Rivier eut recours à ses armes ordinaires, la prière et la confiance en Dieu ; et le Pensionnat se soutint en dépit de la calomnie, la vérité triompha du mensonge et le calme se rétablit.

Mais à peine cet orage était-il dissipé, qu'il s'en éleva un autre bien plus terrible. Le comité révolutionnaire envoya cent soldats en garnison à Thueyts, avec l'ordre de détruire le nouveau Couvent et d'en disperser toutes les Religieuses. A cette nouvelle, Mlle Rivier, sans se troubler, mit toute la Communauté en prière, et, comme Abraham, espéra contre tout motif humain d'espérer. La Providence ne trompa point son espoir : le capitaine de la troupe alla voir, peu de jours après son arrivée, le maire de Montpezat, son ami intime, qui, quoique révolutionnaire, était très attaché à Mlle Rivier et lui avait même confié l'éducation de sa fille unique ; celui-ci le sollicita avec tant d'instances de ne pas exécuter l'ordre du comité, qu'il obtint grâce pour le Couvent, et la promesse de le faire respecter de ses soldats. Mlle Rivier, qui ignorait encore ce trait de Providence, crut devoir de son côté, prendre les moyens humains de conjurer l'orage, et elle eut le courage d'aller parler au capitaine lui-même en faveur de sa maison : celui-ci, déjà avantageusement prévenu, la reçut avec bonté et politesse, lui protesta qu'elle n'avait rien à craindre, qu'il protégerait sa maison contre l'insolence des soldats, et leur défendrait même, sous les peines les plus sévères, de s'en approcher. Il le fit, en effet, dès le jour même ; et cette défense fut si exactement observée, que jamais les soldats ne passèrent dans la rue du Couvent, ce qui faisait dire avec étonnement aux personnes du quartier, qu'il fallait que l'ange de Mlle Rivier se trouvât là pour les arrêter. Mais un autre sujet d'inquiétude survint bientôt ; on voulut que toute la Communauté, supérieure, religieuses et pensionnaires, assistât à l'assemblée schismatique et impie de *la décade*, par laquelle on avait remplacé le saint jour du dimanche. Mlle Rivier déclara d'abord avec fermeté au capitaine, que jamais ni elle ni personne de sa maison ne se soumettrait à un pareil ordre tout-à-fait contraire à ses principes : l'officier insiste ; la Supérieure tient bon : elle met toute sa Communauté en prières, prescrit des jeûnes rigoureux et de longues heures d'adoration devant le Saint-Sacrement qu'on conservait dans un petit oratoire : puis, joignant au jeûne et à la prière les moyens humains, elle réclame l'intervention du père d'une de ses pensionnaires qu'elle savait très lié avec le capitaine, le presse par une lettre touchante de s'intéresser en sa faveur, et l'excite encore par un présent qu'elle lui envoie : celui-ci aussitôt vient trouver le capitaine et demande grâce pour le couvent :

vaines sollicitations ! l'officier ne veut point se laisser fléchir. Cependant, le moment de *la décade* approchait : on allait venir les prendre pour les y conduire. Dans son embarras, Mlle Rivier avait déjà fait sortir secrètement plusieurs Sœurs et grandes pensionnaires, qu'elle avait placées dans des maisons chrétiennes de la paroisse, et avisait aux moyens de préserver de tout malheur le reste de la Communauté, lorsqu'enfin arriva le médiateur qu'elle avait employé auprès du capitaine, s'écriant que la grâce était obtenue, et que personne du Couvent ne serait obligé de venir à *la décade*.

Bien d'autres fois, pendant les jours orageux de la révolution, on voulut inquiéter ou détruire le Couvent; mais toujours l'habile Supérieure détourna ce malheur en gagnant la bienveillance des plus fameux révolutionnaires par le moyen de leurs enfants dont elle savait se faire aimer et par les règles de prudence qu'elle et toute sa Communauté suivaient constamment, n'affichant ostensiblement aucun parti, ne s'occupant que de leur école, se tenant en dehors de tous les évènements et gardant sur tout ce qui se faisait et se disait un silence si sévère, qu'il est inouï qu'aucune Sœur ait laissé échapper un seul mot capable de blesser les hommes de la révolution les plus susceptibles.

La Providence veillait de son côté sur son œuvre, et des agents de la révolution ont fait à ce sujet des

déclarations remarquables : ils recevaient l'ordre d'aller
exprès à Thueyts pour détruire le Couvent; ils étaient
dans la disposition d'exécuter cet ordre, et toujours ils
s'en trouvaient empêchés, ou par des affaires pressantes
qui survenaient au moment même, ou par le mauvais
temps ou autres circonstances indépendantes de leur
volonté.

Une protection si visible de la Providence touchait
singulièrement Mlle Rivier, et la confirmait dans la
pensée que son œuvre était vraiment l'œuvre de Dieu :
aussi son zèle pour la soutenir allait-il toujours croissant, toujours s'enflammant, et se purifiant davantage :
elle ne se considérait pour rien dans cette œuvre, elle
n'y voyait que la gloire de Dieu et le salut des ames, et
ces deux motifs la touchaient si fort, qu'elle se sentait
le courage de tout leur sacrifier : non-seulement elle
trouvait plus beau de travailler ici bas à faire aimer
Dieu et sauver des ames, que d'être un des premiers
Séraphins du ciel, mais encore, la grâce lui mettait au
cœur les sublimes sentiments de Moïse et de saint Paul,
faisant à Dieu, si c'était son bon plaisir et sa plus grande
gloire, le sacrifice du paradis même pour le salut de leurs
frères. C'est ce que nous apprenons d'une lettre qu'elle
écrivit vers cette époque à son directeur, M. Pontanier,
et dont on conserve précieusement l'autographe : « Voilà,
« lui dit-elle, comment la divine Providence nous pro-

« tège ; je suis pénétrée de la plus vive reconnaissance
« envers le Seigneur, et j'ai le plus grand espoir qu'il
« nous laissera continuer. Je ressens si vivement la peine
« de cesser cette œuvre, que j'ai demandé à Dieu de
« m'envoyer, s'il lui plaisait, toutes les croix, de me
« rendre le rebut de toutes les créatures, de m'affliger
« par des maladies, des peines intérieures, de me
« priver de toute consolation, et cela jusqu'à la fin
« du monde. Je me suis offerte à endurer tout cela
« pour la conservation de cet institut, si sa plus grande
« gloire s'y trouvait ; et je suis toujours plus ferme
« dans ces dispositions. Il me semble même que je
« ferais le sacrifice de ne jamais voir Dieu, si je pouvais
« travailler toute l'éternité au salut des ames. Je sens
« tout cela si fort dans moi, que je crains qu'il n'y ait
« de la présomption. Veuillez bien me dire deux mots
« là dessus s'il y a du mal. »

Des sentimens si beaux accompagnés de tant de simplicité et d'abandon, étaient sans doute bien propres à
attirer les bénédictions du ciel sur l'œuvre de la pieuse
fondatrice ; mais l'esprit de pénitence, de mortification et
d'obéissance qui respire dans la suite de la lettre, n'est
guère moins admirable : « J'ai toujours, ajoute-t-elle,
« un grand désir de faire pénitence, vous savez le
« besoin que j'en ai, et je ne m'accorde rien que je ne
« me le reproche continuellement. Je vous prie de me

« permettre de jeûner ou de me le défendre sévèrement,
« (on était alors en carême), sans cela ma conscience
« crierait toujours. Je ne puis pas vous dire que je me
« porte bien, je suis accoutumée au mal-être et je ne
« souffre pas ; les peines spirituelles me font oublier les
« corporelles. »

CHAPITRE III.

*Nouvelles peines qu'éprouve Mlle Rivier de la part des
Sœurs. Elle commence ses premiers Établissemens dans
le Diocèse. Vie de pauvreté et de privations à laquelle
elle se réduit elle et ses Sœurs.*

LES contrariétés et les peines fondaient de toutes
parts sur Mlle Rivier, et Dieu lui faisait comprendre
chaque jour que son œuvre ne pouvait se fonder et se
soutenir que par la croix. Mais entre toutes ces peines,
une des plus douloureuses fut celle que lui suscita la
première maîtresse même du Pensionnat, c'est-à-dire,
la personne de laquelle elle s'y fût le moins attendue,
et qui, par son âge, sa qualité d'ancienne Religieuse,

semblait lui promettre d'être à jamais son aide et son appui. Cette personne avait commencé par oublier l'esprit de pauvreté et d'obéissance, portant jusqu'à l'excès la délicatesse pour tout ce qui tenait à la propreté de sa toilette, et s'offensant des représentations qu'on lui faisait à ce sujet : de là elle était passée à un esprit d'intrigue et d'ambition, donnant à entendre aux parents et aux étrangers qu'il n'y avait qu'elle dans la maison capable d'instruire et de diriger le Pensionnat, qu'elle seule y faisait tout, y enseignait tout. Enfin, elle s'était familiarisée d'une manière peu convenable avec les grandes pensionnaires et surtout s'était liée avec une d'entr'elles d'une amitié particulière qui devint un scandale. Mlle Rivier profondément affligée lui donna des avis, lui fit des menaces ; mais tout fut inutile. Elle prit patience quelque temps par commisération pour cette pauvre ame et par égard pour le Pensionnat auquel ses talents étaient réellement très-utiles ; mais enfin, ne voyant point d'amendement, elle crut ne pouvoir tolérer plus long-temps cet abus : mettant sa confiance en Dieu pour les suites d'une mesure qui allait priver sa maison d'une maîtresse habile, elle signifia avec fermeté à cette personne, qu'elle ne pouvait plus supporter sa manière de faire, et qu'il ne lui restait qu'à choisir entre un changement entier de conduite ou un prompt départ. « Eh bien, je partirai, répondit la

Religieuse piquée au vif; et aussitôt elle s'en alla raconter la chose à son amie particulière. Celle-ci, pleine de dépit la ramena chez Mlle Rivier, et là, elle adressa à la digne Supérieure les reproches les plus offensants : « Qui « soutiendra désormais votre maison? De quoi êtes-vous « capable? Qui a du talent dans cette Communauté? » et à ces invectives patiemment écoutées, Mlle Rivier répondit avec humilité et douceur qu'elle se connaissait assez pour se rendre justice et se croire incapable de rien faire de bon, mais qu'elle mettait sa confiance en Dieu et en la protection de la Sainte Vierge dont sa maison était l'ouvrage, que d'ailleurs elle aimerait autant la voir tomber que d'y souffrir les abus qu'elles y avaient introduits. Cette scène, déjà si pénible, ne fut que le prélude d'autres désagrémens plus pénibles encore. Ces deux personnes, avant de partir, cherchèrent à tout perdre et tout désorganiser dans la maison par leurs mauvais discours : au moment du départ, tout Thueyts se rassembla dans la rue du Couvent, et de toutes parts retentirent des paroles de blâme contre la Supérieure qui renvoyait une maîtresse d'un tel mérite : chacun accusait à l'envi, censurait à son aise, supposait des intentions de jalousie et d'amour-propre, et plusieurs parents même, trompés par ces faux bruits, retirèrent leurs enfants. Au milieu de tous ces orages, Mlle Ri-vier, appuyée sur la confiance en Dieu, était calme, tranquille, inébranlable comme le rocher contre lequel viennent se briser les flots de la tempête : malgré tous ces cris, elle ne regrettait point un renvoi qu'elle avait jugé être dans l'ordre de la volonté de Dieu ; et quelque temps après, la Religieuse repentante eut beau solliciter sa rentrée, toutes ses instances demeurèrent sans effet. La Providence vint encore ici au secours de sa servante : les esprits trompés se désabusèrent, la confiance revint, et avec elle de nouvelles Sœurs et de nouvelles élèves. La Religieuse sortie fut en particulier avantageusement remplacée par une Sœur de St-Joseph, nommée Sœur Rosalie, sainte personne d'une vertu exemplaire, d'une ferveur qui depuis son enfance ne s'était jamais démentie et lui faisait trouver ses délices dans la prière, l'oraison et la sainte communion, à laquelle elle participait presque tous les jours. Son obéissance était si parfaite que pendant onze ans entiers, jamais elle n'enfreignit une seule fois la loi du silence ; sa mortification était si rigoureuse que les jeûnes, le cilice et la discipline, étaient ses pratiques habituelles ; et la faute la plus légère ne lui échappait pas sans qu'elle en fît aussitôt une pénitence particulière, parce que, disait-elle dans sa simplicité, « je ne veux pas être « arrêtée en purgatoire, je veux aller tout droit au « ciel. » Enfin son humilité était si profonde, qu'on pouvait lui dire les choses les plus pénibles sans qu'elle

4

songeât même à s'en offenser, à ce point qu'un jour la
Supérieure , pour l'éprouver , lui ayant défendu de
communier, elle acquiesça à cette défense par un salut
très-profond et très-respectueux , se retira tranquille-
ment sans en demander la raison et passa la journée
aussi gaiement qu'à l'ordinaire , sans chercher à savoir
pourquoi on lui avait imposé cette privation.

Mlle Rivier bénit Dieu d'une si précieuse acquisition,
et lui en demanda de nouvelles : tous les jours elle allait
devant les tabernacles épancher sa prière et conjurer
le Seigneur avec larmes, de lui envoyer un grand nombre de filles pieuses et généreuses par lesquelles elle
pût le faire connaître, enseigner son amour et étendre
son règne. Elle faisait prier toutes ses Sœurs pour la
même fin , et multipliait les neuvaines et les heures
d'adoration. Dieu exauça des demandes si ferventes , et
bientôt elle put fonder ses premiers Établissemens.

Amie des pauvres , jalouse de commencer comme
Jésus-Christ par évangéliser les pauvres, elle ne chercha
point les paroisses riches, les endroits commodes, où
ses Sœurs auraient tout à souhait. Les plus humbles
villages, les paroisses les plus obscures habitées par les
peuples les plus grossiers, lui semblèrent les lieux les
plus convenables pour y fonder ses premières maisons.
Elle plaça donc ses Sœurs dans quatre ou cinq paroisses peu fortunées des environs ; et , profondément

affligée de l'état de la jeunesse et du peuple laissés sans instruction par suite de l'exil du clergé, elle créa successivement de nouvelles maisons à proportion qu'elle put former des personnes capables d'enseigner aux enfants dans les écoles le catéchisme avec la lecture, et de tenir les assemblées des femmes et des grandes filles pour leur expliquer la doctrine chrétienne. Les Sœurs, dans la plupart de ces paroisses pauvres avaient tout à souffrir ; elles étaient réduites à aller prendre leur nourriture chez les parents des écolières, et ne vivaient que de privations ; heureuses cependant dans cet état, elles se trouvaient amplement dédommagées de leurs peines par la multitude d'enfants qu'elles retiraient de l'ignorance et de grandes personnes qu'elles remettaient dans la voie du salut. Elles s'étaient formées d'avance dans la Maison-mère à cette vie de privations, et Mlle Rivier leur en avait donné l'exemple et la leçon : car, dans le couvent de Thueyts, la nourriture était pauvre, et les assaisonnements épargnés comme chez les pauvres : souvent même on était réduit à aller mendier quelques légumes pour tout festin dans les villages voisins. C'étaient les Sœurs elles-mêmes qui allaient chercher sur leurs épaules le bois pour la cuisine, portaient le blé pour le moudre et en rapportaient la farine; et lorsque, en 1799, on bâtit le premier réfectoire et les premiers dortoirs, ce furent encore les Sœurs qui firent l'office de manœuvres, portant elles mêmes l'eau, le mortier et les pierres; tant était grande la pauvreté de la Communauté naissante. Mais ces bonnes filles se consolaient en pensant que, comme premières Sœurs de la Congrégation, il leur convenait de donner cette belle leçon à leurs Sœurs à venir; et Mlle Rivier aimait depuis à la répéter souvent à sa Communauté. « N'oublions jamais, « disait-elle, cet état de petitesse et de pauvreté, dans « lequel nos Sœurs ont passé les premières années de « leur enseignement; et que ce souvenir nous préserve « de toute plainte et de tout murmure sur ce que nous « pourrions avoir à souffrir dans nos Établissemens. Il « n'en est point aujourd'hui qui soient réduites à une « telle pauvreté et à une telle humiliation. »

CHAPITRE IV.

Premiers rapports de Mlle Rivier avec M. Vernet. Fatigues
et dangers auxquels elle est exposée. Intérêt que lui porte
Mgr d'Aviau. Deux sujets distingués entrent dans la
Congrégation. Peines qu'éprouve à leur sujet Mlle Rivier.
Elle découvre l'hypocrisie d'une jeune pensionnaire.

La Congrégation de la Présentation de Marie était
encore, comme nous l'avons vu, à son berceau, faible,
obscure et sans moyens apparents de succès : c'était le
grain de senevé jeté en terre ; mais par quels moyens
devait-il croître, se développer et devenir un grand
arbre, c'était là le secret de la Providence. Dieu, qui
mène tout à ses fins par des voies que l'homme ignore,
conduisit vers cette époque Mlle Rivier à celui qui
devait être un des instrumens principaux de cet accroissement, le protecteur puissant et le Supérieur dévoué
de sa Congrégation, M. Vernet, Vicaire général du
Diocèse, et voici à quelle occasion.

Une Religieuse de l'Ordre de Notre-Dame, personne

d'un très-grand mérite, entrée depuis quelques années dans la maison de Thueyts, à laquelle elle rendait des services inappréciables et avait même prêté une somme de 400 francs, fut rappelée par une Sœur de son ordre pour lui aider à relever et soutenir un Pensionnat de jeunes personnes. Ce rappel jeta Mlle Rivier dans le plus grand embarras : cette personne était nécessaire à sa maison, et puis, si elle partait, il fallait lui rendre ce qu'on lui devait, et on n'avait rien. Dans une telle crise, Mlle Rivier ne vit d'autre ressource que d'aller trouver M. Vernet, qu'elle croyait avoir conseillé ce rappel et pouvoir, par son influence, le faire révoquer. Elle part donc, quoiqu'avec crainte ; car elle ne lui avait encore jamais parlé. Celui-ci, qui la connaissait déjà par les rapports et les lettres de M. Pontanier, l'accueille avec bonté, la met à son aise et lui inspire la confiance de tout dire. Mais avant d'en venir à l'exposé du but de son voyage, elle voulut s'unir à Notre-Seigneur et pria M. Vernet, qu'elle savait conserver le Saint-Sacrement dans une chapelle secrète, de lui donner la communion. Forte alors de sa confiance dans le Dieu qu'elle venait de recevoir, elle exposa avec énergie le motif qui l'amenait, l'œuvre qu'elle avait entreprise pour faire connaître et aimer Jésus-Christ, les obstacles et les contradictions qu'elle éprouvait sans cesse, et en particulier l'embarras où la mettrait la sortie de la

Religieuse qu'on rappelait. M. Vernet écouta ce récit avec le plus grand intérêt, reconnut dans Mlle Rivier une de ces âmes fortes et généreuses par lesquelles Dieu se plait à faire de grandes choses, conçut la plus haute estime pour son œuvre, et promit de la seconder de tous ses efforts non-seulement dans la circonstance présente, mais toujours : il voulut même dès lors être son bienfaiteur ; et ayant appris qu'il ne lui restait plus qu'une petite pièce de monnaie, il lui donna plusieurs louis pour subvenir aux frais de la route et aux besoins de sa Communauté.

Mlle Rivier partit heureuse et pleine de l'espoir de conserver sa précieuse compagne, grâce à l'intervention de M. Vernet. Elle eut à souffrir beaucoup dans le retour par la maladresse de son conducteur, qui s'égara dans des chemins affreux ; elle y courut plusieurs dangers, fut réduite à coucher dans un village sur la paille et quelques feuilles d'arbres, vit même ses jours dans un péril imminent, au passage d'une rivière très-profonde que l'ignorant conducteur croyait guéable, et elle ne dut son salut qu'au refus obstiné que fit le cheval plus intelligent d'aller en avant.

Il n'y avait que quelques jours qu'elle était de retour à Thueyts, pleine de reconnaissance envers le Seigneur qui l'avait délivrée du danger, que déjà elle reçut la réponse de M. Vernet : il s'empressait de lui apprendre qu'on consentait à ne pas rappeler la Religieuse tant désirée, à condition cependant qu'elle reviendrait dès le premier moment qu'elle cesserait d'être nécessaire, parce que sa compagne en avait un besoin pressant. Puis, jugeant qu'il ne fallait souffrir rien d'imparfait dans une si belle âme, il l'avertissait de réprimer une certaine activité inquiète qu'il avait remarquée en elle, et de poursuivre le bien avec paix, calme et modération : « Que je voudrais, lui disait-il, comme le disait « autrefois St François de Sales à Ste Chantal, que « je voudrais avoir un bon marteau pour émousser la « pointe de votre esprit, qui est trop subtil et trop « inquiet à désirer le bien ! il faut aller plus bonnement « avec le bon Dieu et avec son œuvre. Je vous désire la « paix du Seigneur, qui n'habite guères que sur le « Calvaire. »

M. Vernet ne borna pas là ses bons offices : il fit connaître Mlle Rivier et sa Communauté à Mgr d'Aviau, alors archevêque de Vienne qui venait de rentrer secrètement en France et était caché avec lui : il lui peignit les vertus et le zèle de cette sainte personne, le grand bien que faisait son œuvre et le bien plus grand encore qu'elle promettait pour l'avenir. Ce saint prélat fut si touché de ce récit, qu'il s'empressa d'en féliciter par lettre Mlle Rivier, et de lui témoigner tout l'intérêt qu'il lui portait. « Il a plu à Dieu, lui écrivit-il le 26 mars 1800,

« de vous appeler à remplir des fonctions bien intéressan-
« tes pour sa gloire, et je sais que vous vous êtes montrée
« constamment fidèle à cette sublime vocation : vous ne
« vous êtes pas contentée de donner des soins assidus à
« l'éducation des jeunes personnes de votre sexe et dans
« la classe ordinairement la plus négligée ; vous formez
« avec succès des institutrices afin d'étendre cette bonne
« œuvre, et autant que possible, de la perpétuer. Déjà,
« il a fallu un secours particulier du ciel, pour qu'elle
« se soit soutenue contre tant d'oppositions et en des
« circonstances aussi difficiles. Je m'unis à vous et à vos
« dignes compagnes, ma chère fille, pour solliciter la
« continuation de ses divines assistances ; et croyez que
« je m'estimerais heureux d'en devenir en quelque
« chose l'instrument. »

A un témoignage d'intérêt si consolant, Mgr d'Aviau
ajouta la concession de plusieurs facultés et priviléges,
la dispense, pour l'avenir, d'aller à la paroisse même
les jours les plus solennels, la permission de faire tous
les offices dans la chapelle du Couvent; et, chose touchante, malgré le dénuement où il se trouvait lui-
même, il envoya son aumône à la Communauté.

La protection d'un prélat si distingué était sans doute
bien propre à consoler Mlle Rivier au milieu de ses peines. M. Pontanier, de son côté, continuait toujours à
être son conseil, son aide et son appui : il ne s'occupait

4.

pas seulement du spirituel de la maison , mais il en soignait aussi le temporel ; c'était lui qui présidait à toutes les constructions et aux réparations, surveillait les ouvriers et dirigeait les travaux : son zele s'étendait à tout et ne négligeait aucun détail.

Cependant une chose inquiétait toujours Mlle Rivier, c'était la pénurie de sujets propres à soutenir et à étendre son œuvre. La Providence lui vint en aide , et dans les premiers mois de l'an 1801 , deux sujets du plus grand mérite se présentèrent : l'une , connue plus tard sous le nom de Sœur Gertrude , était une jeune personne de Lyon , fille unique d'une veuve respectable , ange de vertu , pleine de talents et de modestie. Quoiqu'élevée dans la délicatesse du monde , elle comptait pour rien la vie de pauvreté, de privations, de travail et de souffrances qu'il faudrait mener au Couvent, parce que , disait-elle , je ne trouverais dans aucune autre position le moyen de procurer autant de gloire à Dieu , et de me rendre aussi utile à la société. De si belles dispositions firent regarder son entrée comme une bonne fortune ; et en effet, dès les premiers jours, elle charma toute la maison par sa piété et sa douceur, sa modestie et ses bonnes manières, et mit le Pensionnat en réputation au dehors par ses talents et son aptitude à bien élever la jeunesse. Sa mère ne pouvant vivre séparée d'une fille si chère , vint la rejoindre quelques jours après, et fut reçue elle-même membre de la Communauté, sous le nom de Sœur Magdeleine. Elle se montra la digne émule de sa fille en piété, en douceur, en modestie, fut chargée du soin des malades et mise à la tête d'une petite pharmacie qu'on établit à cette occasion au Couvent, pour le service de la maison et des personnes du dehors.

A ces précieuses acquisitions bientôt s'en joignit une autre plus remarquable encore. Une jeune veuve de vingt-huit ans, donnait à Nantes en Bretagne des leçons d'écriture, de grammaire et de géographie avec le succès le plus éclatant, lorsque, pressée par la grâce qui l'appelait à la vie religieuse, dégoûtée du monde qui lui était à charge jusqu'à lui faire verser une abondance de larmes, accablée d'angoisses malgré ses succès et l'estime générale dont elle jouissait, elle alla un jour dans une église se prosterner devant le crucifix, conjurer Notre-Seigneur de l'arracher au siècle et de lui ouvrir un asile où elle pût le prier et le servir à son gré. Au sortir de là, elle se rend chez une de ses amies; et par une de ces circonstances que le monde appelle hazard, mais qui ne sont au fond, le plus souvent, qu'une disposition de la Providence, elle y trouve un habitant de Thueyts, qui l'entretient du Couvent formé dans cette paroisse et l'engage à y venir. Surprise de cette nouvelle et de cette proposition, elle croit y voir un effet

de la bonté de Dieu qui a exaucé sa prière, et se fait
proposer à Mlle Rivier. Celle-ci hésite quelque temps ;
elle craignait qu'une jeune dame venant d'une si grande
ville, n'en apportât avec elle dans la Communauté l'esprit mondain et une délicatesse peu convenable à la vie
religieuse ; mais enfin, après avoir prié, consulté et pris
des informations, elle se décide à l'accepter, toutefois
non encore sans quelque répugnance, et pour l'éprouver
elle lui adresse une réponse sèche et peu attrayante.
La jeune veuve, de son côté, ne voulait point faire à
la légère une démarche aussi grave ; elle réfléchissait,
elle priait, elle consultait ; enfin elle prit son parti,
abandonna Nantes et vint au Couvent, où elle reçut le
nom de Sœur Chantal. L'entrée d'une personne de ce
mérite, fit grande sensation au dehors ; on ne parlait
que de sa belle éducation, des grâces de son écriture,
de ses talents variés, de son aménité, de sa douceur,
et il n'en fallut pas davantage pour achever d'assurer
au Pensionnat la confiance et l'estime générale. La
suite ne fit que confirmer ces heureuses impressions :
car Sœur Chantal réunissait au suprême degré le rare
talent de communiquer ses connaissances, de se faire
comprendre des esprits les moins ouverts, et le talent
non moins précieux de se faire aimer de ses élèves par
ses manières polies, bonnes et insinuantes : c'était à ce
point que la crainte de la mortifier, le désir de faire tout

ce qui pouvait lui être agréable animait les enfants à travailler de tout leur cœur : il ne fallait dans sa classe ni menaces ni châtiment ; l'affection qu'on lui portait suffisait seule pour stimuler toutes les pensionnaires et les remplissait de zèle pour profiter de ses leçons.

Mais telle est la faiblesse humaine que tous ces succès, les applaudissements et les louanges qui en étaient la suite, donnèrent ombrage à la Sœur Gertrude et à sa mère Sœur Magdeleine ; il leur sembla qu'on ne faisait plus aucun cas d'elles, et l'imagination leur grossissant ces illusions de l'amour-propre, elles en vinrent à ce point d'aller déclarer à Mlle Rivier leur projet de se retirer. L'intelligente Supérieure eut bientôt pénétré toute la source du mal ; elle leur parla avec bonté, leur témoigna toute l'estime, toute l'affection qu'elle leur portait, et qu'elles méritaient d'ailleurs à tant de titres ; puis elle leur fit comprendre qu'elles étaient le jouet du démon de l'amour-propre, qui, en semant la jalousie, cherche à perdre les âmes et à ruiner l'œuvre de Dieu. Par tous ces bons procédés, et par ces paroles de sagesse et de foi, elle réussit si bien à les calmer, que depuis elles n'éprouvèrent plus jamais pareille tentation et vécurent dans l'union la plus parfaite avec Sœur Chantal, et dans le dévouement le plus entier à la Communauté.

Pendant que Mlle Rivier calmait ainsi la peine de

Sœur Gertrude et de sa mère, elle avait à souffrir elle-
même de Sœur Chantal, mais par une raison bien diffé-
rente. Cette personne, si bonne d'ailleurs, avait apporté
du monde trop de faiblesse et d'indulgence pour les
enfants ; elle les gâtait ainsi qu'une mère trop tendre ;
et comme la connaissance un peu trop grande qu'elle
avait de son mérite et les louanges que les parents des
enfants lui donnaient, la portaient à croire qu'elle entendait mieux l'éducation que personne, elle condam-
nait quelquefois en particulier la fermeté de la Supérieure, blâmait les corrections qu'elle infligeait, et il n'y
avait plus cet esprit d'union et d'ensemble si essentiel
dans une Communauté. Mlle Rivier instruite du mal,
en fut péniblement affectée, mais elle ne brusqua rien ;
elle eut recours à la prière son refuge ordinaire dans
ses peines; elle dissimula, usa de ménagements, jusqu'à
éviter de reprendre et de punir en présence de Sœur
Chantal, lui prodigua d'ailleurs les prévenances, les
témoignages de confiance et d'amitié ; et quand elle eut
tout-à-fait gagné son cœur, elle s'ouvrit enfin, mais
cependant encore avec réserve d'abord, puis peu à peu ;
à force de bonté elle fit goûter ses avis, et Sœur Chantal
cessa de l'affliger. Triste exemple, qui nous apprend
d'un côté jusqu'où va la faiblesse humaine dans les
personnes les plus méritantes quand leur vertu ne re-
pose pas sur une sincère humilité ; et d'un autre côté, à

quels sacrifices il faut s'attendre si l'on veut vivre en paix et en union, même avec les meilleures personnes du monde.

Mlle Rivier ne tarda pas à confirmer par des exemples la sagesse des avis qu'elle avait donnés à Sœur Chantal; il y avait entre autres au Pensionnat une jeune personne qui feignait d'être malade; elle se plaignait de souffrances affreuses et qui, quand elle essayait de marcher, poussait des cris lamentables pour exprimer la violence de ses douleurs. Les Sœurs et les Pensionnaires qui la croyaient sur parole, en étaient émues de compassion, et aimaient mieux la porter, toute grande et pesante qu'elle était, que de la voir ainsi souffrir en marchant. Mlle Rivier, plus clairvoyante, se défia de sa ruse, et ayant veillé une nuit entière pendant laquelle elle l'alla fréquemment visiter, elle la trouva toujours plongée dans le sommeil le plus profond et le plus tranquille. Le lendemain au lever elle s'approche de la prétendue malade, et lui demande comment elle a passé la nuit : « Fort « mal, répond-elle, je n'ai pas fermé l'œil, tant j'ai « souffert. » « Et moi, reprend Mlle Rivier, je suis « témoin que vous avez très-parfaitement dormi toute « la nuit ; je vous ordonne de vous lever seule et « sur-le-champ. Nous ne serons plus vos dupes. » La jeune hypocrite se leva en effet sans peine, et fut congédiée pour prix de sa dissimulation.

CHAPITRE V.

Première visite de M. Vernet, de Mgr d'Aviau et de Mᵐᵉ la Comtesse d'Entraigues au couvent de Thueyts. La Congrégation s'enrichit de nouveaux membres. Création du noviciat. L'Évêque du Diocèse et le Préfet du Département visitent le Couvent.

ONSIEUR Vernet désirait depuis long-temps pouvoir aller à Thueyts, visiter par lui-même une communauté qui lui inspirait tant d'intérêt et à laquelle il avait déjà rendu de si grands services : toujours il se trouvait empêché d'exécuter son dessein tantôt par les affaires dont il était chargé, tantôt par sa santé; car le voyage était des plus pénibles. A raison de la difficulté des temps, un prêtre ne pouvait marcher que la nuit, et encore fallait-il prendre des chemins détournés où il ne pût être reconnu. Enfin, le 18 Juin 1801 M. Vernet arriva à Thueyts après minuit, et célébra la Sainte Messe à laquelle communièrent la plupart des Religieuses : il y passa huit ou dix jours qu'il employa à étudier dans le

plus grand détail tout ce qui pouvait contribuer au bien
de la Communauté, à en perfectionner les Règles et les
Constitutions, à enseigner la manière de faire la méditation, à confesser toutes les personnes qui voulaient
s'adresser à lui, à mettre ordre aux affaires du Couvent
et à lui préparer des ressources. Il donna même de son
argent, et régla qu'il y aurait tous les jours désormais du
bouilli à dîner, ce que l'extrême pauvreté de la maison
n'avait point encore permis de faire. Sept semaines après
cette première visite, il y vint une seconde fois amenant
Mgr d'Aviau de si sainte mémoire. La visite de ce
vénérable Prélat donna comme une nouvelle vie à la
Communauté : il en approuva les Règles et Constitutions,
reçut le renouvellement de la consécration que les
premières Sœurs avaient faite à Dieu le 21 novembre
1796, confirma Mlle Rivier dans la charge de Supérieure
générale à vie, agrégea plusieurs nouvelles Sœurs et
édifia tout le monde par son esprit de piété, de simplicité,
de pauvreté et par les paroles de salut qu'il eut plusieurs
fois occasion d'adresser. Mais autant il édifia, autant il
fut édifié lui même de tout ce qu'il vit de pieux, de
modeste, de régulier dans cette maison : l'impression
en demeura si profonde en lui, que, trois mois après,
appelé par suite du concordat au siège de Bordeaux, il
écrivit au moment de son départ la lettre suivante à
Mlle Rivier : « J'aurai toute ma vie à me féliciter d'avoir

« eu l'avantage de passer quelques jours dans votre sainte
« maison, et pour la bonne édification qu'on y trouve
« si abondamment et pour m'y être assuré ces pieux
« suffrages dont j'ai un besoin extrême. J'ai cette
« confiance dans la charité de la vénérable Mère et de
« ses filles tant présentes qu'à venir, qu'elles me conti-
« nueront l'assistance de leurs ferventes prières, lors
« même que les relations de régime auront cessé. Je
« n'oublierai pas de mon côté combien je leur suis
« redevable. »

Aux bénédictions spirituelles, fruits de la visite d'un
si saint Prélat, la Providence ajouta vers le même temps
de nouvelles faveurs, en attirant sur la maison les
bontés d'une âme généreuse et bienfaisante, Madame la
comtesse d'Entraigues: cette excellente Dame, jalouse
de consacrer à Dieu les restes d'une brillante fortune
ravagée par la révolution, étant venue visiter le couvent,
prit à cœur d'en enrichir la chapelle, donna le premier
calice d'argent, les premiers ornemens de quelque prix,
avec des étoffes de soie et des broderies pour en faire
de nouveaux, et ajouta encore à ces dons précieux
plusieurs autres effets ou ustensiles.

Cependant Mlle Rivier songeait toujours à étendre sa
Congrégation et à former pour la plus grande gloire de
Dieu des Établissements nouveaux, à mesure qu'elle
avait des sœurs disponibles. Dans cette vue elle vint à

Vernoux, sur la demande du curé de cette paroisse, y
établir deux de ses sœurs; et la Providence lui rendit
aussitôt plus qu'elle ne venait de donner, en touchant
le cœur de plusieurs demoiselles pieuses de cette même
ville, qui s'en retournèrent avec elle au couvent.

Il y avait déjà long-temps qu'elles désiraient quitter
le monde; et chose remarquable, elles avaient choisi
le jour de la Présentation de Marie pour se déclarer
hautement et publiquement comme n'étant plus du
monde, en prenant un habillement violet. Mais bien
des obstacles et bien des préventions s'opposaient à leur
entrée dans le nouvel institut : en vain M. Vernet qui
ne négligeait rien pour procurer des sujets au saint
établissement, dirigé par Mlle Rivier, leur avait dépeint
le nouveau couvent, comme l'œuvre de Dieu sortant
des ruines de tous les monastères de France au milieu
des plus grands orages de la révolution ; en vain il leur
avait raconté le bien immense que ce couvent avait
déjà fait et qu'il s'agissait de perfectionner et d'étendre ;
elles n'étaient pas encore décidées lorsque Mlle Rivier
arriva à Vernoux : celle-ci qui avait horreur des moyens
humains pour s'attirer des sujets et voulait que toutes
les vocations fussent l'effet de la grâce, ne chercha poin
à se mettre en rapport avec elles : mais ces personnes
agitées et combattues par des sentimens divers, vinrent
d'elles mêmes, lui témoigner leurs irrésolutions, leurs

objections et leurs craintes. A quoi elle se contenta
de répondre froidement, qu'elles étaient libres, que
personne ne les pressait de partir, mais que, si Dieu les
appelait, elles devaient obéir à la grâce sans se laisser
arrêter par aucune considération humaine. Cependant au
fond du cœur elle désirait bien vivement les emmener,
et dans le pélérinage qu'elle fit sur ces entrefaites au
tombeau de St François Régis à Lalouvesc, elle demanda
cette grâce avec toute la ferveur dont elle fut capable. Sa
prière fut exaucée, et lorsqu'elle repassa à Vernoux, ces
pieuses demoiselles dociles à la grâce qui leur avait
parlé au cœur, vinrent la trouver et se mirent en route
avec elle pour le couvent de Thueyts où elles arrivèrent
le 6 Avril 1802.

A peine Mlle Rivier avait-elle quitté les chères Sœurs
qu'elle venait d'établir à Vernoux, que le Maire de l'endroit, offensé de ce qu'on n'avait pas demandé son
agrément pour cette institution, voulut les inquiéter:
mais déjà elles avaient inspiré tant d'intérêt à tout le
peuple, s'étaient si bien concilié l'estime et l'affection
générale que dès la première nouvelle de la tentative
du Maire, il se forma un attroupement de toutes les
femmes du lieu pour prendre leur défense: « Ces
« Sœurs sont les nôtres, s'écriait-on, ce sont les Sœurs
« du peuple: » Le Maire obligé de se désister les laissa
tranquilles, et ces bonnes Sœurs purent donner à leur

Supérieure la consolante nouvelle de leur habitation pacifique dans cette paroisse.

Une consolation plus grande encore pour Mlle Rivier, fut la visite qu'elle reçut de Mgr de Chabot récemment nommé Evêque de Mende et Viviers réunis en un seul Diocèse. Il ne venait plus les visiter en secret et sous un habit séculier, comme, quelques mois encore auparavant, Mgr d'Aviau: mais en vertu du concordat qui rendait enfin à la religion sa liberté et lui permettait d'étaler ses pompes et ses magnificences, il se montrait au grand jour avec tous les attributs de sa dignité, et toutes les autorités lui rendaient hommage. Les cœurs si catholiques de Mlle Rivier et de toutes les Sœurs débordaient de joie et de bonheur à un spectacle si consolant : » Voilà donc enfin le schisme écrasé, se disaient-elles, » l'Église triomphante ; nous aurons nos prêtres et » nos Évêques, nos solennités et nos fêtes, et il ne » faudra plus nous cacher pour pratiquer notre sainte » religion. » L'enthousiasme était à son comble! aussi ne négligea-t-on rien pour recevoir le plus magnifiquement possible le Pontife du Seigneur : la communauté le complimenta : il y eut de petites pièces, des dialogues, des chants joyeux en son honneur ; on épuisa tous les moyens de lui témoigner son respect, son amour, son dévouement, et le bon Prélat touché jusqu'aux larmes ne savait comment dire tout ce qu'il éprouvait. Il donna la Confirmation dans la chapelle du couvent, il célébra la sainte messe où toute la Communauté communia de sa main, confirma Mlle Rivier dans la charge de Supérieure à vie, et conçut de cette maison une si haute estime qu'il se plaisait en toute occasion à en parler avec éloge : « Nous saisissons « avec joie, disait-il à son clergé dans un de ses « mandemens, cette occasion de rendre un hommage « public au zèle et aux succès des institutrices formées « à la maison d'instruction de Thueyts et d'exprimer le « vœu d'en voir s'établir dans notre Diocèse. Ce n'est pas « aux seuls enfants qu'elles donnent des soins assidus, « elles s'attachent à instruire les grandes personnes et « à en faire de vraies chrétiennes. Nous invitons tous « les curés et desservants qui verront dans leur paroisse « des filles vertueuses et intelligentes, propres à cet « emploi si avantageux et si honorable, à les engager à « s'y consacrer et à aller se former dans cette sainte « maison. » L'appel de l'évêque fut entendu ; plusieurs postulantes se présentèrent, et Mlle Rivier établit alors un Noviciat en règle où toutes ces personnes pussent s'éprouver, se former à l'esprit de l'institut et recevoir les instructions propres à leur vocation.

La Congrégation allait ainsi s'accroissant chaque jour, faisant partout le bien et partout conquérant l'estime et la reconnaissance. Le Préfet de l'Ardèche appréciant un Établissement aussi utile , voulut lui donner à son tour un témoignage de son interêt en venant le visiter, et tout ce qu'il vit dans cette occasion ne fit qu'ajouter à la bonne opinion qu'il en avait déjà. Les Pensionnaires le complimentèrent en vers et en prose , et une des Sœurs composa un acrostiche fort spirituel, qu'elle lui remit inscrit dans un médaillon surmonté d'un génie portant d'une main une balance symbole de la justice, et de l'autre un rameau d'olivier symbole de la paix. Aussi se montra-t-il toujours l'ami de la Congrégation, et il se plut à lui rendre tous les services qui étaient en son pouvoir. Mlle Rivier de son côté savait reconnaître tous ces bons offices et entretenir ces relations bienveillantes par les présents qu'elle croyait pouvoir être les plus agréables au magistrat ou à son épouse.

CHAPITRE VI.

Etat de gêne et de pauvreté où continue d'être la Maison.
Achat d'un Domaine. Zèle de Mlle Rivier pour la
Maison de l'Instruction du Puy. Elle pense encore à se
démettre de la Supériorité. Ses travaux Apostoliques.
Fruits merveilleux de ses retraites.

MADEMOISELLE Rivier loin de s'enrichir par son Noviciat, son Pensionnat et ses nombreuses Écoles, était toujours avec sa Communauté dans un état de gêne, de dénuement et de pauvreté. Les Sœurs ne couchaient que sur la paille, et c'était à grande peine, si on pouvait avoir un matelas pour les malades. La nourriture était des plus grossières, et les Sœurs loin d'en désirer d'autre avaient aversion de tout ce qui flatte la délicatesse du goût, à ce point que si on leur donnait quelques mêts meilleurs, elles n'osaient pas en manger et les portaient aux malades. On allait à pied chercher toutes les provisions à la ville voisine et les Sœurs apportaient elles-mêmes sur leurs épaules les fardeaux les plus pesants.

Ce ne fut qu'en 1803 qu'on put acheter la plus pauvre montûre pour aller au marché et une méchante cabane pour la loger.

Malgré tant de pauvreté, il fallait, en augmentant la population de la maison, en agrandir les logements; et pour cela on acheta successivement, non sans beaucoup de peine, deux petites portions de terre et une vieille maison contiguë, dans l'emplacement desquelles on établit une chapelle, deux dortoirs, un réfectoire et une cuisine avec ses dépendances. Cet achat fini, l'occasion d'en faire un autre bien plus important se présenta. Un domaine voisin du Couvent fut mis en vente : en l'acquérant, on se flattait d'y avoir les légumes et toutes les denrées nécessaires à la Communauté, des prairies pour nourrir des vaches qui fourniraient tout le lait dont on aurait besoin, et un lieu agréable de promenade des plus avantageux pour la santé des Sœurs et des Pensionnaires. Mais comment acheter quand on est si pauvre et que l'on a aucune ressource pour payer? Mlle Rivier qui ne voyait dans son œuvre que l'œuvre de Dieu à laquelle elle estimait cette acquisition indispensable, mit sa confiance dans la Providence, et la Providence ne la délaissa point. Il fallait trois mille francs le jour de la vente pour premier payement; une personne généreuse les lui prêta. Les autres payements devaient être faits successivement et à des distances

5

éloignées; la Providence la mit en état de s'en acquitter par les dons qui lui furent faits, par les dots des Sœurs reçues et par les autres petits profits que put faire la maison.

Mais ces intérêts temporels, tout importants qu'ils étaient, n'occupaient point autant Mlle Rivier que les soins spirituels et l'espèce d'apostolat qu'elle exerçait au dedans et au dehors de sa maison. Mlle Sénicroze sa sainte amie, dont nous avons déjà parlé au second Chapitre du présent Livre, ayant formé le projet de rétablir *la Maison de l'Instruction* dans la ville du Puy, l'appela à son aide pour cette précieuse entreprise, et jalouse de procurer la gloire de Dieu partout où s'en offrait l'occasion, elle fit plusieurs fois le voyage du Puy pour cet objet. Elle y donna des retraites aux aspirantes qui se destinaient à former la nouvelle *Maison de l'Instruction* et par la même occasion aux demoiselles pieuses de la ville. Touchées de ses discours, plusieurs de ces jeunes personnes demandèrent à se ranger sous sa conduite et à entrer au noviciat de Thueyts : Mlle Rivier consentit à les recevoir à l'épreuve et gagna un grand nombre de sujets dans ses différents voyages : Mlle Sénicroze lui confia même celles qui se destinaient à la *Maison de l'Instruction*, persuadée que Mlle Rivier était plus capable qu'elle même de les former aux vertus religieuses, et que d'un autre côté elle envisageait trop

purement la gloire de Dieu sans aucun retour d'intérêt
personnel, pour qu'il y eût à craindre qu'elle cherchât
à se les attirer au détriment d'une autre œuvre : d'ailleurs, par un sentiment d'estime mutuelle, on se complaisait déjà de part et d'autre dans la pensée de confondre bientôt les deux œuvres en une, Mlle Rivier pour
se décharger sur son aînée d'une supériorité dont elle
se croyait de plus en plus indigne, et Mlle Sénicroze
pour soumettre tout à la direction de Mlle Rivier et tout
vivifier par l'esprit de Dieu dont elle était remplie. Déjà
même les deux amies s'étaient ouvertes l'une à l'autre
sur cette fusion, et Mlle Sénicroze qui ne soupçonnait
pas les vues de Mlle Rivier avait accueilli avec des larmes
de joie la pensée de devenir son humble fille : mais les
Sœurs de la Présentation ayant eu connaissance du
dessein de leur Supérieure réclamèrent avec tant de
force contre toute démission en faveur de qui que ce fut,
que Mlle Rivier dut renoncer à son dessein et continuer
de porter le joug de la supériorité ; aussi le projet d'union
fut indéfiniment ajourné. Cependant l'évêque de Saint-
Flour chargé en même temps par le Concordat du
diocèse du Puy, demanda à Mlle Rivier deux sujets de
sa Communauté pour seconder Mlle Sénicroze dans la
direction de la *Maison de l'Instruction*, jusqu'à ce que
deux Sœurs envoyées au noviciat de Thueyts y eussent
été suffisamment formées. Mlle Rivier accéda volontiers

à cette demande et envoya deux de ses filles qui édifièrent tout le monde et furent deux modèles des vertus religieuses et de l'exacte observance des règles.

Elle ne pouvait rien refuser au Puy : cette ville qu'elle appelait la ville de la Sainte Vierge, à cause du culte spécial dont on l'y honore, avait pour son cœur un attrait tout particulier ; et tant que ses infirmités n'y mirent pas d'obstacles, elle y allait régulièrement chaque année. Tout était saint dans ce pieux pélérinage, et depuis le départ c'étaient comme autant de courses apostoliques : partout où sur la route elle rencontrait des maisons de Sœurs de Saint-Joseph ou de l'Instruction, elle s'arrêtait pour les visiter. Là uniquement par confiance et estime, on s'empressait de lui rendre compte de l'état de la maison, comme si elle en eut été la Supérieure générale ; on lui dénonçait les abus et les coupables, et elle mettait ordre à tout, réchauffait les tièdes, ranimait la ferveur, inspirait l'amour des règles, donnait comme un nouvel élan à toute la Communauté : puis les filles et les femmes du dehors se rassemblaient et elle leur faisait une instruction, qu'elles écoutaient avec une sorte d'enthousiasme : quelquefois même elle donnait une retraite entière, faisait le matin et le soir pendant plusieurs jours à des heures réglées des instructions sur les grandes vérités de la religion, sur la vraie et la fausse piété, sur la manière de se préparer aux

Sacremens ; et tout le monde sortait de ses discours résolu à être meilleur et à mieux servir Dieu. Le temps de la route où elle n'évangélisait pas, elle l'employait à méditer ; et elle a raconté elle même qu'une fois, pendant l'espace de cinq à six lieues, elle éprouva des mouvemens de dévotion et de joie intérieure si délicieux qu'elle ne croyait pas qu'on pût en goûter de plus doux dans une extase. Du plus loin qu'elle apercevait la ville du Puy, son cœur s'épanouissait de joie : « Ah ! voilà, « s'écriait-elle, la ville de Marie, je commence à sentir « l'odeur de ses vertus. » Arrivée au Puy, elle allait se jeter aux pieds de la Sainte Vierge et épancher devant son autel si renommé un cœur tout pénétré d'amour et de piété. De là elle se rendait à la *Maison de l'Instruction* où elle se trouvait comme chez elle ; et dans ce saint asile, elle employait tout son temps à faire connaître et aimer Jésus-Christ : toutes les Sœurs de la maison, les filles du *vingt-cinq* (*), toutes les anciennes religieuses, enfin toutes les personnes pieuses de la ville

(*) On appelle ainsi les pieuses filles qui sous la direction des demoiselles de l'Instruction président les maisons où se réunissent les femmes et filles des villages pour travailler, prier et faire des lectures de piété ; et le nom du *vingt-cinq* leur est donné parce que tous les vingt-cinquièmes jour de chaque mois elles viennent dans la maison de l'Instruction faire une petite retraite.

et des environs venaient réclamer ses conseils, entendre
ses instructions publiques et privées, assister à son
oraison qu'elle faisait à voix haute. Elle reprenait,
corrigeait et réformait tout ce qui lui paraissait défec-
tueux, comme si elle eut été au couvent de Thueyts :
quelquefois même elle faisait la visite des établissements
de l'Instruction et des assemblées des filles du *vingt-
cinq* avec la même liberté, la même autorité que si
ç'eûssent été ses propres établissements, et partout on
lui témoignait la même soumission et la même obéissance.
Un jour, en visitant une Maison des filles du *vingt-cinq*,
ayant trouvé des lits garnis en soie et des chambres
peintes au vernis, elle ne put contenir l'indignation que
lui causait un tel luxe dans des personnes qui font profession de piété et de pauvreté, et leur adressa les
réprimandes les plus sévères, leur fit sentir dans les
termes les plus humiliants le ridicule de cette vanité,
en leur annonçant qu'elle en donnerait avis à Mlle Sénicroze leur supérieure; et ces pauvres filles toutes
honteuses de leur faute, loin de s'offenser de la correction
d'une étrangère dont elles ne dépendaient pas, reconnurent humblement leurs torts, promirent de se corriger et se corrigèrent en effet.

Mais autant son zèle était ardent pour poursuivre
partout la réforme des abus, autant il était éclairé pour
démêler toutes les illusions de la fausse piété. Un jour

pendant une instruction qu'elle donnait à la Louvesc, une femme ayant quitté l'assemblée parce que, disait-elle, l'esprit saint lui inspirait d'aller faire oraison en ce moment là : « Eh quoi ! lui dit Mlle Rivier, si cette prétendue « inspiration vous arrive lorsqu'il faudrait prendre soin « de votre ménage et de vos enfants, que faites-vous ? « Certes, répondit la fausse dévote, le service de Dieu « doit passer avant tout, rien n'est capable de me dé- « tourner de mes exercices de religion. Mon mari se « fâche quand il ne trouve pas les choses prêtes, mais « je le laisse crier, et je suis mon attrait. » « Cet attrait, « reprit aussitôt Mlle Rivier, n'est certainement pas de « Dieu. Dieu veut que vous obéissiez à votre mari, que « vous ayez soin de votre ménage et de vos enfants, et « que vous ne donniez à la prière que le temps qui n'est « pas pris par les devoirs de votre état. Vous êtes dans « une évidente et grossière illusion. » Tant de tact, de ferveur et de zèle conciliait à Mlle Rivier la confiance universelle, à ce point que des Supérieures étrangères envoyaient quelquefois leurs Sœurs au noviciat de Thueyts pour se former sous elle à la vie religieuse. Ainsi fit entr'autres la Supérieure des Sœurs de Saint-Joseph de Saint-Félicien, et elle n'eut qu'à s'en applaudir, tant ses Sœurs y firent de progrès en peu de temps.

Les succès merveilleux qu'avaient eu les retraites de Mlle Rivier dans le cours de ses voyages au Puy, lui

inspirèrent le dessein de donner également ces saints
exercices dans les paroisses où elle avait des établissemens ; et aussitôt mettant la main à l'œuvre, elle partit
comme un apôtre pour aller évangéliser : elle faisait
d'abord la visite de ses Sœurs et réglait tout ce qui les
concernait; puis avec l'agrément des curés, elle rassem-
blait les filles et les femmes dans la maison des Sœurs,
ou si elle était trop petite pour le nombre des assistantes,
dans un local plus vaste : là, pendant plusieurs jours
matin et soir, elle prêchait sur la nécessité de travailler
à son salut et de remplir la fin pour laquelle nous sommes
au monde, sur la malice du péché, sur les fins dernières,
et cela avec tant de force et d'onction que son auditoire
profondément recueilli et vivement touché, fondait
souvent en larmes. A ces instructions elle joignait un
examen de conscience détaillé sur les Commandemens
de Dieu et de l'Église, sur les péchés capitaux, les devoirs
d'état et les mauvaises habitudes, et ces détails étaient
si clairs, si pratiques, si bien à la portée de celles qui
l'écoutaient et qui pour la plupart étaient de pauvres ignorantes, que ces personnes comme éclairées d'une lumière
nouvelle, découvraient dans leur conscience mille fautes
qu'elles n'avaient pas aperçues, et allaient se confesser
avec le même empressement, la même componction,
qu'on le fait d'ordinaire dans une mission. De toutes
ces retraites, aucune peut-être ne fut plus remarquable

et plus féconde en fruits de salut que celle de Villeneuve-de-Berg : elle eut lieu dans une vaste remise, et telle fut la force avec laquelle Mlle Rivier y parla des vérités du salut, qu'au sortir de ses instructions l'église se remplissait de femmes qui venaient en versant des larmes et poussant des sanglots confesser leurs péchés. Touchées de l'esprit de Dieu qui parlait par sa bouche, plusieurs jeunes personnes quittèrent le monde, voulurent devenir les filles d'une si sainte Supérieure et entrèrent au noviciat. On vit même une pécheresse publique qui était allée l'entendre par un sentiment de curiosité, tellement touchée que renonçant à tous ses désordres, elle fit aussitôt une confession générale, et devint une grande pénitente : chaque jour elle pleurait ses péchés, elle était inconsolable d'avoir offensé Dieu, scandalisé le prochain, et la mort sainte qu'elle fit quelque temps après, fut regardée par tout le monde comme l'effet de la violence de sa douleur.

5.

CHAPITRE VII.

Peines intérieures et infirmités corporelles de Mlle Rivier.
Nouvelles attaques et persécutions auxquelles elle est en
butte. Sa Congrégation prend de la stabilité. Ses travaux
et ses retraites annuelles.

C'ÉTAIT sans doute quelque chose de bien merveilleux que ces travaux apostoliques de Mlle Rivier,
cette connaissance profonde de la doctrine chrétienne
et de la conduite des âmes, ce rare talent de parler de
la religion avec tant de force, d'onction, d'entraînement,
et cela dans une femme, et une femme qu'aucune leçon
humaine n'y avait formée ; mais ce qui rend ce fait bien
plus merveilleux encore, c'est que pendant que Mlle
Rivier travaillait ainsi au salut du prochain et prêchait
avec tant de zèle, elle souffrait dans son corps des
douleurs vives et dans son âme les peines intérieures
les plus accablantes, de sorte qu'elle ne pouvait rien
faire que par des efforts continuels sur elle-même pour
triompher de la souffrance et s'en distraire. « *Si je*

« *m'écoutais*, disait-elle souvent, *je ne ferais rien.* »
Dès sa jeunesse elle avait contracté une infirmité qui fut
pour elle durant toute sa vie une sorte de martyre ; une
dartre vive la tourmentait sans relâche, et était accompagnée d'une maladie de nerfs portée au plus haut degré.
Encore si la nuit elle eût pu se reposer des souffrances
du jour ; mais le lit ne faisait qu'augmenter ses douleurs
et elle ne connaissait guères le sommeil. Toutefois ses
infirmités corporelles n'étaient rien près de ses peines
intérieures. Poursuivie continuellement par la désolante
pensée qu'elle était délaissée de Dieu et destinée à
éprouver toute la rigueur de ses jugements, elle ne
pouvait se distraire des plus horribles tentations de
désespoir : elle les combattait, elle priait, elle gémis-
sait, mais la paix et le bonheur fuyaient toujours loin
d'elle. Pendant la retraite si remarquable qu'elle donna
à Villeneuve-de-Berg, à peine avait-elle fini un exercice qu'elle courait à son directeur, qui se trouvait sur
es lieux, lui exposer l'état de ténèbres, de frayeur,
de désolation extrême où elle se trouvait, et lui demander conseil et consolation. Dans cette position
accablante qui souvent amenait une prostration entière
de forces et faisait succomber la nature, elle n'osait pas
communier, et l'obéissance à son directeur dont jamais
elle ne s'écarta pouvait seule lui donner la hardiesse de
s'approcher de la Table sainte. Ces peines si vives

étaient encore augmentées et par le sentiment aussi profond que continuel de son indignité pour la charge de Supérieure et par les fautes qu'elle apprenait être échappées à ses filles spirituelles et dont elle se croyait toujours la première cause, de sorte qu'elle fondait en larmes sans qu'on pût la rassurer.

Tant de croix ne suffisaient pas encore aux grands desseins de sanctification que Dieu avait sur cette âme d'élite. Les ennemis de la religion prirent occasion des retraites qu'elle donnait et de ses autres œuvres de zèle pour indisposer le gouvernement contre la maison de Thueyts et en demander la suppression. A cette nouvelle, Mlle Rivier sans se laisser abattre, se rend à Privas, chef-lieu du Département, et après avoir puisé dans la sainte Communion l'esprit de force et de sagesse dont elle avait besoin pour plaider sa cause, elle va trouver le Préfet, pour essayer de le mettre dans ses intérêts, lui expose d'un côté le dévouement de ses filles pour la bonne éducation de la jeunesse, de l'autre leur extrême réserve, leur attention à se tenir en dehors de toutes les affaires politiques, à se taire sur tout ce qui regardait de loin ou de près le gouvernement, à ne se mêler enfin que de leur école, et par ces considérations elle obtient de ce magistrat la promesse d'employer tout son crédit en leur faveur. A l'appui de la requête qu'il devait présenter au gouvernement, elle

réunit avec célérité et lui transmit promptement les
déclarations de tous les maires des communes où se
trouvaient ses Sœurs, contenant les plus magnifiques
éloges de cette institution, et attestant les grands biens
qu'elle produisait partout, le bon esprit et les sages
principes qu'elle inculquait à la jeunesse, les goûts
d'ordre, d'économie et de propreté qu'elle lui inspirait
et dont on voyait déjà les heureux effets dans la cessation
des maladies contagieuses qu'engendrait autrefois dans
le pays la malpropreté des habitans. Toutes ces pièces
jointes à la demande du préfet eurent le succès qu'on
en attendait, et le gouvernement mieux informé laissa
tranquilles la maison de Thueyts et tous ses Établissements.

Affranchie de cette inquiétude et comptant désormais
sur un avenir paisible, la Congrégation se dessina dès
lors plus nettement, et prit d'une manière plus prononcée
sa forme d'ordre religieux. Le 20 mai 1804, après la
réception solennelle de six sujets distingués, il fut arrêté
qu'on donnerait à Mlle Rivier le nom de *Mère*, qu'elle
méritait si bien par sa tendre sollicitude pour chacune
de ses filles, et que la Congrégation ne s'appellerait plus
désormais la Maison de l'Instruction, mais la Maison ou
le Couvent de la Présentation de Marie. Les anciens
Établissemens rassurés contre toute intention hostile du
gouvernement se consolidèrent; de nouveaux se for-

mèrent d'année en année, et la Mère Rivier put jouir du bonheur de voir son œuvre se propager et avec elle l'instruction chrétienne se répandre. Ses travaux croissaient dans la même proportion ; car elle ne cessait d'avoir les yeux ouverts sur ses Sœurs, dispersées non plus seulement dans le diocèse de Viviers, mais encore dans les diocèses voisins. Elle entretenait une correspondance suivie avec toutes ses maisons, les visitait souvent ou les faisait visiter par une des Sœurs les plus anciennes, pour s'assurer de leur fidélité à la règle, de leur piété, de leur bonne conduite, pour ranimer leur zèle et réveiller leur ardeur pour le bien. Elle s'occupait en même temps du soin des novices et des postulantes qui étaient à la maison de Thueyts, les formait à la solide vertu et travaillait par ses discours et ses exemples, par divers exercices et pratiques pieuses à leur inspirer l'esprit propre de leur vocation.

Toutefois au milieu de tant de travaux, la Mère Rivier ne perdait point de vue sa propre sanctification, et en s'occupant du salut des autres, elle n'avait garde de négliger le sien. Elle était fidèle surtout à la pratique de la retraite annuelle, et aimait à choisir pour vaquer à ces pieux exercices quelque lieu de dévotion à la Sainte Vierge ; car ses délices étaient d'être le plus souvent possible aux pieds de Marie. Là elle s'occupait, si nous en pouvons juger par une lettre de son directeur, à quatre points principaux ; 1º à croître toujours de plus en plus dans la ferveur, dans l'amour de Dieu et le dévouement aux intérêts de sa gloire ; 2º à s'établir dans un abandon parfait, dans une indifférence entière à toutes les suaves dispositions du bon plaisir de Dieu, par le renoncement à sa volonté propre, à ses lumières personnelles et à une certaine activité de désirs qui troublaient parfois la paix de son intérieur et en dérangaient la belle harmonie ; 3º à demander à la Sainte Vierge la guérison de ses infirmités corporelles, en tant qu'elles pourraient mettre obstacle à l'œuvre dont Dieu l'avait chargée ; 4º enfin à s'affermir dans l'obéissance et à demander la résignation par rapport aux peines intérieures qui la tourmentaient sans cesse. Elle sortait de ces retraites comme les Apôtres du Cénacle, toute brûlante de zèle tant pour sa sanctification personnelle que pour la sanctification de ses filles, et ce zèle était toujours fécond en saintes industries pour les porter à Dieu.

CHAPITRE VIII.

Zèle et saintes industries de Madame Rivier pour alimenter la piété dans sa Maison et invoquer les miséricordes de Dieu sur l'Église et sur la France.

HEUREUSES les personnes religieuses vivant dans la retraite loin de toutes les nouvelles du monde qui ne portent le plus souvent dans l'âme que distractions, troubles et inquiétudes. Uniquement occupées de leur sanctification, elles goûtent le repos de l'esprit, la paix du cœur, le calme de l'imagination, sont toutes entières à leurs devoirs et s'avancent chaque jour de vertu en vertu. Mais de si grands évènemens se passent par fois dans le monde qu'il est impossible qu'ils n'aient pas leur retentissement jusque dans les Communautés les plus ferventes : alors la piété est en péril, et si on n'y prend garde , le recueillement s'affaiblit et finit par disparaître ; la préoccupation des choses extérieures en prend la place , la dissipation survient et avec elle le relâchement, la tiédeur, l'oubli des règles et de sa per-

fection. Pour prévenir un si grand malheur, une Supérieure a besoin de toutes les saintes industries que peut
inspirer le zèle. Il lui faut distraire les esprits des
choses du dehors, pour les recueillir au dedans, apprendre à tout envisager dans les vues de la foi, et tirer des
évènemens mêmes les plus propres à préoccuper, des
motifs puissants de prière, de sanctification et de ferveur.
Telle fut en effet la conduite de Madame Rivier depuis
la fin de 1812 jusqu'au commencement de la Restaura-
tion en 1814. Alors les esprits étaient en proie à une
alarme générale; et jusque dans l'intérieur du Couvent,
malgré sa vigilance à en éloigner les nouvelles, de
sombres inquiétudes travaillaient toutes les têtes : d'un
côté c'étaient tous les souverains de l'Europe qui à la suite
de la campagne de Russie se précipitaient sur la France
avec leurs armées réunies : qu'allait-on devenir? Que
de batailles et de malheurs ! Déjà on croyait voir les
troupes étrangères tout ravager, tout mettre à feu et à
sang. D'un autre côté c'était le Souverain Pontife détenu
en captivité, la société de Saint-Sulpice dissoute et l'un
de ses membres M. Vernet, qui était le père et la seconde
Providence des Sœurs chassé de son Séminaire, ainsi
que M. Pontanier son confrère, à qui elles avaient aussi
tant d'obligations, le Collége de Thueyts anéanti; et il
semblait à ces bonnes filles qu'au premier instant le
même arrêt de mort allait tomber sur elles. Dans cet état

de choses, Madame Rivier travailla à distraire les esprits
de tant d'idées noires, à les tranquilliser par la confiance
en Marie leur patronne ou plutôt leur mère et à nourrir
leur piété par de saints exercices qui les occupassent tout
entières. Elle fit placer à la porte d'entrée en dedans du
Couvent, d'un côté l'image de saint François Régis,
patron de la Congrégation, de l'autre l'image de la Sainte
Vierge, au bas de laquelle elle fit écrire en gros caractères
les cinq initiales de cette petite prière : *Vierge sainte,
gardez votre Maison*, prescrivant à toutes les Sœurs de la
saluer par ces paroles toutes les fois qu'elles passeraient
dans la cour. Elle voulut qu'on mit sur toutes les portes
intérieures du Couvent le chiffre de la Sainte Vierge ou
un *Ave Maria*, et dans chaque appartement son image
avec une inscription à sa louange, afin, dit-elle, qu'il
n'y ait pas ici jusqu'aux pierres qui ne soient consacrées
à Marie ; et pour mieux inculquer encore à ses filles la
confiance envers leur puissante protectrice, elle fit
placer un tableau de cette auguste Mère de Dieu sur le
mur en face de l'escalier par lequel on descendait dans
les salles, avec cette inscription écrite au bas en gros
caractères : *C'est ici la Maison de Marie*. Vinrent ensuite
les pieuses cérémonies les plus propres à réjouir et à
entretenir la dévotion. Le jour de la Visitation, ayant
rassemblé toute sa Communauté à la chapelle, et disposé
les pensionnaires et les Sœurs chacune à son rang, elle

fit entonner, après l'adoration du Saint-Sacrement, les Litanies de la Sainte Vierge; au sixième verset toute la Communauté se levant, elle la fit défiler dans le plus bel ordre au milieu de ces chants aussi simples que pieux, la conduisit en procession en différentes salles et appartemens de la maison où elle avait fait dresser de petits autels en l'honneur de la mère de Dieu; et à chacun de ces autels, on interrompait le chant pour saluer Marie par une des prières qu'on nomme *allégresses* et une oraison à son très-saint Cœur. Après ces diverses stations, la procession aussi ravie qu'édifiée revint à la chapelle, où l'on récita le Rosaire et on termina par quelque cantique en l'honneur de Marie. Le jour de l'Assomption ne fut pas moins édifiant : après avoir montré l'humilité de Marie comme le principe de son exaltation dans les cieux, elle proposa à toutes les Sœurs la pratique de cette vertu à discrétion pour toute l'octave; et toutes aussitôt adoptant cette pensée, ce fut entr'elles comme une sainte rivalité à qui s'humilierait davantage, à qui se mettrait à la dernière place, à qui prendrait le pire pour soi, à qui ferait les fonctions les plus humbles et saurait mieux souffrir un reproche sans s'excuser, une imputation sans se justifier. A la fin de cette belle octave, où l'on célébrait la fête du très-saint Cœur de Marie, Madame Rivier rassembla toute sa Communauté devant le tableau de la Sainte Vierge, au bas duquel étaient écrites ces paroles : *C'est ici la Maison de Marie;* là toutes les Sœurs, après avoir renouvelé leur acte de consécration à cette Reine des Anges et des Saints, lui demandèrent humblement pardon des fautes qu'elles avaient commises dans sa maison, et la supplièrent avec ferveur de leur permettre d'y rentrer, lui promettant qu'elles se conduiraient désormais d'une manière plus digne d'elle; et pour qu'aucun sujet de dissipation ne vint affaiblir l'impression profonde qu'avait produite cette cérémonie, on termina par le chant des Litanies et la prière du soir, après laquelle tout le monde se retira en silence.

Cependant les maux de la France et de la religion s'aggravaient, et le despotisme de Bonaparte devenait de plus en plus terrible. Madame Rivier, afin de conjurer tant de calamités, désigna pour chaque jour une personne de sa Communauté, et plus tard jusqu'à trois à la fois, à qui elle donna le nom de *victimes.* Ces personnes devaient ce jour là s'offrir à Dieu en qualité de victimes pour apaiser sa colère, jeûner sévèrement, faire une heure d'oraison sur la Passion de Notre-Seigneur, pratiquer neuf actes de mortification, réciter le Psaume *Miserere,* et cinq fois l'Oraison Dominicale. Toute la Communauté s'unissait chaque jour à ces victimes, en récitant ces mêmes prières, pratiquant aussi neuf actes de mortification, et s'offrant à Dieu en la même qualité pendant la Sainte Messe.

Peu de jours après cette touchante institution, vint
la fête de saint Michel : Madame Rivier pleine de dévotion pour ce prince de la milice céleste, réunit les
Sœurs et les Novices, leur fit une instruction toute
brûlante sur le zèle avec lequel toutes devaient à
l'exemple de saint Michel, prendre les intérêts de Dieu,
en se dévouant généreusement à l'instruction chrétienne
des enfants pour les arracher au démon qui travaille de
toutes ses forces à les perdre pour l'éternité ; et après
leur avoir cité le trait de saint Ignace passant une nuit en
oraison debout et l'épée au côté pour témoigner à Dieu
par cette attitude l'intrépidité avec laquelle il était résolu
de marcher à la conquête des âmes sous l'étendard de la
croix, elle se leva, prit en main le signe auguste de
notre rédemption et marchant en tête de la Communauté,
elle se rendit à la chapelle où l'on récita les Litanies de
saint Michel et une longue et touchante prière composée
pour la circonstance.

Mais ce fut surtout à la retraite générale de cette
année 1813, qu'éclata le zèle de Madame Rivier : elle
toucha toutes les Sœurs par ses instructions et ses
exemples, et le jour appelé dans la Règle *jour d'expiation*, fut consacré par les pratiques volontaires de
mortification et d'humilité les plus édifiantes. La veille
de la clôture, voulant faire participer les Sœurs des
écoles à la cérémonie si touchante qui avait eu lieu à la

fête du très-saint Cœur de Marie, elle les réunit toutes,
et leur ayant fait déposer la croix qu'elles portaient au
cou, pour témoigner par cet acte qu'elles reconnaissaient humblement ne s'être pas montrées jusque là les
dignes filles de Marie : « Non, mes enfants, leur dit-
« elle, nous n'avons pas été jusqu'à ce jour les dignes
« filles de la Sainte Vierge, nous n'avons pas mérité
« d'habiter sa maison ; mais résolues désormais de nous
« rendre plus dignes d'elle par l'imitation de ses vertus,
« allons lui demander pardon et la permission de ren-
« trer dans sa famille » ; et après ces mots, elle partit
portant la croix processionnelle en tête de la Communauté : on alla d'abord devant le tableau de la Sainte
Vierge dont nous avons parlé, et là toutes les Sœurs
prosternées dans le plus profond recueillement, on
prononça à voix haute la prière composée pour cette
cérémonie : on se rendit de là à la chapelle, et la croix
processionnelle ayant été attachée à la table de Communion, chaque Sœur vint déposer sa croix à ses pieds
pendant qu'on chantait la prose *Stabat Mater*. Ce chant
fini, elles vinrent la reprendre respectueusement en
protestant de l'honorer par leur conduite et leur zèle. Le
jour de la clôture, on célébra la fête du saint nom de
Marie et on mit les résolutions de la retraite sous ses
auspices; après quoi le lendemain toutes les Sœurs re-
nouvelèrent leurs promesses en la manière prescrite par
la règle.

Madame Rivier profitait de toutes les circonstances pour ranimer de plus en plus la piété et la ferveur dans sa maison. Le 1ᵉʳ janvier 1814, elle rassembla les Sœurs et les novices à l'occasion de la nouvelle année, les exhorta à se dévouer à la Croix, à mettre toute leur confiance dans ce signe du salut, et leur donna en conséquence pour étrennes une petite croix de bois, de couleur verte symbole d'espérance, que chacune vint recevoir à genoux. Le soir du même jour, on fit à la chapelle les exercices du *Via Crucis;* toutes les Sœurs tenant en main leur croix verte ; et à chaque Station les bras élevés vers le ciel, elles demandaient grâce et miséricorde par la Croix, et se prosternaient ensuite la face contre terre. Cette touchante cérémonie se répéta quatorze jours de suite ; après quoi, Madame Rivier toujours plus pleine de confiance en la croix, en fit placer une sur chaque porte de la maison.

Comme la guerre et les maux qui en sont la suite duraient toujours, comme les persécutions et les calamités de l'Église allaient toujours croissant, la zélée Supérieure n'avait pas plutôt fini un exercice qu'elle en faisait commencer un autre pour apaiser la colère de Dieu et solliciter ses miséricordes sur l'Église et sur la France. Le 27 janvier elle commença une Neuvaine aux sacrés Cœurs de Jésus et de Marie, et les genoux en terre elle distribua à toutes les personnes de la maison aussi à

genoux une image de ces saints Cœurs, en prescrivant
de la porter sur sa poitrine, de la baiser amoureusement
matin et soir et de faire de temps en temps la prière
qu'on y avait écrite. Le 5 février elle recommença une
autre Neuvaine en l'honneur de saint François Régis;
après celle-ci une autre en l'honneur des neuf Chœurs
des Anges; et le mercredi des Cendres elle commença
à la fois deux quarantaines, l'une conseillée par le
Souverain Pontife, l'autre du *Via Crucis* avec les croix
vertes, comme nous l'avons décrite. Cette dernière fut
modifiée d'une manière touchante : le premier vendredi
de Carême fête des cinq plaies de Notre-Seigneur, au
lieu de faire le Chemin de la Croix dans la chapelle, on
fit une station à chaque Crucifix exposé publiquement
dans toutes les parties de la maison, et voici comment
la chose se fit. Madame Rivier, après avoir réuni toutes
ses filles leur fit sentir dans une allocution pleine de
chaleur l'obligation où elles étaient d'avancer dans la
perfection et l'esprit de prière, comme les enfants de
prédilection du père céleste et les victimes chargées de
désarmer sa colère irritée contre la France : « Or, quel
« jour plus propre pour cela, leur dit-elle, que le jour
« où l'Église propose à notre vénération les sacrées
« plaies de notre divin Sauveur, puisque c'est par ces
« divines plaies que toutes les grâces de Dieu ont été
« données aux hommes? Nous allons donc consacrer la

« soirée à une sainte pratique ; mais il faut que vous
« l'accompagniez des plus vifs sentimens de componction :
« car sans cela toutes les prières , toutes les pratiques
« n'iront point jusqu'au cœur de Dieu et seront impuis-
« santes pour désarmer sa colère. » Et aussitôt la
vénérable Supérieure se mettant une corde au cou
ainsi que son Assistante et la Maîtresse des novices qui
portait la croix de procession , part à la tête de toute sa
Communauté émue et attendrie jusqu'aux larmes. On
parcourt ainsi en procession tous les appartemens de la
maison en chantant le *Vexilla* , le *Stabat Mater ;* à chaque
Crucifix on tombe à genoux , on prie les bras en croix ,
puis la face contre terre ; au tableau de la Sainte Vierge ,
la Communauté se prosterne , la Mère Rivier prononce
une prière pour la conservation de la maison, et de là
on rentre à la chapelle où la cérémonie se termine par
une Consécration à la Croix.

CHAPITRE IX.

Règles et Constitutions de la Congrégation rédigées par
M. Vernet. Chûte de Bonaparte et retour des Bourbons.
Alarmes de la Mère Rivier au passage des troupes à
Thueyts. Combien elle est consolée de la charité de ses
Sœurs. Établissement de l'œuvre des Orphelines.

MALGRÉ les prières si ferventes que lui adressaient
tant de saintes Religieuses , Dieu tardait encore à mettre
fin aux calamités qui désolaient la France , et à briser
le sceptre de fer qui pesait si durement sur l'Église , la
Religion , l'État et l'Europe entière. Mais la Providence
toujours bonne lors même qu'elle est sévère, et souvent
meilleure lorsqu'elle paraît frapper avec plus de rigueur,
fit servir les malheurs de la France au plus grand bien
de la Communauté. M. Vernet chassé de son Séminaire,
vint se fixer à Thueyts, et là il put se donner tout entier
et sans partage à la Congrégation : il en rédigea les Constitutions et les Règles , de concert avec la Mère Rivier ,
interrogeant son expérience , sa sagesse et l'esprit de

Dieu dont elle était remplie ; après plusieurs mois, et après bien des réflexions et des prières, M. Vernet mit la dernière main à cette œuvre fondamentale de laquelle dépendait le bon ordre, la sage administration, la piété, la ferveur et tout l'avenir de la Congrégation : travail qu'il n'eût pu trouver le temps d'exécuter, s'il fût demeuré à la tête de son Séminaire sous le poids des mille occupations attachées à ses fonctions : il fallait pour cela que la Providence l'en arrachât comme de vive force, et lui donnât tout le loisir nécessaire soit pour méditer avec calme une œuvre si importante, soit pour s'entendre sur toutes choses avec la digne Supérieure. C'est ainsi, ô mon Dieu, que vous faites tout servir à vos desseins, que les évènemens que nous regardons comme un malheur sont souvent dans les vues de votre amour un véritable bienfait, et que ce qui provoque nos plaintes et quelquefois nos murmures, ne devrait le plus souvent exciter que nos actions de grâces.

Mais ce ne fut pas là le seul service que la présence de M. Vernet rendit à la Congrégation ; il aidait de ses conseils Madame Rivier dans l'administration de sa Communauté, que les malheurs des temps rendaient si difficile, il relevait et soutenait le courage de toutes les religieuses vivement alarmées des horreurs de la guerre et de l'approche des alliés qui s'avançaient rapidement vers Paris ; il les exhortait à la confiance et à la prière, leur recommandait de ne point s'inquiéter et de s'en rapporter à la Providence. Les premiers jours d'avril de l'année 1814, il leur fit faire une neuvaine à la Sainte Famille pour la cessation de tant de fléaux ; et tous les soirs il y avait dans cette vue, le Salut du très-saint Sacrement, pendant lequel il récitait à haute voix une prière touchante qu'il avait lui-même composée. Dieu exauça enfin tant de pieuses sollicitations ; les souverains alliés s'étant rendus maîtres de Paris, Bonaparte signa son abdication le 11 avril, et le lendemain, Monsieur, comte d'Artois, fit son entrée dans cette capitale au nom de Louis XVIII. Ces précieuses nouvelles qui promettaient à la religion un avenir meilleur, arrivèrent au Couvent précisément pendant l'exercice de la neuvaine dont nous venons de parler ; et au sortir de la bénédiction du Saint-Sacrement, M. Vernet les annonça lui-même à toute la Communauté qui en conçut une joie indicible, et convertit la neuvaine de supplications en neuvaine d'actions de grâces.

Mais dans cette vallée de larmes, les jouissances les plus douces ne sont pas de longue durée, et souvent même elles ne sont que le prélude de nouvelles croix. C'est ce qu'éprouva Madame Rivier. L'armée impériale qui était à Lyon sous le commandement du général Augereau ayant reçu l'ordre de se retirer au delà de la Loire, des régimens de toute arme passèrent pendant

plusieurs jours par Thueyts; et comme ce lieu avait été
fixé pour s'y reposer et y passer la nuit, c'était un
mouvement continuel de soldats autour du Couvent :
on peut mieux se figurer qu'on ne saurait le dire, les
vives alarmes de Madame Rivier ayant sous sa garde
dans une circonstance si critique non seulement tant de
religieuses, mais tant de jeunes personnes; d'autant
plus que le mur de clôture était d'un certain côté peu
élevé et peu solide, la porte en mauvais état, et que
des soldats libertins pouvaient aisément franchir cette
faible barrière et pénétrer dans la cour. Dans l'inquiétude qui la tourmentait, elle recourut à Dieu son refuge
habituel au milieu des peines et des tribulations, elle
pria et fit prier; elle obtint de M. Vernet que le Saint-
Sacrement fut exposé pendant quarante heures, afin
d'exciter par là plus vivement encore la piété et la
ferveur de la Communauté; et comme elle aimait à
réunir dans ses prières la Mère et le Fils, comme Marie
était sa patrone, son espoir, sa consolation, elle ordonna qu'on chantât en son honneur le *Salve Regina*,
après la prière du soir, pieuse pratique qui ne cessa
point avec le danger qui l'avait inspirée, mais qui s'est
depuis toujours perpétuée dans la Communauté. En
même temps que Madame Rivier intéressait si vivement
le ciel en faveur de sa maison, elle prenait toutes les
mesures qui étaient en son pouvoir et ne négligeait rien

de ce que conseillait la prudence pour préserver sa Communauté de tout accident. Elle plaça dans une chambre au dessus de la porte d'entrée, une Sœur chargée de voir sans être vue, à l'aide des contrevents légèrement entr'ouverts, les personnes qui se présenteraient ou ce qui se passerait dans la rue, et elle défendit à la portière d'ouvrir avant que cette sentinelle lui en eût donné avis par une autre fenêtre qui était sur la cour. Tous les soldats qui avaient leur billet de logement pour le Couvent étaient reçus chez M. Vernet et logé dans une maison voisine ; les militaires malades ou blessés étaient soignés à leur logement par quelques Sœurs anciennes, et ceux qui pouvant marcher venaient demander au Couvent quelque remède ou autre chose, le recevaient en dehors de la porte sans qu'aucun en dépassât le seuil. Dieu protégea tellement la maison en cette circonstance que, grâce à ces précautions, rien de fâcheux n'arriva. Il n'y eut que quelques officiers supérieurs qui voulurent visiter le Couvent : Madame Rivier n'osa les refuser et le permit quoique en tremblant ; mais M. Vernet les ayant accompagnés partout, la chose se passa de la manière la plus convenable, on n'eut qu'à se louer de leur honnêteté et de leurs bons procédés.

Délivrée de tant d'inquiétudes, Madame Rivier alla au Puy reposer pendant quelque temps son âme et son corps fatigués : c'était toujours là le lieu chéri de son cœur : là il lui semblait être plus proche de Marie qui se plaît à manifester en ce lieu sa puissance et sa bonté ; là elle était au milieu d'âmes ferventes auxquelles elle faisait du bien par ses discours et ses exemples et qui lui en faisaient à elle-même par une correspondance mutuelle de zèle et de bonne volonté : elle leur parlait avec abandon de Jésus et de Marie, les exhortait avec la liberté de l'amitié à croître sans cesse dans l'amour de l'un et de l'autre, et elle trouvait dans ces saints entretiens son plus doux délassement. C'était là son repos après de longs travaux, sa consolation après de longues peines ; et ce temps n'était point perdu pour sa Congrégation : car sa parole et son exemple produisaient une telle impression sur les cœurs, qu'elle ne quittait jamais le Puy sans emmener avec elle plusieurs prosélytes pour le noviciat et des élèves pour le Pensionnat. Durant le séjour qu'elle y fit en cette année 1814, la charité de ses Sœurs de Thueyts lui donna une grande consolation : une fille pauvre âgée de dix-huit ans, mendiante et sans asile fut atteinte d'une grande maladie, et n'ayant point de lieu où elle put se retirer, elle fut réduite à coucher pendant dix jours dans une étable ; personne ne voulait lui donner l'hospitalité et prendre à sa charge les soins pénibles qu'exigeait son état. Les Sœurs n'eurent pas plus tôt appris la position de cette pauvre malade, que touchées de son délaissement elles allèrent la chercher, la logèrent dans une maison attenante au Couvent, lui donnèrent un bon lit, appelèrent un médecin et lui prodiguèrent tous les soins de la charité la plus attentive : joignant la miséricorde spirituelle à la miséricorde corporelle, elles enseignèrent le catéchisme à cette pauvre fille, qui quoique si avancée en âge, n'avait pas encore fait sa première communion, lui procurèrent un confesseur et prirent ainsi un soin égal et de son âme et de son corps. A cette occasion, une Sœur dont le cœur charitable éprouvait depuis long-temps un attrait particulier pour les malades pauvres et abandonnées, conçut l'idée d'établir un petit hôpital où on leur donnerait tous les secours que réclamerait leur état; et comme elle n'avait rien de caché pour sa digne Supérieure, elle lui écrivit pour lui communiquer ce projet et lui faire connaître la bonne œuvre qui l'avait inspirée : Madame Rivier fit à cette lettre une réponse où se remarquent également son cœur compatissant envers les malheureux et sa sagesse qui ne veut point se précipiter dans tout bien qui lui apparait, mais attendre et suivre uniquement l'ordre de la Providence : « Vous avez bien fait, ma chère « fille, lui dit-elle, de ramasser de la rue cette pauvre « malade : qu'on l'instruise bien et qu'on en ait grand « soin : mon cœur ne se refusera jamais à de pareilles

« œuvres, et je souffrirais moins d'être à la place de
« ces infortunées que de les délaisser. Si le bon Dieu
« veut que nous fassions un hôpital, il fera counaître
« sa volonté par les Supérieurs qui nous dirigent : en
« attendant nous ferons tout ce que nous pourrons pour
« soulager les malades abandonnées. »

Une autre œuvre de charité tenait plus spécialement
au cœur de Madame Rivier; c'était le soin des orphelines
pauvres et délaissées. Dès le commencement de sa
Congrégation, cette œuvre était entrée dans ses desseins; elle ne l'avait jamais perdue de vue ; et pour se
la rappeler sans cesse, elle avait voulu avoir toujours
auprès d'elle une ou deux de ces petites infortunées ;
enfin, le 21 novembre de cette année 1814, fête de la
Présentation, après avoir obtenu l'agrément de l'évêque
et l'autorisation du gouvernement, elle commença
solennellement cette œuvre si digne de la charité chrétienne : elle recueillit sept petites qu'elle présenta à la
Sainte Vierge avec une cérémonie touchante devant
sa statue ; bientôt elle en reçut un plus grand nombre
et ne recula devant aucun sacrifice pour soutenir et
accroître cette œuvre naissante. Elle voulut même
qu'elle lui survécut, et pour cela elle en fit un des articles des Statuts de sa Congrégation.

CHAPITRE X.

Madame Rivier va visiter plusieurs de ses Établissemens. Ses
alarmes durant les cent jours. Conseils pleins de prudence
qu'elle donne à ses filles. Elle fait une grave maladie.
Acquisition d'un ancien Couvent à Bourg-Saint-Andéol
pour y transférer la Maison-Mère. Commencement des
travaux pour l'approprier à sa nouvelle destination.

MADAME Rivier toujours occupée du bien de sa
Congrégation et sentant vivement la nécessité des visites annuelles de chacune de ses maisons pour corriger
ou prévenir les abus, maintenir l'ordre, la ferveur et
l'union des cœurs, était partie pour visiter plusieurs
écoles dans les départemens de Vaucluse, du Gard et de
l'Ardèche ; mais elle fut détournée et arrêtée dans sa
marche, par la révolution subite qu'opéra le retour de
Bonaparte en France : c'était sur toutes les routes et
dans toutes les villes un mouvement général de troupes
et de soldats, une frayeur et un trouble universels : les
magistrats établis par Louis XVIII prenaient la fuite ;

tout le monde était stupéfait d'un changement si inattendu et l'on n'entrevoyait que les plus grands malheurs.
Madame Rivier quoique pleine de confiance en Dieu ,
partageait l'alarme générale et y joignait ses frayeurs
personnelles. Car elle avait une appréhension extrème
des soldats qu'elle était exposée à rencontrer partout
sur la route ; tremblante pour elle-même elle tremblait
plus encore pour ses chères filles. Elle n'éprouva un
peu de paix que quand elle fut arrivée à Viviers auprès
de M. Vernet, son sage directeur et Supérieur de sa
Congrégation : elle en profita pour écrire à ses chères
Sœurs de Thueyts : « Voici encore le moment de prier
« et de bien prier, leur écrivit-elle ; recommencez les
« neuvaines avec toute la ferveur et la confiance possi-
« bles. Je désire que vous puissiez faire, comme ici au
« Séminaire, l'adoration perpétuelle depuis le matin
« jusqu'au soir : deux personnes par heure suffisent, et
« vous pouvez y mettre les pensionnaires : si cela ne se
« peut pas, faites ce que vous pourrez, et abandonnez-
« vous à la volonté de Dieu entièrement, avec une
« volonté ferme de vous réformer, de vous faire saintes
« et de procurer sa gloire jusqu'à votre dernier soupir.
« Ne cessons d'implorer la miséricorde divine avec un
« cœur contrit et humilié , et tenons-nous résignées
« entre les bras de Jésus et de Marie. Ne nous livrons
« pas à la désolation ; il n'en sera que ce que Dieu

« voudra. Vous êtes bien alarmantes dans vos lettres ;
« ayez plus de confiance et priez avec foi. Soyons hum-
« bles ; rien de plus propre que l'humilité à calmer la
« colère de Dieu. M. le Supérieur est toujours dans la
« plus grande résignation et ne s'alarme pas autant que
« vous. Je vous recommande à toutes la plus grande
« prudence ; gardez votre langue, je vous en prie, ne
« dites rien aux personnes du dehors ni dans vos lettres.
« Le plus grand silence et la prière, voilà tout. »

Madame Rivier revint à Thueyts le plus tôt qu'elle
put pour confirmer de vive voix ces conseils donnés
par écrit. Mais par suite soit des fatigues endurées dans
ses voyages soit des frayeurs qu'elle avait éprouvées,
soit peut-être aussi des peines intérieures qui la tourmentaient sans cesse, à peine fut-elle arrivée qu'elle
tomba gravement malade : c'était un affaiblissement
extrême qu'augmentaient encore chaque jour des
sueurs abondantes, c'était une tristesse profonde qui
lui faisait répandre des torrens de larmes : elle ne pouvait pas même supporter la lumière, et quand elle se
levait vers le milieu du jour, elle restait dans son alcove
les rideaux fermés : son unique force, sa seule consolation était dans la sainte Eucharistie qu'on lui portait
de grand matin presque tous les jours. La Communauté
profondément affligée de l'état alarmant où elle voyait
sa digne Supérieure, ne cessait d'adresser à Dieu de

ferventes prières pour son rétablissement, et cependant on ne voyait point d'amélioration : la science du médecin de Thueyts était à bout et ses remèdes sans effet. On manda un autre médecin qui passait pour le plus habile du pays : même impuissance de son art ; il fut effrayé de l'état de faiblesse où se trouvait la malade et il déclara aux Sœurs qu'il croyait que c'en était fait d'elle. La désolation de la Communauté était extrême ; M. Vernet effrayé du rapport du médecin , accourt aussitôt, adoucit par l'onction de sa parole les peines intérieures de la malade, s'efforce de l'égayer par ses entretiens et ses conseils, et l'oblige à faire quelques courtes promenades en voiture. Cet exercice modéré , ce changement d'air, ce peu de distraction joint à la paix de l'âme, au contentement intérieur et à la douce gaieté dans laquelle il prenait soin de l'entretenir, fit plus d'effet que tous les remèdes ; un mieux sensible se déclara et alla toujours croissant, à ce point qu'un jour la trompant elle-même par l'apparence d'une courte promenade comme les jours précédens, il la conduisit jusqu'à Aubenas devant le célèbre médecin qui l'avait condamnée peu auparavant et qui en voyant un changement si extraordinaire opéré en si peu de temps , eut peine à en croire ses yeux. Depuis ce moment la santé de Madame Rivier se remit peu à peu et bientôt elle put reprendre le gouvernement de sa Congrégation et le soin des affaires.

Entre toutes les sollicitudes qui l'occupaient, il y en avait une que des besoins de jour en jour plus urgents ne lui permettaient point d'oublier. La maison de Thueyts était beaucoup trop petite pour sa nombreuse Communauté : on avait bien acheté plusieurs maisons attenantes, et fait de nouvelles constructions ; mais outre que ces pièces rapportées l'une après l'autre n'offraient point l'ensemble et la régularité nécessaires au bon ordre d'une Communauté, tout ce local était encore insuffisant : chacun faisait ses plans, dressait ses projets ; Madame Rivier écoutait comme par complaisance, mais ne se hâtait d'adopter ni d'exécuter aucun dessein : il semblait que Dieu qu'elle consultait et priait avant de rien entreprendre, lui eût révélé le secret de sa Providence. « Dans six ans d'ici, disait-elle « formellement, nous quitterons cette maison pour « aller habiter un Couvent superbe, quoique pour toute « ressource je n'aie en ce moment que quatre mille « francs » ; et voici de quelle manière se vérifia sa prédiction.

M. Vernet avait un frère vicaire à Bourg-St-Andéol, et étant allé passer quelques jours avec lui, il aperçut en se promenant un magnifique Couvent qui était l'ancien monastère de la Visitation de cette ville : frappé de la beauté de l'édifice, il entre, l'examine dans tous ses détails, trouve les murs en bon état, l'église très-

belle, solidement bâtie en pierre de taille et aussi intacte
que si on venait de la construire, la cour intérieure, la
terrasse et les jardins assez vastes, la position hors du
tumulte de la ville, convenable au recueillement d'une
Communauté, le voisinage du Rhône qui en baigne les
murs, favorable à la salubrité de l'air et à la fertilité du
jardin ; et déjà tout occupé de la translation du Couvent
de Thueyts, il fait ses combinaisons, il dresse ses plans ;
tout est à merveille, on ne pouvait désirer rien de plus
convenable et de plus avantageux. Il se retire plein de
ces idées et va droit chez le curé du lieu, le prier de
sonder les acquéreurs de cette propriété ecclésiastique
sur leur volonté de vendre et sur le prix, en lui recommandant de couvrir du secret le plus absolu la destination qu'on se proposait de donner à cette maison. La
commission fut faite avec zèle et adresse; et quand le
curé eut tout arrangé, il en instruisit M. Vernet qui
était retourné dans son Séminaire : celui-ci avait déjà
informé de son heureuse découverte Madame Rivier qui
priait et faisait prier pour que le Dieu qui tient tous les
cœurs dans sa main disposât favorablement les volontés.
Dès qu'elle eut avis que ses prières étaient exaucées,
elle partit promptement pour Viviers d'où elle se rendit
sans retard avec M. Vernet à Bourg-St-Andéol. A peine
arrivés, ils réunirent les vendeurs chez le notaire ; et
là, pendant que Madame Rivier se tenait dans une

grande union à Dieu et attention à sa présence, pendant
que la Sœur qui l'accompagnait priait par son ordre
avec une ferveur toute spéciale dans l'embrasûre d'une
fenêtre et sollicitait le soulagement des âmes du Purgatoire, dévotion singulièrement chère à la vénérable
Supérieure, on s'entendit sur toutes les conditions, on
accorda sans discussion une légère augmentation sur le
prix convenu avec M. le curé, puis une augmentation
plus forte à un des vendeurs absent qui voulut se prévaloir de ce que les autres portions achetées, on avait
besoin de la sienne; les divers contrats furent passés en
faveur de Madame Rivier, et le prix total s'éleva à
43,224 francs : mais l'affaire ne se termina pas là : deux
des vendeurs apprenant que la maison avait été achetée
pour un Couvent, se repentirent de n'avoir pas demandé
un plus haut prix et intentèrent même procès devant
les tribunaux, prétendant faire annuller la vente pour
cause de lésion dans le prix : heureusement ils furent
déboutés de leurs prétentions et Madame Rivier confir-
mée dans sa possession. A cette première peine vinrent
bientôt s'en joindre d'autres : les habitans de Thueyts
et des environs, instruits par l'indiscrétion du domestique qui l'accompagnait, de la nouvelle acquisition,
se répandirent en plaintes, en murmures et surtout en
critiques contre l'imprudente conduite d'une personne
qui, avec 4000 francs seulement en caisse, achetait

une propriété de plus de quarante mille francs et à laquelle il fallait faire des réparations pour une somme peut-être égale.

Madame Rivier laissa dire, et se reposant en paix sur le secours de la Providence, elle ne songea qu'à approprier le nouveau local à sa destination, à l'aide des soins et de la direction de M. Vernet. Celui-ci commença par faire dresser le plan exact de tout l'édifice avec ses dépendances, cours et jardins : puis il chargea la Supérieure, la Maîtresse des novices, la Maîtresse du Pensionnat, l'Économe, la lingère et toutes les Sœurs qui occupaient un emploi quelconque dans le Couvent, de lui désigner par écrit tout ce qu'elles pouvaient désirer pour la plus grande commodité de leur emploi, pour la facilité des rapports et communications, pour l'agrément même, la surveillance, la santé et autres avantages ; et après que chacune en particulier eut exposé par écrit ses pensées, que toutes en commun, après en avoir pris connaissance par une lecture attentive, eurent fait leurs observations sur chaque exposé, qu'enfin toutes les combinaisons eurent été mûrement délibérées, réfléchies et conclues, il consacra plusieurs jours à étudier son plan pour y disposer toutes choses selon le vœu des Sœurs. Il y réussit parfaitement et dès lors il ne lui resta plus qu'à confier ses idées à un architecte pour dresser le tout selon les règles de l'art. Méthode infiniment sage ; car si tant de maisons de Communauté offrent si peu d'ensemble, si les diverses parties qui les composent sont si mal assorties, si peu appropriées à leur destination, c'est qu'avant de construire, on n'a pas eu soin de tout prévoir et de tout combiner : les besoins se sont montrés après coup et il a fallu suppléer par des constructions irrégulières. L'homme prudent ne laisse pas mettre une pierre sur l'autre qu'il n'ait tout prévu dans le plus grand détail, et c'est à ce principe que le Couvent de Bourg-St-Andéol doit tout ce qu'il a de remarquable : il n'a rien en soi de somptueux, tout y est simple, mais tout y est commode et forme un ensemble d'une régularité admirable, parce que tout y a été prévu.

Le plan de l'architecte ayant été définitivement arrêté selon les aperçus de M. Vernet, on mit aussitôt la main à l'œuvre : le bois, la pierre et les approvisionnemens de tout genre arrivèrent comme par enchantement, et les ouvriers ne firent pas défaut, on en eut à souhait. A ce spectacle, le public qui avait les yeux ouverts et attentifs, recommença ses blâmes et ses critiques: quelle témérité, s'écriait-on ! n'avoir pas d'argent pour payer la maison, et se jeter encore dans d'énormes dépenses ! C'est se creuser un abîme de ses propres mains : et pourquoi faut-il que M. Vernet qui devrait éclairer cette pauvre fille sur son imprudence soit le premier à la pousser vers sa perte et dirige lui-même une si folle entreprise? Ainsi raisonnait le monde, et il faut convenir qu'en envisageant les choses avec des yeux purement humains, on était autorisé à tenir ce langage. Mais quoique M. Vernet et Madame Rivier missent en œuvre toutes les ressources ordinaires de la prudence, ils portaient leurs regards plus haut ; et convaincus qu'ils faisaient l'œuvre de Dieu , ils plaçaient leur grande ressource dans la Providence divine et la protection de la très-sainte Vierge. Madame Rivier redoublait ses prières, faisait prier ses Sœurs et leur inspirait cette vive confiance à laquelle Jésus-Christ a tout promis. Cette confiance ne fut point trompée : tous les dimanches on paya exactement les ouvriers et on n'y manqua pas une seule semaine. Souvent le lundi on ne savait où prendre le paiement suivant, et avant le jour du dimanche Dieu ouvrait une ressource inattendue et hors de toute prévision. Ainsi les travaux s'avançaient en dépit des clameurs du monde ; quatre Sœurs désignées par Madame Rivier étaient constamment sur les lieux pour surveiller les ouvriers, et M. Vernet ne cessait d'y avoir l'œil, de diriger et de presser l'ouvrage.

CHAPITRE XI.

Chûte de M. Vernet : nouvelle maladie de Madame Rivier ;
sa guérison miraculeuse. Elle est éprouvée par la perte
de plusieurs de ses Sœurs. Elle visite ses maisons et se
livre aux œuvres de zèle.

LA Providence qui veut que toutes ses œuvres soient
marquées au sceau de la croix, ne tarda pas à soumettre
Madame Rivier à de nouvelles épreuves bien cruelles
pour son cœur. M. Vernet qui après Dieu était sa
principale ressource, ayant fait une chûte en marchant
par une nuit obscure, se cassa la jambe ; et cet accident
le retint au lit pendant cinquante jours loin de celle
dont il était le conseil, loin des travaux dont il surveillait l'exécution. Elle-même toujours souffrante et
infirme, vivement affectée de l'accident arrivé à
M. Vernet, retomba dans un état de faiblesse et de
défaillance encore pire que celui dont nous avons parlé
au chapitre précédent : plusieurs évanouissemens, une
toux sèche et presque continuelle, un affaissement

effrayant, tout semblait annoncer une mort prochaine. A cette pénible nouvelle portée dans les divers établissemens, les Sœurs se mirent partout en prières : la Communauté de Thueyts surtout, demandait sans interruption à Dieu la guérison de cette mère si chérie et si nécessaire à la Congrégation : neuvaines à la Sainte Vierge, à saint François-Régis, à la vénérable Mère Agnès, tout fut employé, et le ciel paraissait sourd à tant de cris. Enfin une Sœur ayant lu dans la vie de sainte Thérèse que Notre-Seigneur lui avait dit dans une révélation, qu'il accorderait tout ce qu'on demanderait au nom de saint Pierre d'Alcantara, proposa à la Communauté de faire une neuvaine en l'honneur de ce grand saint et illustre pénitent: « Mais, ajouta-t-elle, « faisons cette neuvaine avec une foi vive que nous serons « exaucées ; et que celles qui doutent ne l'entreprennent « pas ». La neuvaine commença en effet le 19 octobre, jour de la fête du saint et se fit avec la plus vive confiance et la plus tendre piété. Le septième jour, le médecin étant venu voir la malade, la trouva dans un état qui ne laissait plus d'espoir et engagea la Communauté à se préparer au grand sacrifice : le huitième jour, même accablement; mais voilà que tout-à-coup la malade sent ses forces renaître, demande ses habits, s'en revêt avec facilité et se trouve parfaitement guérie. Elle marche avec assurance, se présente à la Communauté qui toute émerveillée de ce spectacle lève les mains au ciel dans des transports de joie et d'admiration; la reconnaissance entraîne comme spontanément toutes les Sœurs à la chapelle pour bénir la Providence qui leur rend une mère si bonne, et suivant la permission que Monsieur Vernet avait accordé d'avance, on chante le *Te Deum* avec une pieuse allégresse devant le Très-Saint-Sacrement exposé pour la bénédiction solennelle. En mémoire d'un si signalé bienfait, un Cantique fut composé à la maison de Thueyts en l'honneur de saint Pierre d'Alcantara, sa fête fut mise au nombre des fêtes de dévotion de la maison ; la Bénédiction du Saint-Sacrement y fut autorisée pour ce jour-là à perpétuité par l'évêque de Viviers; et quand la Communauté fut établie à Bourg-St-Andéol, on fit peindre un grand tableau du Saint qu'on plaça dans le Chœur dont il fait une des principales décorations.

Cependant Madame Rivier parut n'avoir échappé à la mort que pour porter de nouvelles croix et être en butte à des peines plus cruelles. Son cœur maternel aimait toutes ses Sœurs avec un dévouement qui ne se peut dire , et dans la seule année 1818 elle eut la douleur d'en perdre plusieurs et de celles-là même qui lui étaient les plus chères et qui faisaient le plus bel ornement de sa Congrégation : en février , ce fut Mademoiselle Clotilde Johanny de Rochelly , en religion

Sœur Amable, qui non contente d'être une bienfaitrice insigne de la Communauté, s'y était donnée elle-même toute entière, préférant la mortification, l'obéissance et la pauvreté de la vie religieuse à toutes les jouissances et à tous les agrémens que lui offrait la maison paternelle : deux mois plus tard, ce fut Sœur Félix Dianoux, jeune personne pleine de zèle, brûlante de ferveur, ange de piété et d'innocence : au mois de juin, ce fut Sœur Gertrude, cette jeune personne de Lyon si remarquable dont nous avons raconté au chapitre quatrième du présent livre, l'entrée dans la Communauté. Sa mort, édifiante comme sa vie, la fit regretter encore plus amèrement, en révélant dans un plus grand jour l'éclat de ses vertus : « O mon Dieu, répétait-elle sans cesse « au milieu de ses souffrances, que vous êtes bon ! « Vous êtes si bon, que je ne puis le comprendre ; ô « que je vous remercie de m'avoir retirée du monde « pour m'amener dans une maison où vous m'avez « prodigué tant de grâces » ! et elle mourut dans ces transports d'amour entre les bras de Sœur Magdeleine sa mère, qui eut assez de courage pour recevoir son dernier soupir et lui fermer les yeux. Toutes ces pertes déchiraient l'âme de Madame Rivier ; et il fallait toute sa foi et la force de la grâce pour qu'elle n'en fût pas abattue et comme brisée : il fait beau l'entendre parler dans ces circonstances et raconter elle-même ses sen-

timens : « Bénie soit à jamais la très-sainte volonté de
« Dieu, écrivait-elle en apprenant la mort de Sœur
« Gertrude ! Ce Dieu de bonté proportionne mes forces
« aux croix qu'il m'envoie ; sans cela je n'y tiendrais
« pas. Quoique je fûsse bien préparée à recevoir cette
« triste nouvelle, vous ne sauriez croire la plaie qu'elle
« a faite à mon cœur : elle est si vive que jamais elle
« ne pourra s'adoucir que par ma soumission à la vo-
« lonté de Dieu. » Pendant que Madame Rivier écrivait
ces lignes, une autre croix pesait sur son âme : elle
était alors à Viviers auprès d'une de ses Sœurs les plus
chères et les plus précieuses, dangereusement malade,
Sœur Chantal, directrice de l'établissement de Privas.
Cette sainte fille, que Madame Rivier avait mandée à
Viviers, voulut, avant de partir, voir une malade
atteinte d'une fièvre maligne, pour l'engager à penser
à son salut, à mettre ordre à sa conscience ; et, victime
de sa charité et de son zèle, elle emporta d'auprès du
lit de mort, le germe de la maladie qui peu après la
conduisit elle-même au tombeau. Ce germe fatal commença à se développer dès son arrivée à Viviers ; et
Madame Rivier eut la douleur de voir une des colonnes
principales de sa Congrégation frappée à mort : elle se
fit elle-même sa garde-malade, la soigna comme une
mère soigne sa fille ; et si tant de bons offices ne lui
rendirent pas la santé, ils lui prolongèrent du moins

une vie de langueur qui ne s'éteignit dans le Seigneur que deux ans plus tard.

Au milieu de tant de croix et de déchiremens, Madame Rivier ne demeurait point inactive ; elle visitait ses établissemens divers, rémédiant à tous les abus qu'on lui signalait, observant elle-même avec un coup-d'œil remarquable tout ce qu'on ne lui disait pas; elle reprenait les unes, encourageait les autres, attirait les personnes du dehors à l'instruction des Sœurs de chaque dimanche, faisait elle-même cette instruction là où elle passait, enfin portait partout l'esprit de Dieu dont elle était remplie. Ainsi la virent les établissemens de Saint-Just, de Montdragon, de Pont-Saint-Esprit: dans cette dernière ville elle eut à son instruction jusqu'à onze cent seize femmes ou filles, et elle sut leur inspirer tant de zèle pour venir elles-mêmes et amener les autres à cet exercice, que le dimanche suivant il se trouva douze cents personnes à l'instruction ordinaire des Sœurs. Tant de courses et de travaux, tant de biens qui en étaient les résultats, faisaient partout connaître et apprécier l'œuvre de Madame Rivier; de toutes parts on demandait des Sœurs de la Présentation, les établissemens se multipliaient, les sujets s'offraient en foule, et avec le nombre des Sœurs et des établissemens les occupations de la Supérieure croissaient, ses embarras s'augmentaient; la translation de la Maison-mère dans un nouveau

7

local devenait de jour en jour plus urgente ; mais on voulait attendre que tous les travaux fussent terminés à Bourg-Saint-Andéol : la Providence ne le voulut pas, et les circonstances obligèrent d'anticiper cette translation comme nous le dirons au commencement du Livre suivant.

LIVRE TROISIÈME.

Depuis la translation de la Maison-Mère à Bourg St-Andéol, en 1819, jusqu'à la mort de Madame Rivier en 1838.

CHAPITRE PREMIER.

Une épidémie se manifeste à Thueyts et oblige de transférer la Communauté à Bourg-Saint-Andéol. Madame Rivier est inquiétée par le gouvernement : elle recommande à ses filles l'observation des Règles : heureux effets qui en résultent. Estime qu'avait pour elle Mgr Rey, évêque d'Annecy. Bénédiction solennelle de l'église et du nouveau Couvent. Organisation de la Congrégation, conformément aux Constitutions.

LES croix semblaient se presser de toutes parts autour de Mme Rivier : à Viviers c'était Sœur Chantal s'affaiblissant chaque jour et s'approchant du tombeau, c'était M. Vernet toujours souffrant des suites de sa chûte, et plus fatigué encore des mille contrariétés qu'il rencontrait dans la direction des bâtimens de Bourg-Saint-Andéol. A Bourg même, c'était la douleur de voir les constructions languir et traîner en longueur, les dépenses s'accumuler, les ressources diminuer et la mauvaise volonté de plusieurs retarder un travail qu'il était urgent de finir au plus tôt. Enfin à Thueyts et dans les environs une épidémie se déclara et fit les plus grands ravages. La pieuse Supérieure prescrivit d'abord des prières pour demander à Dieu et à la très-sainte Vierge l'éloignement du fléau et recommanda ensuite l'exacte observance des moyens sanitaires. Mais nonobstant ces précautions, l'épidémie envahit le Couvent, et sa première victime fut la Sœur Martine, cette première compagne de Madame Rivier, dont elle avait partagé les pénibles travaux, le dévouement, la pauvreté extrême; malgré de graves et continuelles infirmités, cette Sœur modèle qui avait été constamment une leçon vivante de perfection par sa régularité, son zèle, son esprit de sacrifice, cette maîtresse excellente enfin, que toute la Communauté et les habitans de Thueyts où elle faisait depuis si long-temps les petites écoles aimaient et vénéraient à l'égal d'une mère. Après cette première victime, une autre fut atteinte, et dès-lors on comprit qu'il y avait tout à craindre pour la Communauté et surtout pour les pensionnaires. Les médecins et plusieurs personnes sages qu'on consulta, furent d'avis de transporter sans délai le pensionnat et toute la maison au Couvent de Bourg-Saint-Andéol, quoique les travaux ne fussent pas encore terminés et qu'il y eût même beaucoup d'ouvriers. Madame Rivier qui était alors en cours de visites, et se trouvait en ce moment à Pont-Saint-Esprit, n'eut pas plutôt connaissance de cette résolution, qu'elle se met aussitôt en chemin, arrive à Bourg à neuf heures du soir, et le lendemain dès le point du jour, six grandes voitures partaient pour Thueyts avec ordre d'amener les pensionnaires et autant de Sœurs qu'il serait possible. Trente pensionnaires, plusieurs Sœurs ou Novices vinrent d'abord par ce premier voyage; et le reste de la Communauté arriva peu de jours après. Rien n'était préparé dans la maison de Bourg, ni dortoir, ni réfectoire, ni chapelle; les embarras étaient extrêmes, et il fallut toute l'activité du zèle de Madame Rivier et toutes ses tendres sollicitudes pour suffire à tous les besoins et pourvoir à toutes les exigences. D'un autre côté, l'argent semblait près de manquer tant pour les grandes dépenses que nécessitaient ces changemens, que pour la continuation des travaux. Cependant au milieu de tant de sollicitudes l'infatigable Supérieure était calme, possédait son âme en paix; et pleine de confiance, elle ne se refusait à aucune dépense nécessaire : « S'il le faut,

« disait-elle à ses Sœurs lorsqu'elles la consultaient sur
« quelque achat, faites cette dépense, la Providence y
« pourvoira. »

La Providence en effet ne l'abandonna pas; elle lui
envoya non seulement des ressources pécuniaires, mais
de nouveaux sujets; et dans les premiers mois qui suivirent son arrivée à Bourg, elle reçut jusqu'à dix-sept
Sœurs.

Aux peines du dedans se joignaient les peines du
dehors plus vives encore. Vers la fin de cette année 1819,
des ordonnances ministérielles soumirent à un examen
devant un comité, toutes les Institutrices sans distinction, de sorte qu'on voulut assujétir ses Sœurs à cette
humiliante épreuve. Affligée de cette vexation au delà
de ce qu'on peut dire, elle eut recours à la prière comme
en toutes les circonstances pénibles de sa vie, et ouvrit
ensuite sur cette matière une correspondance avec le
Préfet de l'Ardèche, déclarant qu'elle aimerait mieux
voir dissoudre sa Congrégation que de consentir à cette
formalité. Celui-ci par une permission de la Providence
qui tient tous les cœurs en son pouvoir, se montra
favorable à ses vœux, lui écrivit plusieurs fois et longuement de sa propre main pour lui donner espoir,
sollicita et obtint dispense du ministre, délivra à toutes
les Sœurs les brevets prescrits, et enfin poussa l'obligeance jusqu'à inviter les préfets des départemens voi-

sins à tenir la même conduite à l'égard des Sœurs de la Présentation, ce qu'ils firent en effet.

Madame Rivier profita de ce moment de paix pour adresser une Circulaire à toutes ses Sœurs et leur recommander l'observance exacte et fidèle de leurs saintes Règles : « Elles sont, leur disait-elle, un moyen court « et facile de perfection, la voie du ciel la plus assurée, « mais surtout elles sont un rempart qui vous mettra à « l'abri de mille dangers » ; et à cette occasion elle leur cita le trait de Sœur Présentine, directrice de l'établissement de Pont-Saint-Esprit, laquelle s'était préservée elle et toute sa Communauté du plus grand des malheurs, en refusant obstinément d'ouvrir la porte après l'heure fixée par la Règle à un inconnu qui se disait domestique du Couvent de Bourg, porteur de lettres pressantes de la Supérieure, et qui par le fait n'était qu'un chef de libertins qui voulaient envahir la maison, comme ils le déclarèrent eux-mêmes à la fin en éclatant en injures grossières.

Ces Règles fidèlement observées faisaient fleurir tous les établissemens de la Présentation ; et les biens qui en résultaient étaient immenses. Qu'on en juge par cet extrait d'une lettre qu'écrivait à Madame Rivier une de ses Sœurs. « Nous avons ici, lui dit-elle, des enfans de « cinq ans qui à peine peuvent parler et qui déjà ensei-« gnent à leur père à prier Dieu. Un gendarme disait.

« dernièrement que jusqu'ici il avait ignoré les actes de
« foi, d'espérance et de charité et même le *Pater*, mais
« que sa petite les lui avait appris. Un autre qui a plus
« de respect humain va se renfermer dans une chambre
« et met sa petite sur ses genoux pour qu'elle lui ap-
« prenne les élémens de la foi et ses prières. Cela m'a
« fait tant d'impression que je vais bien recommander à
« mes Sœurs, les petites enfans qui sont capables de
« tant de bien. »

Après de pareils exemples, on ne peut être surpris de
la haute estime et de la singulière considération qui
environnaient de toutes parts Madame Rivier et sa
Communauté. Un Ecclésiastique des plus distingués de
ce temps, M. Rey, alors Grand-vicaire de Chambéry et
mort récemment évêque d'Annecy, lui en donna vers
cette époque un éclatant témoignage. Plusieurs fois elle
avait eu la consolation de s'entretenir avec lui sur les
voies spirituelles, et ces rapports lui avaient fait désirer
qu'un prêtre d'un tel mérite prêchât la retraite annuelle
à sa Communauté. Elle lui en fit la demande et voici
quelques passages de la réponse qu'elle en reçut : « Mon
« dévouement pour vous, Madame, et pour vos respec-
« tables filles, n'a de bornes que l'impossible : eh bien,
« c'est cet impossible qui s'oppose cette année à mes
« vœux et aux vôtres..., vous ne me rendriez pas justice
« si vous n'étiez pas convaincue que c'est pour moi un

« regret bien senti d'être privé d'une des plus douces
« consolations de mon ministère. La retraite que j'aurais
« donnée au milieu de votre sainte famille, aurait porté
« bonheur aux autres retraites que j'ai à prêcher et j'au-
« rais aimé à en devoir le succès à vos ferventes prières.
« Si j'étais moins précipité dans mes marches, je me
« livrerais, en passant à Bourg-Saint-Andéol, au plus
« doux comme au plus religieux penchant, celui de
« m'entretenir avec vous des saintes voies du salut et de
« nous consoler mutuellement dans les peines nom-
« breuses attachées à cette pauvre vie que nous traînons
« sur la terre. » Vers le même temps, un illustre Prélat,
M. de Mons, évêque de Mende et alors administrateur
du diocèse de Viviers ne témoigna pas moins d'intérêt
et d'estime à la Congrégation : les réparations et décorations de l'église étant terminées, Madame Rivier lui
écrivit pour le prier de venir la bénir et y donner la
Confirmation à un grand nombre de personnes : il se
rendit de la meilleure grâce à cette invitation, bénit
l'église qui avait été profanée pendant la Révolution,
confirma toutes les personnes qu'on avait préparées à ce
Sacrement, et montra par l'amabilité de ses paroles,
par l'obligeance de ses manières, par son empressement
à faire plaisir, combien il vénérait la digne Supérieure,
et combien sa maison lui était chère. Après le départ de
ce prélat auquel ses affaires ne permirent pas de rester

7.

aussi long-temps qu'on l'eût désiré, M. Vernet, qu'il avait confirmé dans sa charge de Supérieur-général des Sœurs de la Présentation, pensant que le temps était venu de donner enfin à la Congrégation l'organisation prescrite par les Constitutions, et que, si jusqu'à présent mille difficultés et embarras y avaient mis obstacle, rien maintenant ne pouvait plus s'y opposer, rassembla toutes les Sœurs, et dressa, d'après les rapports et le témoignage de chacune, le premier tableau des Sœurs dites *Anciennes ;* puis celles-ci procédèrent par le scrutin au tableau des Sœurs *Électrices:* on fit ensuite quelques changemens dans le costume de la Communauté pour l'éloigner le plus possible des usages des personnes séculières ; et après avoir tout réglé et organisé conformément aux Constitutions, on se prépara par une retraite à la fête de saint François Régis, patron de la Congrégation. Ce jour fut une grande solennité : après les Offices qui furent célébrés avec pompe, M. Vernet procéda à la bénédiction du Couvent que l'évêque n'avait pas eu le temps de faire par lui-même. Rien de plus pieux et de plus touchant que la manière dont se fit cette cérémonie: toute la Communauté marchait en procession en chantant avec allégresse de saints Cantiques; les Sœurs étaient dans leur nouveau costume et M. Vernet venait à la suite accompagné du clergé de la ville, bénissant successivement chaque partie du nouvel édifice : on parcourut ainsi toute la maison, et cette cérémonie fut terminée par un *Te Deum* en musique auquel prirent part les musiciens de la ville qui voulurent ainsi prouver la joie générale qu'inspirait le nouvel établissement.

CHAPITRE II.

Voyages de Madame Rivier à la Louvesc, à Montfaucon, au Puy, à Saint-Chély, à Langeac, à Saugues, à Monastier : bien qu'elle opère partout où elle va. Sa visite et son séjour à Thueyts. Son retour à Bourg-Saint-Andéol.

ANIMÉE d'une dévotion nouvelle envers saint François Régis auquel elle venait de consacrer avec tant de ferveur sa maison et sa Congrégation toute entière, Madame Rivier désira d'aller prier encore auprès des précieux restes de son saint patron, qui reposent dans l'église de la Louvesc; et elle jugea ce pieux pèlerinage d'autant plus conforme à l'ordre de la Providence, qu'il se trouvait à peu près sur la route des diverses maisons qu'elle avait à visiter. Elle partit donc de Bourg dans ce dessein , visitant les établissemens qui se trouvaient sur son chemin , corrigeant avec énergie tous les abus, reprenant avec force tous les manquemens , et usant des procédés les plus propres à faire sentir les torts, à ce point qu'ayant remarqué un peu de mondanité dans la mise d'une de ses Sœurs, elle ne voulut prendre chez elle aucune nourriture , quoique elle eût encore un long trajet à faire avant d'arriver à un autre établissement. Dès qu'elle eut gagné la Louvesc , elle se rendit droit à l'église , entendit la sainte messe et pria avec sa ferveur accoutumée devant le tombeau de saint François Régis, se recommandant à lui avec toute sa Congrégation. Après avoir satisfait sa piété dans ce lieu si vénéré et si chéri de son cœur, elle alla à Montfaucon visiter les Sœurs de Saint-Joseph dont la Supérieure et l'Assistante avaient fait leur noviciat à Thueyts : là elle eut la consolation de voir ces saintes filles s'ouvrir à elle comme à leur propre mère , lui rendre compte de leur intérieur , de leurs affaires même les plus secrètes avec une sim- plicité d'enfant, et réclamer ses conseils et ses exhorta- tions. La zélée Supérieure se rendit à leurs vœux avec plaisir et leur adressa l'instruction la plus touchante et la plus pathétique. Ses paroles étaient des paroles de feu qui pénétraient jusqu'au fond des cœurs et il suffisait de l'entendre , racontaient les personnes présentes à ses discours, pour se sentir l'âme embrasée. Deux jeunes personnes en furent si touchées, qu'elles prirent la résolution de quitter le monde pour entrer au noviciat de Bourg et prièrent Madame Rivier de les emmener avec elle à son retour.

De Montfaucon elle se rendit au Puy où elle était vivement désirée : Mlle Sénicroze sa sainte amie, oubliant son grand âge, alla à sa rencontre, et toutes les demoiselles de l'Instruction partagèrent l'empressement de leur digne Supérieure. Elle passa cinq jours dans cette fervente Communauté, donnant à chacune des avis salutaires pour son propre avancement ainsi que pour le bon ordre de la maison, et rendant par une gaieté sainte toutes les Sœurs heureuses de sa compagnie. Ce fut là que Mlle Sénicroze lui communiqua le projet qu'elle avait d'établir dans la ville une maison d'orphelines. Un pareil dessein semblait devoir emporter dès la première proposition l'assentiment de Madame Rivier, dont le cœur, comme nous l'avons vu, était si sensible au sort de ces pauvres abandonnées. Mais cette âme supérieure savait s'élever au-dessus d'un premier mouvement de sensibilité, voir les choses de plus haut et découvrir le plus grand bien. Après quelques instans de réflexion et de prière, elle proposa à Mlle Sénicroze de fonder, au lieu d'une maison d'orphelines, une maison de ces précieuses institutrices, appelées *Sœurs du vingt-cinq*, dont nous avons parlé au Chapitre VI du second

Livre, et de donner à ce nouvel établissement trois des-
tinations de la plus haute importance : la première serait
à y recevoir les jeunes personnes aspirantes à l'état
d'institutrices, les y former pendant un noviciat gratuit
à une piété solide et éclairée, leur donner l'instruction
nécessaire et l'esprit propre de leur vocation ; la seconde
à y recueillir les institutrices qui auraient vieilli dans
leurs fonctions, et qui souvent manquant de tout dans
les infirmités qu'entraîne le grand âge, terminent
leurs jours dans une affreuse misère ; la troisième à y
instruire un grand nombre de jeunes filles pauvres de
la ville, ce qui serait non-seulement facile, mais encore
très-utile pour former les institutrices aspirantes et occuper les plus âgées admises à la retraite. Madame Rivier
motiva sa proposition sur plusieurs raisons solides, représentant 1° que la ville du Puy ayant deux hôpitaux où les
enfans délaissés sont reçus, il n'y avait point d'urgence
de créer une maison pour les orphelines ; 2° que l'œuvre
si importante de la maison de l'Instruction demeurerait
imparfaite tant qu'on ne prendrait pas des moyens pour
former les filles qui se vouent à l'éducation de la jeunesse dans les villages, que ces filles se mettant à l'œuvre
avant d'avoir acquis les connaissances nécessaires et
surtout une vraie et solide piété, enseignaient sans
méthode et sans succès, n'entendaient rien à corriger
les défauts des jeunes personnes, à leur inspirer ce fonds

de piété éclairée qui fait les bonnes chrétiennes, et enfin ne savaient pas se conduire elles-mêmes, s'occupant d'autre chose que de leur école et se mêlant de tout ce qui se disait dans le village ; 3º que les institutrices sachant qu'elles ont une retraite assurée pour leurs vieux jours s'affectionneraient davantage à leur état età la maison de l'*Instruction* qui leur aurait procuré cette précieuse ressource.

Des propositions si sages et si bien motivées furent accueillies avec joie et goûtées avec bonheur par Mlle Sénicroze et par toutes ses pieuses filles : « Il ne fallait plus « penser, disaient-elles, au premier projet, et suivre « sans hésiter les avis de Madame Rivier. » Tout allait au mieux, lorsque l'aumônier de la maison instruit du projet et le jugeant trop à la légère, le désapprouva hautement et en détourna de toutes ses forces Mlle Sénicroze. Madame Rivier qui prévoyait tout le bien qu'allait faire manquer l'avis de cet ecclésiastique, se tourna vers Dieu et le pria avec ferveur de ramener les esprits au dessein qu'elle avait proposé, si telle était la volonté divine et le plus grand bien de la religion. Sa prière ne fut point vaine ; l'aumônier fit de nouvelles réflexions, entra tout entier dans les vues de Madame Rivier et pressa fortement Mlle Sénicroze de mettre la main à l'œuvre sans délai.

Heureuse du bien qui allait s'opérer, Madame Rivier

quitta le Puy et se rendit à Saint-Chély où elle avait un établissement. Là elle manda toutes ses Sœurs des paroisses environnantes, et leur fit faire leur retraite annuelle sous la direction de M. Carria, célèbre prédi-cateur qu'elle fit venir du Puy et qui seconda son zèle avec tout le dévouement d'un saint prêtre : pendant cette retraite elle adressait elle-même des exhortations pu-bliques à ses Sœurs avec cet accent pénétrant que don-nent une foi vive, un zèle ardent et une piété profonde ; elle s'informait des abus et les corrigeait, changeait les directrices dont le gouvernement trop faible laissait enfreindre les règles, et en mettait à leur place de plus fermes, elle disposait toutes choses à son gré et les Sœurs dociles respectaient ses décisions comme des oracles de la volonté de Dieu.

Pendant qu'elle s'occupait ainsi de ses Sœurs disper-sées, elle ne perdait point de vue la maison-mère, et sa prévoyance, comme son cœur, était partout. Sœur Marie, son assistante, lui ayant mandé la désolation et l'embarras où la mettait la pénurie d'argent, elle lui écrivit de Saint-Chély : « Je voudrais, ma chère fille, « que cette lettre pût voler vers vous pour vous tran- « quilliser et vous faire plaisir dans l'embarras où vous « met le besoin d'argent. J'ai cinq mille francs à vous « envoyer, et vous pourrez les faire prendre au Puy dès « ma lettre reçue. J'espère qu'avant mon retour je vous

« aurai procuré encore sept mille francs. Vous devriez
« avoir confiance en la divine Providence qui jusqu'à
« présent à toujours si bien fait nos affaires. Je ne cher-
« che de l'argent que par la prière et il vient toujours....
« Ayez confiance en la Sainte Vierge, elle ne laissera
« pas manquer sa maison. »

Au milieu des succès dont Dieu couronnait toutes ses
œuvres, il semble que Madame Rivier eût dû être dans
la joie et jouir de la paix intérieure : il n'en était
cependant rien. Dieu qui veut rendre ses élus conformes à Jésus crucifié, permettait qu'elle fût livrée aux
peines intérieures les plus vives et aux frayeurs les plus
accablantes sur son salut : « Je vis en païenne, se
« disait-elle souvent avec effroi ; tout occupée des autres,
« je m'oublie moi-même, j'oublie Dieu, j'oublie mon
« salut : misérable que je suis, que deviendrai-je ? O
« Dieu, ô éternité !.... Je ne prie plus, je ne fais plus
« ni oraison ni lecture. » Pour relever son courage, il
fallait toute la confiance qu'elle avait en son directeur :
« Marchez avec assurance, lui écrivait celui-ci, et ne
« vous laissez pas effrayer : Dieu est dans votre cœur,
« et c'est lui qui préside à vos œuvres : la seule chose
« que Dieu veut, c'est le cœur ; c'est le cœur seul qui
« prie, qui médite ; et le vôtre est sûrement à lui, et
« toujours uni à lui. O ma chère fille, que vous êtes
« heureuse de ne vivre que pour glorifier Dieu et le faire

« aimer ! les Anges, s'ils étaient sur la terre, ne vou-
« draient pas faire autre chose. »

Rassurée pour un temps par des avis si sages, elle
partit de Saint-Chély et se rendit à Saugues où on lui
proposait un établissement. Elle y trouva tout parfaitement disposé, une vaste et belle maison, et surtout
beaucoup de bien à faire, un grand nombre d'enfans à
instruire, les institutrices des nombreux villages qui
composent cette commune à former, à surveiller, à
diriger, ces pauvres filles étant elles-mêmes sans expérience, sans instruction, sans connaissance solide de la
religion et de la piété. Elle plaça quatre Sœurs dans
cet établissement, et le bien qu'elle espérait ne tarda
pas à se réaliser. Les classes furent très-fréquentées, le
curé donna aux Sœurs la surveillance et la direction des
institutrices des villages ; et ces bonnes filles acceptant la
Sœur directrice comme leur Supérieure, lui obéissaient
en tout comme à leur mère, venaient faire sous elle leur
retraite de chaque mois et leur retraite annuelle, et prenaient ses avis pour l'enseignement : celle-ci avait l'œil
ouvert sur chacune d'elles, leur faisait connaître leurs
devoirs et reprenait celles qui s'oubliaient. Elle leur
traçait des règles de conduite, les encourageait dans
leurs petites difficultés et destituait celles qui ne se cor-
rigeaient pas après avoir été averties, pour leur en
substituer d'autres plus dignes et plus capables.

De Saugues, Madame Rivier se rendit à Langeac où une pieuse demoiselle, directrice d'un Pensionnat, l'appelait de tous ses vœux. Mlle Chauchat, (c'était son nom) la reçut avec la vénération qu'on a pour les saints, mit à sa disposition sa maison, son mobilier, son linge, sa personne et celle de sa compagne. « Tout est à vous, « lui dit-elle, je ne vous demande qu'une grâce, « acceptez-moi comme votre fille, soyez ma mère et « emmenez-moi avec vous au noviciat. » Madame Rivier charmée de tant de détachement et d'une vertu si parfaite, se garda de témoigner l'admiration qu'elle ressentait au dedans ; et pour éprouver la postulante et la tenir dans l'humilité, elle accueillit sa demande avec assez de sécheresse, et parut ne pas faire grand cas de ce qu'elle lui donnait avec tant de générosité : cette froideur ne ralentit point le zèle de Mlle Chauchat ; elle insista et la sage Supérieure lui promit que dès qu'elle aurait terminé ses affaires, elle la ferait venir au Puy, d'où elles partiraient ensemble pour le noviciat.

Madame Rivier vint en effet au Puy : là tous ses momens furent pris par les personnes qui voulaient lui communiquer leur intérieur, prendre son avis sur certaines affaires, recevoir ses conseils, lui présenter des demandes, et le matin et le soir pendant les quelques instans dont elle pouvait disposer, elle faisait de brûlantes exhortations aux demoiselles de l'Instruction, leur inculquait avec zèle la charité, le bon esprit, l'union qui doivent régner dans les Communautés, et toutes ses paroles touchaient profondément et portaient leur fruit. Elle était ainsi occupée, lorsque deux Sœurs de Monastier vinrent la chercher pour faire la visite de leur maison. Elle partit avec elles, et à trois quarts de lieue de la ville, elle trouva toutes les autres Sœurs avec une centaine de jeunes filles qui venaient à sa rencontre : à la vue de cette mère si bonne et si long-temps désirée, on éclata en transports de joie et tous les visages étaient rayonnans de bonheur. A son arrivée à Monastier, les parens des enfans la reçurent avec le même enthousiasme; chacun voulait avoir d'elle une audience particulière. La municipalité même voulait venir la visiter en corps et en costume officiel, et sur la représentation que cet honneur lui ferait peine, on s'en tint à des visites individuelles. Elle demeura quatre jours dans cet établissement sans avoir un moment pour parler à ses filles; et prévoyant qu'il en serait de même tout le temps qu'elle y resterait, elle repartit, leur donnant rendez-vous chez un curé voisin : là elle leur fit faire une petite retraite, leur donna plusieurs instructions et les ramena à la simplicité et à la modestie religieuse dont elle découvrit, en questionnant les unes et les autres, qu'on s'était un peu écarté.

Revenue au Puy, elle fit sur la vocation une instruction également forte et touchante, qui enthousiasma tellement les jeunes personnes présentes, que le plus grand nombre voulaient la suivre à l'instant même et tout quitter pour entrer dans sa Congrégation : il fallut modérer cette ardeur, et malgré cela, il y en eut neuf qui persévérèrent dans leur résolution, et la suivirent en effet avec Mlle Chauchat et sa nièce qui étaient venues la rejoindre. Le moment de la séparation d'avec Mlle Sénicroze fut déchirant : cette excellente personne prévoyant qu'elle ne la reverrait plus ici-bas, versait des larmes amères ; l'âme sensible de Madame Rivier répondait à ces témoignages d'attachement, et le dernier adieu se prononça de part et d'autre avec ce brisement douloureux de deux cœurs étroitement unis que la mort sépare pour toujours.

Madame Rivier reprenant la route de Bourg-Saint-Andéol, voulut passer par Thueyts. Cette maison, berceau de sa Congrégation lui était chère à tant de titres ! C'était une consolation pour son cœur de la revoir, de travailler à sa prospérité et d'y continuer le bien qu'elle y avait commencé. En la quittant pour aller à Bourg, elle ne l'avait point délaissée ; plusieurs Sœurs y étaient demeurées, et faisaient l'école aux jeunes filles de la campagne qui y venaient en grand nombre apprendre la religion, la lecture, l'écriture, l'arithmétique, le travail manuel, et tout ce qu'il est utile d'enseigner à de jeunes personnes de cette condition. Elle avait même acheté une maison voisine pour agrandir l'établissement et prescrit plusieurs réparations : aussi fut-elle reçue avec plus d'enthousiasme encore qu'elle ne l'avait été à Monastier : les Sœurs avec leurs élèves vinrent à sa rencontre ; et en la voyant approcher, des larmes de joie et d'attendrissement coulèrent de tous les yeux ; Madame Rivier de son côté ne put retenir son émotion. Indépendamment du spectacle touchant qui la saisissait, mille souvenirs se pressaient au fond de son cœur à la vue de ces lieux où avait pris naissance sa Congrégation alors si petite, aujourd'hui si étendue. Dès qu'elle fut arrivée, les enfans la complimentèrent par un petit dialogue qu'elles avaient appris par cœur, et lui prouvèrent leurs progrès en récitant en sa présence un grand nombre de traits de l'Histoire-Sainte : on la sollicita de ne pas faire seulement une visite passagère dans un lieu où sa présence donnait tant de bonheur, mais d'y prolonger son séjour ; et elle consentit de bonne grâce à y rester un mois entier. Ce temps ne fut pas pour elle un temps de repos et de délassement ; elle n'en connaissait point. Elle employa tous ses jours à écouter ses filles qui lui rendaient compte de leurs dispositions intérieures et de toute leur conduite, à donner à chacune les avis convenables, à voir par elle-même l'état de la maison, à choisir les sujets qui devaient aller former les nouveaux établissemens dont elle s'était chargée, et à faire toutes les mutations que nécessitait leur remplacement. Au bout du mois, elle partit pour Bourg-Saint-Andéol où elle avait envoyé d'avance les novices amenées du Puy, visita les écoles qui se rencontraient sur sa route et eut la consolation de trouver tous ces établissemens dans un état prospère. Son arrivée à Bourg fut ce qu'elle était toujours après une longue absence, une scène attendrissante par les témoignages d'affection qu'on s'y donnait réciproquement : le lendemain fut encore un jour de fête, et la Communauté lui exprima par des complimens et des couplets, la joie que causait son retour.

CHAPITRE III.

Madame Rivier est encore inquiétée par le gouvernement.
Elle fait imprimer les Règles communes de sa Congré-
gation. Elle les distribue solennellement à sa Commu-
nauté. Elle donne plusieurs retraites à ses Sœurs et
recommande la dévotion au Sacré-Cœur.

LA joie qu'éprouvait Madame Rivier de se retrouver
au milieu de ses chères filles de Bourg, ne fut pas de
longue durée : un arrêté du Ministre de l'intérieur ayant
ordonné de soumettre les maîtresses et sous-maîtresses
des Pensionnats et autres écoles qui n'étaient pas
purement *écoles primaires*, non-seulement à des examens
publics, mais encore à l'inspection et à la surveillance
d'un bureau de dames du monde, le Préfet de l'Ardèche
lui annonça par une lettre officielle la volonté ferme où
il était de mettre cet arrêté à exécution, et il nomma en
effet des inspectrices pour la maison de Bourg, leur
donnant les instructions les plus minutieuses et les plus
hostiles : il fallait, leur disait-il, surveiller l'enseignement

des Sœurs, la tenue des Maîtresses et des élèves, la nourriture, la religion, les mœurs, et s'étudier à surprendre
les Sœurs en arrivant au milieu d'elles au moment où
elles s'y attendraient le moins. On conçoit facilement
combien de pareilles mesures devaient contrister le cœur
de Mme Rivier et quelle peine ce devait être pour elle,
de voir ses filles, formées par un long noviciat, dévouées
par état et par vertu à l'éducation de la jeunesse, sur-
veillées comme des personnes suspectes, et soumises à
la censure des dames du monde qui le plus souvent
n'entendent pas le gouvernement des enfans et la tenue
des écoles. Dans sa douleur, elle eut alors comme toujours, son premier recours à la prière ; puis elle employa
tous les moyens de prudence qui étaient en son pouvoir
pour détourner le malheur qui la menaçait. La Providence lui vint en aide ; les Inspectrices nommées par le
Préfet de l'Ardèche se refusèrent à une mission si odieuse
et s'en tinrent offensées. Le Préfet de la Lozère se
montra facile, accommodant et ne fit pas exécuter cette
mesure : enfin le Préfet du Gard assimilant ses Sœurs
aux Frères des Écoles chrétiennes, lui écrivit d'être sans
inquiétude et que dans son département l'arrêté du
Ministre de l'intérieur ne serait point appliqué aux
Religieuses de la Présentation.

Pendant que cette digne Supérieure était occupée à
lutter ainsi contre les tracasseries du dehors, elle ne

8

cessait pas de poursuivre activement le bien intérieur
de sa Congrégation. Désirant depuis long-temps d'en
faire imprimer les Règles, elle les envoya à l'évêque de
Mende pour les soumettre à son examen et solliciter
son approbation s'il les en jugeait dignes. « Vous les
« trouverez longues et minutieuses peut-être, dit-elle
« dans sa lettre au Prélat; mais je peux assurer votre
« Grandeur, qu'elles ne renferment rien d'inutile,
« qu'elles ne sont que le résultat d'une expérience de
« vingt ans, et qu'enfin ce n'est presque que le résumé
« des réponses qu'il m'a fallu faire à des lettres sans
« nombre. Notre Congrégation est fort étendue; l'éloi-
« gnement et la variété des positions donnent naissance
« à mille doutes pour des personnes qui aiment leur
« devoir. L'arbitraire est meurtrier en de pareilles posi-
« tions. Aussi toutes nos Sœurs soupirent ardemment
« après le moment où ces Règles seront imprimées, et il
« me semble qu'alors ma charge sera allégée de moitié.»

L'évêque lut ces Règles, en admira la sagesse, les
renvoya revêtues de son approbation; et aussitôt on les
livra à l'impression. Les premiers exemplaires imprimés
arrivèrent au Couvent la veille de la fête de la Nativité.
Madame Rivier qui donnait alors la retraite annuelle à
ses Sœurs, tint la chose secrète: le jour de la fête elle
n'en parla pas davantage; mais le lendemain, jour
consacré au *Renouvellement des promesses*, après une

instruction relative aux exercices du jour et qu'elle semblait prolonger comme pour modérer l'empressement et le plaisir qu'elle éprouvait, après avoir peint le bonheur de vivre en Communauté sous une Règle bien observée, tirant tout-à-coup l'exemplaire qu'elle tenait caché sous son bras et le montrant avec une sorte de transport : « La voilà votre Règle, s'écria-t-elle, elle « est enfin arrivée : O que je suis contente de pouvoir « vous la présenter et vous la mettre entre les mains. « Depuis que la maison existe, je n'avais pas goûté une « si grande consolation : mon cœur nage dans la joie. « Ah! mes enfans, si à présent vous ne l'observiez pas « exactement, cette sainte Règle, quelle excuse donne- « riez-vous ? Vous devez d'autant plus la chérir, qu'elle « vous vient de la très-Sainte Vierge : le bon Dieu a « permis qu'elle soit arrivée la veille d'une de ses fêtes; « et je puis bien vous assurer que c'est cette bonne Mère « qui a tout fait dans cette maison. Quand je commen- « çai, je ne savais pas ce qu'elle voulait de moi : je « n'aurais jamais cru en venir où nous en sommes. J'ai « agi pour ainsi dire sans savoir ce que je faisais, et la « Sainte Vierge a tout conduit, tout dirigé, tout fait. »

Après ce discours, Madame Rivier plaça cet exemplaire de la Règle dans une corbeille élégamment ornée et le fit porter solennellement à l'église pour y être exposé à la vénération des Sœurs, leur recommandant d'aller souvent le visiter et le baiser avec amour comme un trésor qui renfermait pour elles le moyen le plus assuré du salut. Toutes les Sœurs pénétrées par cet exercice d'une grande estime pour leur Règle, désiraient vivement en avoir chacune un exemplaire ; le lendemain fut désigné pour cette distribution. Mais avant de la faire, Madame Rivier voulut que la bénédiction de l'église vint rendre plus vénérables encore ces saintes Règles et les consacrer, si je puis ainsi dire. En conséquence ayant invité M. Vernet pour cette bénédiction, elle fit porter processionnellement à l'église pour y être bénits, dans des corbeilles décorées avec soin, autant d'exemplaires qu'il y avait de Sœurs, on chanta les Litanies et des Cantiques en l'honneur de Marie ; et ce chant fini, M. le Supérieur montant en chaire, fit un discours analogue à la cérémonie, où appliquant à la Règle, ce que le saint vieillard Siméon a dit du Sauveur : *Celui-ci est pour le salut et la ruine de plusieurs en Israël*, il établit que cette Règle serait pour celles qui l'aimeraient et la pratiqueraient une source de bonheur et de mérites, et pour celles qui auraient le malheur de la regarder de mauvaise grâce comme un fardeau pénible, le principe de leur perte. Puis citant le beau passage du IIᵉ Livre des Machabées, où le prophète Jérémie donne à Judas Machabée une épée d'or en lui disant : *Prenez cette épée sainte comme un présent que Dieu vous fait et avec lequel vous renverserez les ennemis de mon peuple.* « Il me semble, ajouta-t-il, voir vos Sœurs qui « vous ont précédées et qui jouissent maintenant de la « gloire, vous présenter en ce moment votre Règle et « vous dire : Voilà votre arme, cette arme qui doit vous « rendre victorieuse de tous les ennemis du salut : c'est « par elle que nous avons triomphé avant vous : rece- « vez-la avec joie, et par elle vous triompherez comme « nous. »

Ce discours si propre à faire une salutaire impression, fut suivi de la bénédiction solennelle des Règles, pen- dant laquelle toutes les Sœurs priaient avec une ferveur admirable. Après qu'elle fut terminée, Madame Rivier emmena processionnellement sa Communauté à la salle d'exercices, faisant marcher entre les rangs plusieurs Sœurs qui portaient les corbeilles où étaient les Règles. Arrivée dans cette salle, toute émue et comme inspirée, elle prend la croix d'une main, et tombant à genoux avec sa Communauté : « Je veux, s'écria-t-elle, que ce « soit au pied du Crucifix que vous receviez votre Règle, « comme des mains de Jésus et de Marie ; je suis indigne « de vous la donner moi-même. Je demande pardon à « toute la Communauté de mes manquemens aux « Règles, et je vous supplie toutes de m'avertir si j'y « manquais à l'avenir. » Après cette courte allocution dont nous ne citons que le fond, Madame Rivier fait chanter le *Veni Creator* pour que Dieu répande dans tous les cœurs l'amour de la Règle, et réciter le *Miserere* pour demander pardon des fautes commises contre elle; puis elle fait approcher les Sœurs selon leur rang d'ancienneté, et, toujours à genoux, tenant la Croix d'une main, elle donne à chacune d'elles, un exemplaire en lui disant : *Recevez cette Règle des mains de Jésus crucifié et de la très-Sainte Vierge.* On ne saurait dire combien toutes les Sœurs étaient émues en recevant ce livre bénit et distribué d'une manière si frappante; il leur semblait réellement que c'étaient Jésus et Marie qui le leur remettaient, et de là se formait au fond de leur cœur un respect religieux et un tendre amour pour leurs Règles.

C'est ainsi que Madame Rivier savait émouvoir sa Communauté et trouver dans la vivacité de sa foi et l'ardeur de sa piété des moyens toujours nouveaux de remuer les cœurs. A plusieurs époques de l'année elle réunissait une cinquantaine de Sœurs pour leur donner une retraite, les faire méditer sur la fin de l'homme, sur la mort de la religieuse fervente et de la religieuse tiède, sur le jugement et l'éternité, sur les dispositions aux sacremens et les fruits qu'il en faut retirer; et chaque fois les Sœurs trouvaient qu'elle n'avait jamais si bien parlé. Les anciennes étaient soumises et dociles comme des enfans, les jeunes recueillies comme les plus avancées, toutes gardaient un silence profond, et souvent il fallait modérer leur ferveur, surtout le jour de *l'expiation*; elles l'auraient portée jusqu'à l'indiscrétion. Madame Rivier dans ces retraites recommandait à ses filles une dévotion toute spéciale au Sacré Cœur de Jésus, « et elle parlait, dit l'une d'elles, avec tant de « véhémence de l'amour que nous devons à ce Cœur « adorable, qu'il semblait que le sien allait se partager; « ses vives exhortations faisaient passer l'ardeur de son « cœur dans le nôtre; nous étions profondément touchées « et notre attendrissement se manifestait par nos lar- « mes. » Compatissant aux douleurs que les péchés des hommes ont causée à ce Cœur sacré, Madame Rivier eût voulu établir une maison de filles vouées à la prière et à la pénitence pour apaiser la colère de Dieu, faire amende honorable à sa justice et attirer ses bénédictions sur la France, sur l'Église, sur la Congrégation et sur son œuvre : ne pouvant encore exécuter entièrement son dessein, elle voulut, pour y suppléer du moins autant que possible, que deux Sœurs fussent désignées chaque jour pour s'offrir à Dieu comme victimes en expiation des péchés de la terre : l'une appelée *grande victime*, vouée à l'honneur du Sacré Cœur de Jésus, devait jeûner, entendre la messe au pied de la Croix et faire une heure d'adoration devant le Saint-Sacrement : l'autre désignée sous le nom de *petite victime*, vouée à l'honneur de Marie, devait réciter le Rosaire devant la statue de la

Sainte Vierge et y entendre la messe. Toutes deux devaient accepter de bon cœur toutes les croix ou mortifications qui se rencontreraient dans la journée et s'en imposer de volontaires au réfectoire. A ces pratiques d'expiation elle joignit le Chemin de la Croix et tous les jours ses chères orphelines étaient fidèles à faire ce saint exercice duquel elle attendait les plus grandes grâces.

CHAPITRE IV.

Nouveaux Établissemens : joie et peines qu'ils causent à Madame Rivier. Son zèle infatigable pour visiter ses maisons et donner des retraites à ses Sœurs. Estime que lui témoigne l'évêque de Mende, et plus tard le nouvel évêque de Viviers.

LE bien que faisaient les Sœurs de la Présentation était tellement apprécié et notoire, que les demandes pour de nouveaux établissemens se succédaient sans relâche : Madame Rivier qui avait à cœur de faire tout le bien possible, se rendait à ces demandes autant qu'elle

le pouvait, mais jamais cependant sans avoir l'agrément
exprès de l'évêque du lieu, si la maison proposée se trouvait dans un diocèse où sa Congrégation ne fût pas encore
établie ; et les évêques, sages appréciateurs du mérite,
s'y prêtaient avec empressement : « Je n'ai pu apprendre
« sans la plus vive reconnaissance, lui écrivait l'arche-
« vêque d'Aix, votre disposition à vous rendre aux
« vœux de M. le curé de Salon. Le bien qui doit résulter
« de l'établissement d'une de vos écoles dans sa paroisse,
« ne saurait être un problème pour moi ; et c'est d'après
« la conviction intime que j'en ai, que je m'empresse
« de vous exprimer, non seulement mon adhésion
« pleine et entière au projet que vous me soumettez,
« mais aussi ma protection spéciale. » Le zèle de Madame Rivier jouissait de ces accroissemens, et cependant
ils n'étaient pour elle qu'un surcroît de fatigues et de
tribulations : car plus les établissemens se multipliaient,
plus aussi croissaient ses travaux, ses embarras et ses
peines ; et si la plupart de ses maisons animées du
meilleur esprit, pleines de zèle pour le bien, la com-
blaient de joie et de consolation, elle avait à côté de
ces fruits de bénédiction, des épines nombreuses et déchirantes à cueillir : tantôt c'était la mauvaise santé des
Sœurs qui ne pouvaient plus continuer leurs fonctions,
tantôt le défaut de leur caractère ou quelque imprudence
de leur part ; d'autres fois c'était l'indocilité des enfans

8.

ou les exigences déraisonnables des parens; quelquefois c'étaient les entreprises des curés qui voulaient changer les Règles et diriger tout à leur manière. Pour remédier à tout cela, il lui fallait écrire des lettres sans fin, souffrir avec patience des oppositions pénibles, changer des Sœurs, faire des voyages, tenir tête aux contradictions, et encore avec tant de peines elle voyait quelquefois le mal empirer au lieu de se guérir, à ce point que dans une paroisse elle eut la douleur de voir deux de ses filles détachées d'elle par le curé qui voulut organiser une Congrégation à sa manière et sur un plan nouveau. Cette âme forte ne se laissait point déconcerter par ces contradictions : « Que Dieu soit béni de tout, s'écriait-elle souvent ! « Je ne lui demande qu'une chose, c'est « qu'il remplisse toutes nos Sœurs de l'esprit de leur « état ; alors je ne craindrai plus ni le monde ni « l'enfer. »

Pour répandre cet esprit dans ses maisons et prévenir les abus, elle n'épargnait ni courses ni fatigues ; elle visitait ses divers établissemens et voulait tout voir par elle-même : ni le mauvais temps et les mauvais chemins, ni les pluies et les orages, ni même les frayeurs qu'elle éprouvait souvent en voyage, rien ne pouvait l'arrêter et contrebalancer en elle l'ardeur du zèle. Chemin faisant, elle ne laissait échapper aucune occasion de pratiquer quelque bonne œuvre ou de remplir quel-

que devoir : ici elle rencontrait une pauvre infirme,
uneinfortunéeprivée de quelque membre, une orpheline
abandonnée, et touchée de compassion elle les envoyait
à Thueyts ou en quelqu'autre de ses maisons et
donnait des ordres pour que rien ne leur manquât ; là
elle allait remercier un bienfaiteur de sa maison ou de
ses filles et lui rendre tous les services qui étaient en
son pouvoir ; partout non seulement elle faisait le bien,
mais elle subjuguait l'estime et l'admiration : c'est ainsi
que dans une de ses tournées, étant passée par Mende,
et s'étant fait un devoir d'aller présenter ses hommages
à M. de La Brunière, nouvel évêque de cette ville, ce
prélat conçut pour elle et pour sa Congrégation une si
haute estime qu'il voulut lui en donner un éclatant
témoignage en lui promettant d'aller au plus tôt visiter
la Maison-mère de Bourg-Saint-Andéol. Le prélat ne
tarda pas à remplir sa promesse, et Madame Rivier était
encore en cours de visite que déjà elle apprit qu'il était
parti pour Bourg. A cette nouvelle elle précipite son
retour, arrive deux heures avant lui, envoie à sa rencontre deux cents jeunes filles de la ville en habit blanc
avec les Sœurs qui leur faisaient l'école, et le prélat est
conduit ainsi au Couvent au milieu de cette procession
touchante, si belle de candeur, de simplicité et d'innocence : là un nouveau spectacle plus attendrissant encore
s'offre à ses regards : c'étaient les Sœurs, les Novices,

les nombreuses pensionnaires , toutes en uniforme ,
toutes à genoux , et rangées dans le plus bel ordre , toutes
admirables de modestie et de piété : à cette vue , le
prélat attendri s'arrête, lève ses mains et ses yeux vers
le ciel, et dans un saint enthousiasme bénit la fervente
Communauté. Tout ce qu'il observa dans la visite du
Couvent, ne fit qu'accroître encore son estime pour
Madame Rivier , son intérêt pour la Congrégation ,
comme il le témoigna plusieurs fois dans ses discours
publics et ses entretiens privés ; et la digne Supérieure
put compter sur son entière protection.

Dès qu'il fut parti, Madame Rivier toujours attentive
à ranimer la ferveur de ses filles, profita de la réunion
du grand nombre de Sœurs des établissemens voisins
qui étaient venues assister à la visite de l'évêque , pour
leur faire faire la retraite annuelle ; et après celles-ci,
sans penser à ses propres fatigues, elle en appela d'autres
pour leur donner les mêmes exercices. Après deux retraites successives il était bien temps de prendre
quelques jours de repos ; mais un ecclésiastique recommandable s'étant offert à donner une retraite à ses
filles, elle accepta cette proposition avec empressement,
et convoqua toutes les Sœurs à qui elle croyait ces
exercices plus nécessaires ou qui en avaient été privées
depuis plus long-temps. Pendant cette retraite elle ne
se ménagea pas plus que si elle n'eût rien fait aupa-

ravant; et loin de laisser la fatigue au prédicateur seul, elle en prit sa large part, faisant chaque jour des instructions particulières pour les Sœurs, leur expliquant tous leurs devoirs et l'esprit avec lequel elles devaient les remplir. Elle eut la consolation de voir cette retraite couronnée des plus abondantes bénédictions; toutes les Sœurs lui montrèrent la meilleure volonté, promirent une soumission et une fidélité parfaite, et acceptèrent sans observations ni plaintes, tous les déplacemens qu'elle jugea à propos de faire. Deux seulement qui depuis plusieurs années lui donnaient des sujets de mécontentement se montrèrent insensibles aux grâces de la retraite et à ses exhortations maternelles : elle en fut vivement affectée; mais après en avoir délibéré avec son conseil, elle crut devoir retrancher ces membres gangrenés qui pourraient être nuisibles à tout le reste du corps et les renvoya de la Congrégation.

Au milieu de ces sollicitudes d'intérieur et de famille, Madame Rivier ne laissait pas de s'intéresser vivement à tout ce qui regardait le bien général de la religion ; et elle apprit avec une joie indicible le rétablissement du siége de Viviers qu'elle désirait depuis long-temps. Dès qu'elle eut connaissance de la nomination de Mgr Molin à ce siége, elle s'empressa de lui en écrire une lettre de félicitation. Ce prélat lui fit la réponse la plus obligeante; et peu après son arrivée à Viviers, il voulut honorer de sa visite le Couvent de Bourg et lui donner publiquement ce témoignage de son vif intérêt. Cette visite ne fit que confirmer la haute idée qu'il avait par avance de cette maison : l'ordre, la piété, la modestie qu'il y remarqua, le ravirent, et il fut surtout singulièrement édifié du recueillement profond de toute la Communauté pendant le Saint-Sacrifice. « J'en ai été attendri « jusqu'à verser des larmes, disait-il à la Supérieure; « je me croyais dans un désert au moment de la Consé- « cration, tant était parfait et général le recueillement « de toutes vos Sœurs. »

Il était difficile qu'il en fût autrement avec une Supérieure telle que Madame Rivier qui prêchait constamment d'exemple et de parole, ne respirait jour et nuit que le plus grand bien de sa Congrégation et y travaillait sans relâche. A peine Mgr Molin avait-il quitté le Couvent, qu'elle se mit aussitôt en route malgré sa mauvaise santé pour continuer la visite de ses maisons. C'était en hiver, et une toux cruelle la fatiguait; mais malgré cela elle ne s'arrêtait pas et ne retranchait rien de ce qui pouvait rendre ces visites plus utiles, faisant elle-même l'examen des classes, parlant aux Sœurs avec le même zèle et la même ardeur que si elle eût joui de la meilleure santé, les interrogeant sur tous les abus, leur répondant sur tous leurs doutes, observant tous leurs besoins, et pressant les autorités locales de faire les réparations nécessaires pour que ses filles fussent logées non pas splendidement et avec luxe, mais d'une manière saine et convenable.

CHAPITRE V.

Maison de la Providence à Alais. Voyage de Madame Rivier à Aix et à Marseille. Maladie et mort de M. Pontanier. Courses de Madame Rivier pour la visite de ses maisons. Visites de plusieurs évêques à la Maison de Bourg-Saint-Andéol. Retraites que donne Madame Rivier.

TANT de travaux et de fatigues affaiblirent notablement la santé déjà ébranlée de Madame Rivier; et il ne fallut rien moins pour l'empêcher de se rendre à l'invitation du charitable M. Taillon curé d'Alais, lequel depuis plusieurs années préparait toutes choses de concert avec elle, pour la fondation d'une maison dite de *Providence*, destinée à recevoir les jeunes orphelines. Ce bon pasteur, à force de zèle, de privations et de dévouement étant venu à bout de réaliser ce projet si digne de son excellent cœur, il lui donna avis du jour de l'ouverture de cette maison et la conjura de venir en personne assister à l'installation de ses Sœurs et des orphelines. Son cœur maternel si tendre pour les personnes abandonnées, eût joui à une pareille fête ; mais sa santé ne le lui permettant pas, elle se fit représenter dans cette solennité par son Assistante, et se consola de cette privation en apprenant le saint enthousiasme avec lequel cet établissement avait été accueilli par toute la population, l'empressement de chacun, même des plus pauvres, à lui faire son offrande en argent, vêtemens, vaisselle, légumes, provisions de toute espèce, le zèle généreux du digne curé qui, pour subvenir aux besoins, vendait ses tableaux, ses objets les plus précieux et donnait en propriété la maison à la Congrégation, enfin l'espoir fondé d'avoir bientôt jusqu'à cinquante orphelines et de leur procurer un travail également lucratif et facile.

Tant de dévouement dans le digne curé d'Alais toucha singulièrement Madame Rivier ; et ayant appris quelque temps après, qu'il était fatigué et malade, elle s'empressa de lui offrir la maison de l'Aumônier, attenante au Couvent de Bourg pour y prendre le repos qui lui était nécessaire et rétablir ses forces. La reconnaissance était un besoin pour elle, et son cœur ne pouvait voir souffrir un bienfaiteur sans en être vivement attendri.

Ce fut ce sentiment comme inné en elle et fortifié

encore par la religion qui la rendit si sensible à la maladie de M. Pontanier, ce saint prêtre que nous avons vu avoir été son premier directeur, son premier guide, et qui lui avait procuré la connaissance si précieuse de M. Vernet. A la première nouvelle de cet accident, elle mit toute la Communauté en prière, et voulut qu'il y eût continuellement quelqu'un devant le Saint-Sacrement pour demander la guérison d'un malade si cher. Bientôt en effet il éprouva un mieux sensible et on le crut en convalescence, mais la joie que causa son rétablissement fut courte; il retomba dans un état pire que le premier. Les prières recommencèrent, les neuvaines se succédaient, les vœux se multipliaient, et Madame Rivier ne se lassait point de le visiter, souffrant dans son cœur ce que le malade souffrait dans son corps. Elle l'encourageait, lui parlait des prières qu'on faisait pour lui, et s'édifiait en recevant chaque fois cette touchante réponse : « Ne demandez « point ma guérison, mais seulement l'accomplissement « de la volonté de Dieu. » Inquiète, accablée de chagrin, elle consultait les médecins et ils mettaient le comble à son affliction en lui assurant qu'attendre la guérison d'un homme en cet état, c'était attendre la résurrection d'un mort. Elle n'eût jamais voulu quitter son chevet, et cependant comme elle était gravement malade elle-même, les médecins la pressaient depuis

trois mois d'aller prendre les eaux d'Aix en Provence.
M. Pontanier soupçonnant le motif qui l'empêchait de
se mettre en route, lui fit les plus vives instances, et elle
se détermina enfin à partir le 14 septembre, jour de
l'exaltation de la Sainte Croix qu'elle portait si avant
dans son cœur, après toutefois avoir recommandé de
continuer les prières pour le saint malade et de la tenir
au courant de son état.

Pendant son séjour à Aix, elle partageait tout son
temps entre la prière et les soins qu'exigeait sa santé,
sans se proposer aucune diversion, lorsqu'une dame de
Pradelle qui l'avait accompagnée aux eaux et à qui elle
devait beaucoup pour son généreux dévouement à elle
et à sa Congrégation, lui témoigna un grand désir de
voir Marseille et de l'y emmener avec elle : jamais la
curiosité seule de visiter une ville célèbre ne l'eût décidée à ce voyage, mais dans cette circonstance il y avait
charité et piété à ne pas refuser, charité, puisque
c'était faire un si grand plaisir au prochain, piété puisqu'elle y trouvait l'occasion de faire un pieux pélerinage
à Notre-Dame-de-la-Garde si vénérée dans cette ville :
c'en fut assez pour la faire consentir ; et sa conduite à
Marseille prouva bien la sainteté des motifs qui l'y
avaient amenée. En effet, arrivée dans cette ville, elle
laissa la dame qui l'accompagnait se promener au gré
de sa curiosité ; et pour elle, elle ne visita que les

églises ; nulle autre chose ne lui sembla digne de son attention : en montant sur la hauteur où est située la chapelle de Notre-Dame-de-la-Garde, elle ne permit pas même à ses yeux de laisser tomber un seul regard sur la mer qui de là offre un spectacle si magnifique à l'œil du voyageur : la Sœur qui l'accompagnait et qui autrefois l'avait entendue exprimer le désir de voir la mer, ayant remarqué cet acte de mortification, la pria avec instance de ne pas se refuser une satisfaction non seulement innocente, mais si propre à élever l'âme et à donner une grande idée du Dieu qui tient tout le bassin des mers dans sa main comme une goutte d'eau. Elle céda un instant à ces prières réitérées, mais bientôt elle se reprocha cette curiosité comme une jouissance qu'elle n'eût pas dû se permettre, et elle s'en punit en refusant d'approcher du port et d'y voir les bâtimens qui y sont rassemblés.

Dès qu'elle eut fini de prendre les eaux, elle se mit promptement en route pour revenir vers M. Pontanier dont le souvenir l'accompagnait partout et ne lui laissait goûter aucune jouissance. Toutefois elle eut le courage de commander à son affection et de s'arrêter sur la route partout où se trouvait quelqu'un de ses établissemens, pour en faire la visite : elle eût cru manquer à son devoir si elle eût passé devant une de ses maisons, sans s'assurer que tout y était en ordre, que la piété,

l'union, la ferveur y florissaient. Dès qu'elle fut arrivée
à Bourg, son premier soin fut de demander à M. Vernet
la permission d'aller voir le cher malade, et de partir
sitôt qu'elle l'eût obtenue. On ne saurait dire sa douleur
quand en arrivant à Viviers le son lugubre des cloches
lui annonça que celui qu'elle venait voir n'était plus :
elle revint aussitôt à Bourg plongée dans la plus profonde affliction, alla à l'église renouveler son sacrifice
au Seigneur, et malgré ses larmes elle eut la force de
donner tous ses ordres pour le convoi funèbre : car elle
avait obtenu de M. Vernet la permission d'enterrer le
défunt dans le cimetière du Couvent, comme le premier
père et le premier soutien de la Congrégation. Ce convoi
fut aussi splendide qu'il lui fut possible : on y voyait
trois voitures revêtues d'étoffe noire parsemée de larmes, et en chaque voiture plusieurs prêtres en surplis
récitant l'Office des Morts ; à quelque distance du
Couvent toute la Communauté en deuil était venue à
la rencontre en récitant le Chapelet des Morts, et les
larmes qui coulèrent de tous les yeux à l'aspect des restes
du vénérable défunt, disaient à tous la reconnaissance
et le dévouement qu'on lui conservait. Après la triste
cérémonie de la sépulture, Madame Rivier fit placer une
belle pierre sépulcrale sur la tombe et voulut que toute
la Communauté vînt y prier pendant neuf jours.

Toutefois cette femme forte ne se laissa point abattre

ni détourner de ses fonctions par la véhémence de sa douleur ; et après un certain temps de séjour à Bourg-Saint-Andéol où elle reçut la visite des évêques de Viviers, Verdun et Valence curieux de voir une Communauté si remarquable, elle reprit le cours de ses visites. En passant à Alais, ayant appris qu'une pauvre veuve venait d'abandonner son enfant de trente mois à une troupe de comédiens qui voulaient l'élever pour le théâtre, elle fit promptement appeler cette mère dénaturée, lui reprocha avec force son crime envers cette enfant que Dieu lui avait donnée pour en faire une bonne chrétienne et dont elle allait faire une comédienne et une réprouvée ; et comme cette mère alléguait qu'elle n'avait pas de pain à lui donner : « Eh bien, dit la « charitable Supérieure, remettez-la-moi, je me charge « d'être sa mère et de pourvoir à tous ses besoins. » La chose se fit en effet ainsi : Madame Rivier reçut cette enfant comme un tendre agneau arraché de la gueule des loups et en prit soin jusqu'à sa mort qui arriva quatre ans après.

D'Alais elle revint à la Maison-mère, afin de tout disposer pour une Retraite générale que le Père Enfantin, célèbre missionnaire, devait donner à ses Sœurs. Elle en réunit le plus grand nombre qu'il lui fut possible, et la parole toute de feu, la grande réputation de sainteté du prédicateur, la vie de recueillement et d'oraison dont il donnait le premier l'exemple, firent une telle impression sur tout l'auditoire, qu'on ne se rappelait pas avoir vu jamais retraite plus édifiante. Madame Rivier prêchait de son côté avec non moins de zèle et de succès; tantôt elle réunissait les Sœurs pour leur donner des avis généraux, les entretenir des points de la Règle sur lesquels on se négligeait, des abus qui tendaient à s'introduire; tantôt elle parlait à chacune en particulier, et autant de fois et aussi longuement que ses besoins et le plus grand bien le demandaient; ainsi toujours elle était en action. Surprise elle-même comment elle pouvait supporter une pareille fatigue : « Il faut, disait-elle, que j'aie une « poitrine de fer; je ne crois pas qu'après moi il se « trouve une personne qui puisse y résister long-temps. »

Après les retraites l'infatigable Supérieure repartait pour les visites : en 1826, elle visita les établissemens de la Haute-Loire, du Cantal et de la Lozère, tantôt marchant à pied pendant plusieurs heures au milieu des ardeurs du soleil et sous un ciel brûlant, parce que le mauvais état des chemins ne lui offrait pas assez de sécurité pour y aller en voiture, tantôt gagnant des rhûmes et des maladies à travers les montagnes. Dans les courses et les fatigues de cette année, ce fut pour elle une grande consolation de pouvoir se trouver au Puy le jour de l'Assomption de la très-Sainte Vierge. Sa sainte amie, Mlle Sénicroze n'y était plus, le ciel l'avait

appelée à une vie meilleure ; mais il y avait là le Sanctuaire de Marie, si cher à son cœur ; et en voyant les
hommages qu'on rendait en ce jour solennel à cette
auguste Reine des cieux et le nombre prodigieux de
pélerins qui étaient venus l'y honorer, elle sentit son
âme pénétrée d'une joie céleste, il lui sembla que son
cœur allait se fondre d'amour pour Marie : prosternée à
ses pieds, elle répandit un torrent de douces larmes,
promit à cette bonne Mère de la faire honorer de tout
son pouvoir dans sa maison de la Présentation, et déjà
elle eût voulu y être pour faire passer dans le cœur de
ses filles tous les sentimens de dévotion dont le sien
était inondé. En ce moment-là même, un saint évêque
remplissait cette mission à son insu dans sa maison de
Bourg ; c'était M. de Prilly, évêque de Châlons, qui
pendant les deux jours qu'il passa au Couvent, ne cessa
d'inspirer à toute la Communauté, par ses paroles et
par ses exemples, la piété la plus tendre envers Marie :
il développa dans plusieurs discours, les vertus de cette
Reine du ciel, montra la sainteté de son cœur, la perfection de son intérieur, les divers moyens de l'honorer,
surtout la confiance qu'il fallait avoir en cette bonne
Mère, dont il cita divers traits touchans de M. Olier,
fondateur du Séminaire de Saint-Sulpice ; et comme il
était vivement pénétré lui-même de ce qu'il disait, on
le vit pendant ces deux jours rendre à la Sainte Vierge

les hommages les plus fervens, demeurant prosterné
devant sa statue une demi-heure de suite et la priant
avec une dévotion angélique.

Madame Rivier à son retour bénit Dieu de la grâce
qu'il avait accordée à ses filles par une pareille visite ; et
sans se donner un moment de repos, elle s'occupa dès
son arrivée des divers besoins de ses établissemens,
désigna après beaucoup de combinaisons et de réflexions,
les sujets pour plusieurs ; et, avant de les envoyer, leur
fit tous les soirs des instructions pour les fortifier dans
la vertu, leur expliquer leurs devoirs, et les remplir de
l'esprit de leur état. Elle fit plus encore ; désirant faire
participer les Sœurs avant leur départ aux grâces du
Jubilé qui devait avoir lieu cette année, elle obtint de
l'évêque de Viviers la permission d'en anticiper l'ouverture ; et afin d'y disposer toute sa maison, elle ajouta à
ses instructions particulières des instructions générales
pour la Communauté. Elle fut plus remarquable encore
qu'à l'ordinaire en cette circonstance, et en l'entendant,
on ne savait qu'admirer le plus, ou cette connaissance
si parfaite du cœur humain qui révélait aux Sœurs mille
fautes ou imperfections jusqu'alors inaperçues, ou cette
onction, cette tendre piété qui pénétrait jusqu'au fond
de l'âme.

Après le départ de ses chères filles pour lesquelles elle
éprouva plusieurs jours d'une cruelle sollicitude par la

crainte qu'il ne leur fût arrivé quelque malheur à travers les neiges et les froids rigoureux qui survinrent tout-à-coup , elle réunit plusieurs Sœurs et Novices qui avaient besoin de se ranimer , leur fit d'abord chaque soir une instruction générale, leur parlant en particulier pendant le jour, puis leur donna une retraite d'une semaine entière, pendant laquelle elle leur faisait deux longues instructions chaque jour , sans préjudice des avis particuliers qu'elle adressait à chacune individuellement. Cette retraite produisit le plus grand bien, et le jour de la clôture toutes les Sœurs protestèrent à leur digne Supérieure qu'elles n'oublieraient jamais ses avis et ses instructions ; que toujours on trouverait en elles obéissance et bonne volonté , zèle et dévouement. Une seule qu'on avait retirée de son poste à cause de ses infractions à la Règle, résista à l'entraînement général : l'amour de la liberté, la haine de toute dépendance avait séduit son cœur, et les entretiens privés aussi bien que les discours publics de sa sainte Supérieure ne purent la ramener à de meilleurs sentimens : elle partit le jour même de la clôture sans vouloir rien attendre et se retira dans sa famille ; tant il est dangereux de laisser une passion s'introduire dans le cœur et de ne pas l'étouffer dès le premier germe qu'on aperçoit ; elle se développe et elle se fortifie , puis elle aveugle, elle entraîne , elle jette dans l'abîme. On le reconnaît, mais trop tard , la fausse

9

démarche est faite , il n'y a plus de remède : ainsi il arriva à cette pauvre personne : dès qu'elle jouit de cette indépendance tant désirée, elle en fut bientôt dégoûtée , elle en comprit les dangers et les illusions , se repentit de sa démarche, sollicita et fit solliciter sa rentrée au Couvent, mais ce fut en vain ; Madame Rivier se montra inflexible.

A cette retraite en succédèrent plusieurs autres à mesure que de nouvelles Sœurs durent être envoyées dans les établissemens, et la zélée Supérieure se multipliant en quelque sorte , trouvait non seulement le temps de les donner, mais encore celui de répondre à toutes les lettres , de diriger toute sa Communauté , de soigner toutes les affaires, d'écouter toutes les personnes qui avaient à lui parler , de donner à chacune les avis ou les ordres nécessaires et même de composer plusieurs écrits dont nous aurons occasion de parler plus tard.

CHAPITRE VI.

Établissement du Tiers-Ordre, dit de la Sainte-Famille. Madame Rivier retire ses Sœurs de Privas. Elle est malade ; les médecins l'envoient passer un mois à Thueyts ; puis ils l'envoient à Alais où elle fait beaucoup de bien. Peines qu'elle éprouve. Retraites qu'elle donne. Préparation fervente à la fête de la Pentecôte.

LE désir d'étendre de plus en plus le règne de Dieu et de sanctifier son saint Nom, avait inspiré depuis long-temps à Madame Rivier le dessein d'établir, dans sa Congrégation, un Tiers-Ordre pour les filles pauvres ou celles qui étant privées d'éducation ne pouvaient être employées dans les écoles : là elle se proposait de les appliquer à diverses œuvres, chacune selon ses facultés et son mérite, les unes au service de la Maison-mère et des grands établissemens, d'autres à l'adoration perpétuelle du Saint-Sacrement pour s'offrir à Dieu comme des victimes, pour implorer sa miséricorde sur les peuples et ses bénédictions sur les travaux des Sœurs, d'autres enfin à faire l'école dans les paroisses délaissées de la campagne ou des classes gratuites quand on les en jugerait capables. Depuis plusieurs années elle méditait ce projet, priait et faisait prier pour le recommander à Dieu, cherchait une maison à acheter pour le réaliser ; enfin n'en trouvant point de convenable, elle résolut de commencer cette œuvre dans la Maison-mère, en attendant que la Providence lui fournît un autre local ; et au mois de juillet 1827, elle ouvrit le noviciat du Tiers-Ordre en grande cérémonie devant toute la Communauté. Elle choisit pour cela un petit nombre de filles dont la sage conduite lui était déjà bien connue, les revêtit d'un ruban bleu pour les distinguer des autres, et les exhorta à s'avancer généreusement dans les voies de la perfection, afin qu'elle pût les agréger au plus tôt.

Deux jours après cette précieuse institution, elle partit pour Aix en Savoie où les médecins l'envoyaient prendre les eaux, afin de remettre sa santé épuisée. Mais là au lieu de se reposer, elle employa tous ses momens à composer les Règles de son Tiers-Ordre et ne prit de distraction que pour aller visiter à Annecy les reliques de saint François-de-Sales et de sainte Chantal. Elle revint par Lyon où elle alla présenter ses hommages à Notre-Dame-de-Fourvières et lui recommander avec la simplicité et la confiance d'un enfant tous ses besoins et ceux de sa nombreuse famille dans une lettre qu'elle déposa sur son autel. De retour à Bourg, elle mit en retraite les Novices du Tiers-Ordre pour les préparer à leur réception, leur fit elle-même et leur fit faire de fréquentes instructions pour leur expliquer leurs devoirs, les remplir du désir de la perfection, les engager efficacement à être des saintes; et pour mieux leur inculquer encore l'esprit de leur état, elle leur fit lire une instruction qu'elle avait composée sur les vertus de Notre-Seigneur, de la Sainte Vierge et de saint Joseph; ce qui toucha tellement ces bonnes filles, qu'elles furent par leur modestie, leur piété, leur humilité un spectacle d'édification pour toute la Communauté. A la suite de cette retraite, sept novices furent reçues Sœurs du Tiers-Ordre par Mgr l'évêque de Viviers lui-même, qui voulut prouver par là tout l'intérêt qu'il prenait à cette œuvre. Dès lors Madame Rivier réalisant une des fins qu'elle s'était proposées dans cette institution, nomma parmi elles des adoratrices du Saint-Sacrement pour différentes heures de chaque jour, et comme elles étaient en trop petit nombre pour former l'adoration perpétuelle au moins pendant tout le jour, elle leur adjoignit d'autres âmes pieuses de la maison, de manière à ce qu'il y eût toujours quelque personne en adoration devant les saints Tabernacles pour implorer les miséricordes du Seigneur sur la Congrégation et sur la France: pratique qui après avoir été fidèlement observée pendant plusieurs années n'a été interrompue que lorsque les occupations des Sœurs l'ont rendue impossible, mais qu'on se propose de reprendre dès qu'on le pourra, et à laquelle on supplée en attendant, par les pieux exercices décrits à la fin du Chapitre III du présent Livre. Pour animer puissamment ces Sœurs à la perfection de leur état, elle les nomma *Sœurs de la Sainte Famille*, leur proposant pour modèle la Sainte Famille de Nazareth, Jésus, Marie, Joseph, et la Sainte Famille de Béthanie, Lazare, Marthe et Marie, et leur faisant remarquer dans l'une et dans l'autre l'esprit de pénitence et de mortification, l'esprit intérieur et l'amour du travail, qu'elles devaient tous les jours retracer dans leur conduite. Elle avait une confiance toute spéciale dans les prières de ces humbles servantes de Jésus-Christ, et elle aimait à les réclamer dans les circonstances qui intéressaient la gloire de Dieu et le salut des âmes. Ayant appris un jour que les jeunes gens de Bourg désespérant de voir les jeunes filles de la paroisse prendre part aux divertissemens de la fête patronale, y avaient invité les filles des communes voisines avec promesse de gratification en argent pour celles qui se rendraient à cet appel, elle mit aussitôt le Tiers-Ordre en prière afin d'obtenir une pluie abondante qui empêchât les danses et les divertissemens projetés, s'engagea à donner aux pauvres une somme égale à celle qui avait été votée pour entraîner les jeunes personnes au mal, et ordonna dans sa Communauté une procession et diverses mortifications : le ciel exauça des prières si ferventes, et la procession n'était pas encore terminée qu'une grosse pluie dissipant le rassemblement, rendit impossibles les danses et autres divertissemens pour lesquels on avait fait de si grands préparatifs.

Pendant que Madame Rivier jouissait de la ferveur de ses Sœurs du Tiers-Ordre, elle fut éprouvée d'un autre côté. Les autorités administratives de Privas ayant conçu le projet de convertir en hospice le bâtiment occupé par les Sœurs de la Présentation, congédièrent ces bonnes filles ; et ce qui leur fut bien plus pénible, c'est que voyant d'un côté les améliorations qu'elles avaient faites dans la maison et de l'autre la confiance dont elles étaient entourées, on chercha à justifier cette expulsion par des prétextes offensans. Elles y répondirent par un mémoire justificatif ; et sur l'avis de leur Supérieure, elles se retirèrent sans attendre plus longtemps, emportant avec elles le témoignage d'une conscience pure, l'estime et les regrets de toute la paroisse et la vénération de son digne pasteur profondément affligé de la ruine d'un Établissement qu'il avait fondé avec tant de peines et de sollicitudes.

Cependant la santé de Madame Rivier, de plus en plus altérée par le travail et les soucis immenses de sa charge,

donnait de graves inquiétudes : on la pressa d'aller passer
un mois à Thueyts : elle le fit ; mais au lieu de s'y reposer, elle s'y livra toute entière à la sanctification de
ses filles dont elle désirait si ardemment les progrès dans
la perfection. Elle vit chacune d'elles l'une après l'autre,
et leur parla longuement avec tout le zèle qui brûlait dans
son cœur ; puis elle manda les Sœurs des environs, leur
parla à chacune en particulier, leur fit des instructions
publiques, et elle réforma les abus qu'elle put découvrir ;
ainsi à Thueyts comme ailleurs tous ses momens furent
des momens laborieux. Mais tandis qu'elle seule ne
pensait point à sa santé, toutes ses filles s'en occupaient
et s'en inquiétaient. On priait de toutes parts avec ferveur pour son rétablissement ; plusieurs rosaires se
disaient chaque jour à cette fin dans la Maison-mère,
et il n'y avait pas jusqu'aux enfans qui n'adressassent
au ciel les vœux les plus ardens pour la conservation
de jours si précieux.

Après un mois de séjour et un peu d'amélioration
dans son état, elle revint à Bourg où sa présence était
nécessaire ; et après avoir terminé plusieurs affaires importantes, elle songeait à répartir pour Thueyts dont
l'air lui avait été favorable, lorsque le médecin lui
conseilla d'aller à Alais prendre les eaux d'Youset. Elle
adopta volontiers ce parti ; car vivant moins pour elle
que pour ses Sœurs, et mettant leur sanctification bien

avant les intérêts de sa santé, elle vit dans ce voyage le moyen de procurer une retraite aux Sœurs d'Alais et des environs; et pleine de cette pensée qui réjouissait son cœur, elle partit pour cette ville le 1er septembre 1828, emmenant avec elle M. Vernet et un saint prédicateur pour la retraite projetée. Dès son arrivée, elle fit faire par une Sœur qui l'accompagnait l'examen de toutes les classes et distribua des récompenses aux enfans, visita la maison de la *Providence*, si chère à son cœur et témoigna aux orphelines une tendresse maternelle. Elle manda ensuite pour la retraite toutes les Sœurs des environs qui se rendirent avec empressement à l'appel. Rien de plus touchant que ce rapprochement d'une mère vénérée et de ses filles chéries : c'étaient de part et d'autre des larmes d'attendrissement; les Sœurs ne savaient comment témoigner leur respect et leur dévouement pour leur Supérieure, et la Supérieure était toute tendresse et toute amitié pour ses chères filles; elle était aux petits soins pour chacune d'elles et leur faisait prendre les soulagemens que demandait leur santé. Elle voulut qu'avant de commencer la retraite, toutes reposassent leur esprit et leur corps fatigués du travail, et fissent chaque jour une petite promenade : souvent elle les accompagnait elle-même dans cet exercice, et alors on voyait toutes ses filles se pressant autour d'elle, avides de recueillir chacune de ses paroles.

9.

Mais pendant qu'elle procurait ce délassement à la nature, elle ne négligeait point le spirituel et mettait tout
en œuvre pour les bien disposer à la retraite : elle la
leur faisait envisager comme la plus grande de toutes
les grâces, à laquelle il fallait apporter une volonté
généreuse de se donner toute à Dieu, et les conduisait
même sur la tombe des Sœurs mortes dans cette ville,
pour les pénétrer d'avance de la vanité de tout ce qui
passe et les établir dans le recueillement. Après ces
jours de repos et de préparation, la retraite s'ouvrit
par un discours sur l'esprit de réflexion qui toucha
toutes les Sœurs, les fit rentrer en elles-mêmes ; et
dès ce moment, ce fut dans toute la maison la récollec-
tion la plus parfaite, le silence le plus absolu : toutes
n'étaient occupées que de la réforme de leur intérieur
et allaient, avec une simplicité admirable, rendre compte
à leur Supérieure de toute leur conduite, prendre ses
conseils, recevoir ses encouragemens ou ses reproches :
cette tendre mère les écoutait avec patience, donnait
à chacune les avis convenables, et joignait à ces entrevues particulières des instructions publiques, consa-
crant à ses chères filles tous les momens libres que
lui laissaient sa vaste correspondance et les relations
indispensables avec les personnes du dehors. Un travail
aussi continuel l'accabla, elle fut saisie de douleurs
violentes qui lui rendaient les nuits horriblement péni-

bles ; elle ne pouvait ni rester au lit, ni se dresser quand elle était levée, et elle était réduite à vivre toute courbée, se traînant à grande peine dans sa chambre ; et cependant après de pareilles nuits, elle continuait son travail pendant le jour comme la personne la mieux portante. Pourvu qu'elle sanctifiât ses chères filles, elle était contente, et ne s'inquiétait pas de ce qui ne regardait qu'elle-même.

A peine la retraite finie, mille autres soucis vinrent assaillir Madame Rivier : ici, c'étaient des établissemens dont il fallait changer les Sœurs ; là, des malades ou des personnes trop surchargées qu'il fallait remplacer ou secourir, et pour tout cela que de combinaisons, que de lettres et de voyages il fallait faire ! A Bourg-St-Andéol trente-deux jeunes personnes étaient au lit atteintes de la petite vérole et deux Sœurs en danger de mort. A Alais même, une des Sœurs qui venaient de faire la retraite, était déjà retombée dans sa dissipation naturelle et se permettait des plaisanteries bouffonnes, tout-à-fait déplacées dans une religieuse et nuisibles à ses compagnes. Profondément sensible à toutes ces peines, mais toujours soumise à la Providence, Madame Rivier avant de quitter Alais réunit toutes les Sœurs, adressa les plus graves reproches à la Sœur dissipée, lui fit sentir le tort qu'elle se portait à elle-même, et le tort plus grand encore qu'elle portait à la Communauté, en y faisant l'office de Satan pour empêcher la sanctification de ses Sœurs, détruire en elles tout esprit de recueillement, et finit par l'inviter à se retirer dans une petite paroisse où elle serait seule et ne pourrait nuire qu'à elle-même. Ce discours toucha la Sœur coupable, elle promit publiquement de se corriger, et se corrigea en effet.

Après avoir remédié à ce mal, Madame Rivier partit d'Alais pour la visite de plusieurs établissemens qui se rencontraient sur sa route et y trouva un excellent esprit : elle fut surtout très-consolée à Mèze par la parfaite observance de la règle, la charité, la piété et toutes les vertus qu'elle remarqua dans les Sœurs et les Novices, par la modestie, la politesse, l'application et les succès qu'elle observa dans les enfans, et enfin, par les bonnes dispositions des femmes et des filles qui venaient le dimanche à l'instruction des Sœurs : elle leur fit elle-même cette instruction, mais avec un zèle tout de feu qui faisait dire aux personnes qui l'avaient entendue, que *vraiment l'esprit de Dieu parlait par sa bouche*.

Mais, si la visite de la maison de Mèze réjouit son cœur, une peine cruelle vint bientôt le déchirer : avant d'arriver à Bourg, elle apprit la mort d'une de ses Sœurs qui avait toujours été un ange de ferveur, si admirable par son zèle pour l'instruction des enfans ou des personnes âgées, que sur son lit de mort le plus grand reproche qu'elle se faisait était le plaisir trop sensible qu'elle avait

eu à instruire ; et quand elle arriva à Bourg, elle trouva
une autre Sœur presqu'à l'agonie, elle n'eut que
le temps de la voir, de lui adresser quelques paroles,
et cette âme sainte, contente de mourir, joyeuse d'aller
se réunir à son Dieu, monta au ciel vers lequel elle
soupirait depuis si long-temps.

Malgré tant de peines, Madame Rivier poursuivait
toujours son œuvre, la sanctification de ses chères filles :
elle fit donner une retraite aux Sœurs et aux Novices de
la Maison-mère, pour préparer les premières à la fête de
la Présentation de la Sainte Vierge, et les secondes à
leur réception dans la Congrégation ; et deux mois
après ayant eu occasion de leur faire donner par un
saint religieux des instructions spéciales sur l'importance
de l'observation exacte de la règle, elle conçut le dessein
d'une cérémonie particulière propre à attirer l'attention
et à fixer les esprits sur un point aussi grave. Elle ordonna une procession en expiation et amende honorable
de toutes les infractions : chaque sœur tenait en main
le livre des Règles ; en tête on portait la statue de l'Enfant
Jésus ; la supérieure se tenait tout près, le livre des
Constitutions à la main, et par intervalle demandait à
voix haute humblement pardon pour elle et pour toutes
ses filles à ce divin Enfant, si obéissant aux volontés
de son Père céleste, de Marie et Joseph. Puis, on termina
cette touchante procession par un acte de dévouement

aux œuvres de zèle propres à la vocation des Sœurs,
et par une prière pour la conversion des pécheurs et
la conservation de la foi en France. Trois mois après
cette cérémonie, l'infatigable Supérieure donna encore,
à elle seule, deux retraites successives à plusieurs
Sœurs qu'elle croyait en avoir besoin, et n'épargna ni
instructions, ni avis, ni corrections pour les remplir de
l'esprit de leur état, surtout pour leur inspirer l'amour
de la pauvreté, l'éloignement de certaines recherches,
de certaines délicatesses auxquelles les personnes, même
religieuses, se laissent aller quand elles ne se tiennent
pas sur leurs gardes. Pour les encourager, elle aimait à
leur raconter les grands biens que font les Sœurs
vraiment animées de l'esprit de leur état ; et sa longue
expérience la mettait à même de leur citer bien des
traits ; mais aucun peut-être ne fut plus frappant et
plus mémorable que celui qui lui fut rapporté en ce
temps-là même par la Directrice d'une de ses maisons :
« Mes compagnes et moi, lui écrivait-elle, nous nous
« sentons un si grand zèle pour le salut de nos chères
« enfans, que nous donnerions volontiers jusqu'à la
« dernière goutte de notre sang, pour leur faire éviter
« un seul péché : aussi, avons-nous la consolation de
« voir ces enfans répondre à nos soins : il y en a qui
« supportent de rudes coups plutôt que de consentir à
« aller au bal ou de vendre le dimanche ou de faire

« gras les jours d'abstinence ; quelques-unes préfèrent
« de ne rien manger ces jours-là et sont disposées à
« mourir de faim plutôt que de violer les lois de l'Église :
« ces grands exemples frappent leurs parens , les font
« rentrer en eux-mêmes et les ramènent au devoir. »

Quelque admirable que fut Madame Rivier dans
toutes ses allocutions à ses filles, elle sembla se surpasser
aux approches de la fête de la Pentecôte de cette année
1829. Brûlant du désir de voir tous les membres de sa
Communauté participer abondamment aux grâces du
Saint-Esprit, elle les engagea à y disposer leur cœur
dès le jour de l'Ascension ; et chaque jour de l'octave
elle les pressa , par divers motifs , de s'y préparer : un
jour, les entretenant de leurs misères et de leur pauvreté
spirituelle, d'où , leur disait-elle, elles ne pourraient
sortir qu'avec la grâce du Saint-Esprit, et les pressant
d'intéresser tout le Ciel en leur faveur, elle ajouta, que
comme on donnait davantage aux pauvres qui avaient
tout perdu par incendie ou autres fléaux , quand ils
étaient munis d'un certificat attestant ce qui leur était
arrivé, elle s'offrait à leur faire un certificat semblable :
« Oui, je vous le certifie, dit-elle, votre âme est pauvre
« et misérable ; tout y est grêlé , brûlé , ravagé , vous
« êtes dans la dernière misère, je le certifie à tout le
« Ciel : vous pouvez prendre ce certificat tous les jours
« à mon banc pour la sainte Messe : je le rédige pour vous

« toutes et pour chacune en particulier, afin que tout le
« Ciel soit touché de votre pauvreté, et qu'il dispose
« vos âmes par la componction et l'humiliation à être
« enrichies et embellies des dons du Saint-Esprit. »

Sentant croître son ardeur à mesure que la solennité
approchait, elle renouvelait aux Sœurs assemblées l'expression de ses ardens désirs pour leur perfection : le
samedi, veille de la Pentecôte, après leur avoir donné
divers avis pendant une heure, elle tombe à genoux
tout-à-coup, et dit d'une voix haute et pénétrante :
« Je demande aux Sœurs qui m'ont affligée cette année
« par leurs défauts, de persévérer dans la résolution
« qu'elles ont prises de se corriger tout de bon ; je vous
« le demande, mes chères filles, au nom de toute la
« Communauté et de l'édification que vous lui devez,
« au nom des paroisses auxquelles vous êtes destinées,
« et où vous ne pourrez faire du bien qu'autant que
« vous serez des saintes, au nom des enfans que vous
« ne pourrez sanctifier qu'en leur donnant de grands
« exemples, au nom des saints qui se sont sacrifiés pour
« le salut des âmes, au nom de la Très-Sainte Vierge,
« qui vous a amenées dans cette maison ; enfin, je vous
« demande au nom de Jésus-Christ, à qui vous avez coûté
« le sang et la vie, » et en disant ces paroles, la fervente
Supérieure répandait des larmes, et toutes les Sœurs
étaient profondément attendries ; mais elles le furent

bien davantage lorsqu'elles l'entendirent s'écrier : « Si
« quelqu'une n'est pas résolue de détruire son orgueil et
« de s'adonner à l'humilité, je la conjure d'épargner
« J.-C. et sa sainte Mère, en cessant de les contrister :
« qu'elle vienne plutôt me fouler aux pieds et me
« marcher dessus. Je compterais pour rien d'être con-
» tristée moi seule ; mais contrister Jésus-Christ, mais
» contrister Marie, mais contrister la sainte Église !
» ah ! voilà ce que je ne puis souffrir ! ! ! plutôt mourir
» que de voir pareille chose ! » Et pendant que le zèle
inspirait ces paroles toutes de feu, toute l'assemblée
fondait en larmes, chaque Sœur prenait les plus fortes
résolutions de se donner entièrement à Dieu.

CHAPITRE VII.

*Madame Rivier est encore inquiétée par le gouvernement.
Elle visite le Puy et Langeac où elle fait donner une
retraite ; elle secourt les pauvres dans le grand hiver de
1830. Visite de l'Évêque de Grenoble à la Maison-mère.
Charles X autorise la Congrégation. Révolution de
Juillet. Alarmes et prières de Madame Rivier à cette
occasion.*

Vers la fin de 1829, le gouvernement recommença
encore à fatiguer Madame Rivier au sujet de l'examen
de ses Sœurs ; on voulait les obliger à prendre des
brevets d'autorisation du Recteur de l'Académie, lequel
ne les délivrerait qu'après un examen subi devant un
Comité. Madame Rivier était bien résolue à ne jamais
consentir à ces formalités, et protestant hautement
qu'elle aimerait mieux tout abandonner et dissoudre
sa Congrégation, elle défendit à ses Sœurs de l'Argen-
tière, même de remplir le tableau de renseignemens
que l'Académie leur avait envoyé. Mais elle intéressa

dans sa cause et Dieu et les hommes, elle pria, elle fit des réclamations et on cessa enfin de la fatiguer.

Libre de cette inquiétude, elle partit pour la visite des écoles, alla d'abord à Thueyts, et de là à Montpezat, son lieu natal : elle y resta peu de temps, parce que c'était moins le plaisir de voir sa famille qui l'y conduisait, que le désir de doter d'un de ses établissemens ce lieu si cher à son cœur ; et les obstacles qu'elle rencontra à ce dessein lui ayant fait juger que le moment de la Providence n'était pas encore venu, qu'il était prudent d'attendre des circonstances plus favorables, elle partit sans plus tarder pour sa chère ville du Puy. Sa première visite dans cette ville fut à la cathédrale, où après avoir déposé ses hommages aux pieds de Marie, sentant son cœur s'attendrir sur les besoins de ses filles bien-aimées, elle les présenta toutes à la sainte Vierge avec une grande abondance de larmes, et réclama avec instance pour chacune d'elles sa puissante médiation : de là elle se rendit chez les demoiselles de l'*Instruction*, qui l'accueillirent avec grande joie et avec tous les témoignages de l'affection la plus respectueuse. Elles lui demandèrent ses avis, ses conseils, ses exhortations ; elle ne put, pour le moment les satisfaire qu'en partie, parce qu'elle avait hâte d'aller visiter son établissement de Langeac et y donner, avec le secours de M. le Curé de la cathédrale qui lui

avait fait offre de service, une retraite à toutes les
Sœurs des environs convoquées à cet effet. Mais cette
retraite, terminée à la grande consolation de toutes celles
qui en firent partie, elle revint passer douze jours au
Puy, et là, après avoir donné toute la matinée à la prière
devant l'image de Marie, elle consacrait le reste du jour
aux exercices du zèle, recevant toutes les personnes qui
avaient à l'entretenir et parlant à toutes le langage de la
foi la plus vive, de la charité la plus ardente, de la piété
la plus éclairée. Elle prit ensuite la route de Bourg-
St.-Andéol, et pendant tout ce voyage, elle était continuellement occupée : en chemin elle étudiait ce qui lui
restait à faire pour la perfection de son œuvre, combinait
des plans, méditait des projets; et quand elle arrivait
à un de ses établissemens, elle était tout entière à ses
Sœurs, provoquant elle-même l'exposé de leurs peines
et de leurs besoins, remédiant à tout, et prolongeant
ces charitables entretiens, ces exercices de zèle souvent
jusqu'à minuit, pour les reprendre le lendemain matin
jusqu'au moment du départ.

Quelque temps après son arrivée à Bourg, une
autre sollicitude bien digne de son cœur, vint se joindre
à toutes les autres : le froid horrible qui signala les
premiers jours de 1830, ayant amené une misère plus
horrible encore, Madame Rivier touchée du malheur
des pauvres, et ressentant dans son cœur tout ce qu'ils

avaient à souffrir, fit tout ce qu'elle put pour les soulager et ne recula devant aucun sacrifice. Elle invita toutes les Sœurs de ses établissemens à faire de même, et ces dignes filles d'une telle mère, s'imposèrent les plus grandes privations pour venir au secours du malheur, se refusant jusqu'à la moitié de leur nourriture ordinaire pour la donner aux enfans que la faim faisait tomber en défaillance, aux ouvriers qui ne trouvant plus à travailler pour gagner de quoi vivre appelaient la mort à leur secours, aux malheureux de toutes les classes, desquels la misère déchirait le cœur de ces saintes filles.

Une conduite si belle jointe aux services qu'elles rendaient d'ailleurs et aux vertus dont elles donnaient partout d'éclatans exemples, conciliait de toutes parts aux Sœurs de la Présentation une estime de jour en jour plus parfaite et mieux sentie. Les Évêques qui connaissaient cette précieuse Congrégation, en proclamaient hautement les louanges : « Je vois encore des « yeux de l'âme ce que j'ai vu des yeux du corps, « écrivait l'Évêque de Grenoble, dans un enthousiasme « d'admiration à la suite d'une visite qu'il avait faite « au Couvent de Bourg, je vois une bonne mère, chef « d'une grande famille, de pieuses épouses de J.-C., « qui ne connaissent que Dieu et leurs devoirs, d'aima- « bles élèves dont la conduite dans leur pieux asile « est d'un si heureux augure pour la vie qu'elles mène-

« ront dans le monde, l'intérieur d'une vaste maison
« où tout est parfaitement ordonné, une Église et un
« chœur qui disposent l'âme à la piété ; enfin, toute une
« Communauté qui mérite si bien de la Religion et qui
« a des droits acquis à mon estime, à mon attachement
« et à ma reconnaissance. » Le gouvernement lui-
même appréciait dignement cette institution : Charles X
reconnut légalement la Congrégation par ordonnance
royale du 29 mai 1830, et l'on comptait justement sur
la protection de ce religieux monarque : mais deux mois
après, Madame Rivier apprit avec stupeur, comme toute
la France, les évènemens de juillet qui l'avaient renversé
de son trône.

Au premier bruit de cette révolution inattendue, sa
frayeur fut extrême : elle trembla pour la France, pour
sa Congrégation, pour M. Vernet qui se trouvait alors
à Paris. Cependant, comprenant ses devoirs de Supérieure, elle se montra à sa Communauté pleine de
courage et de force ; et tandis que tout le monde était
dans les plus vives alarmes, dans les angoisses de la
désolation, elle se conservait, au moins à l'extérieur,
dans une tranquillité parfaite. Elle ordonna des prières
non interrompues devant le Saint-Sacrement; et depuis
le lever jusqu'au coucher, il y avait toujours deux
personnes en adoration ; d'autres se succédaient sans
relâche pour la récitation du Rosaire ou faisaient des

Amende-honorables à la Croix si indignement outragée dans ces jours de trouble. Madame Rivier, profitant de ces malheureuses circonstances pour ranimer la ferveur de ses filles, réunissait plus fréquemment les Sœurs de la Maison-mère pour les presser d'être entièrement à Dieu, et de se reformer généreusement en sacrifiant jusqu'aux derniers restes du vieil homme ; en même temps elle écrivait à toutes les Sœurs du dehors pour les rassurer, les encourager, les inviter à mettre toute leur confiance en Dieu, et à garder un profond silence sur les évènemens présens. Ces sages avis furent si bien suivis, que non seulement on n'a jamais entendu dire qu'aucune Sœur durant ces temps de trouble ait laissé échapper une parole imprudente ou provoqué le mécontentement d'aucun parti, mais au contraire, par leur sage retenue elles méritèrent de recevoir partout des témoignages de bienveillance et de protection.

Un plus grand intérêt encore que celui de sa Communauté touchait alors bien vivement le cœur de Madame Rivier ; c'était la cause de la foi dont elle craignait que la France ne fut privée comme tant d'autres pays qni ont joui autrefois de sa bienfaisante lumière. Afin de détourner ce malheur, elle ordonna, que les heures d'Adoration, les Rosaires et les Processions pour appeler les miséricordes de Dieu sur la France, se

continuâssent toujours, et exhorta avec chaleur toutes
ses Sœurs à s'offrir à Dieu en esprit de victime et d'immolation pour tous les péchés de la terre. Elle composa
elle-même un acte de consécration où elle s'offrait
comme victime au Père céleste en union avec le Sacré-
Cœur de Jésus par les mains de la Très-Sainte Vierge,
le signa et le fit signer à toutes les Sœurs qui se trouvaient
dans la maison, et le déposa ensuite aux pieds de la statue de Marie. Mais ce n'était point assez pour son zèle
de dire ces choses aux Sœurs de la Maison-mère ; elle
s'adressa par lettres à toutes ses filles répandues dans
ses divers établissemens, et leur recommanda ce même
esprit d'immolation joint à la plus tendre dévotion au
Cœur de Jésus. Mais comme le renoncement parfait est
si pénible à la nature et qu'il demande une guerre
continuelle contre soi-même, elle comprit que des
exhortations et des paroles ne suffisaient pas pour en
inculquer la pratique à ses filles, qu'il fallait pour cela
employer constamment et sans relâche deux grands
moyens, la retraite fréquente et l'oraison journa-
lière. Aussi y était-elle singulièrement fidèle : dès
qu'elle entrevoyait que quelques-unes de ses Sœurs
commençaient à se relâcher tant soit peu, elle les
mettait aussitôt en retraite, et là insistant spécialement
sur l'oraison, affirmant que si sa Communauté n'était
pas aussi fervente qu'elle le souhaitait, c'était faute de

bien faire chaque jour ce saint exercice, et que toutes celles qui y seraient exactes seraient infailliblement des saintes.

CHAPITRE VIII.

Madame Rivier éprouve une grave maladie dont elle est guérie à la suite d'un vœu. Traits de sa charité pour les malheureux. Ravages du Choléra ; dévouement généreux de ses Sœurs et mort de deux d'entre elles. Propagation de la Congrégation en Savoie ; voyage de Madame Rivier dans ce pays pour visiter la maison qu'elle y avait fondée à Saint-Julien.

LES travaux et les sollicitudes continuelles de Madame Rivier allaient toujours affaiblissant sa santé, lorsqu'en novembre 1831, elle fut prise d'une forte fièvre qui mit ses jours en péril : c'était peu de jours avant la retraite qu'elle avait ordonnée pour les pensionnaires et plusieurs Sœurs du dehors ; et telle fut la force du mal que, malgré son grand courage

10

et l'ardeur de son zèle, elle ne put ni se lever ni rien faire pendant ces saints exercices : la fièvre qui devenait de jour en jour plus forte ne lui permettait de prendre aucune nourriture, et elle était d'une faiblesse extrême qui faisait craindre pour sa vie. Toute la Communauté alarmée se mit aussitôt en prière : les Sœurs, les Novices, les Pensionnaires, toutes firent monter vers le ciel les supplications les plus ferventes tant en particulier qu'en public ; et l'on vit même, spectacle touchant! des Sœurs aller prendre par la main de jeunes orphelines, les conduire aux pieds de la statue de Marie, et là, les présenter à celle que l'Église appelle *la Santé des Malades*, en lui disant avec une merveilleuse simplicité : «Vierge « Sainte, laissez vous toucher à la vue de ces pauvres « enfans ; conservez leur leur bienfaitrice et leur mère.» Cependant le mal ne diminuait point, et l'on était à la veille de la fête de la Présentation pour laquelle les Sœurs désiraient ardemment de voir leur chère Supérieure rétablie. M. Vernet engagea la malade à faire le vœu de recevoir une petite orpheline de plus et d'aller visiter Notre-Dame-du-Puy : à peine le vœu eut-il été prononcé qu'elle conçut l'espoir de sa guérison ; et en effet, ayant assisté et communié à une messe qu'on lui dit à minuit dans la chapelle attenante à sa chambre, et s'étant endormie après son action de grâce, elle fut toute surprise non seulement de se trouver le matin sans aucune fièvre, à la suite d'un sommeil long et paisible, mais encore de se sentir assez de force pour pouvoir se lever, et même pour assister à la messe de Communauté, si on le lui eut permis. Elle se leva en effet et réjouit toute la maison par une guérison aussi surprenante.

Le premier usage qu'elle fit de sa santé, fut de venir au secours des malheureux. Ayant appris qu'une pauvre femme de la ville était malade, plongée dans la plus affreuse misère et chargée de deux enfans, dont l'un avait deux ans et l'autre sept, elle envoya aussitôt chercher ces innocentes créatures, s'en fit la mère et veilla à ce qu'on prodiguât à la malade tous les secours nécessaires : elle fit de même par rapport à une femme de la campagne aussi malade, se chargea d'une de ses filles, quoique celle-ci n'eût encore que vingt-deux mois, et pourvut la mère et sa pauvre famille de tout ce dont elles avaient besoin. Aucun de ceux qui sollicitaient la charité de cette mère des pauvres ne s'en retournait les mains vides, et quand elle apprenait que dans quelque maison l'on souffrait ou que l'on était dans le besoin sans oser demander, elle envoyait aussitôt une de ses Sœurs y porter de la nourriture et des vêtemens.

Mais ce n'étaient là que les exercices les plus faciles de sa charité : dès qu'elle eut recouvré ses forces, elle recommença les instructions fréquentes à la Communauté, parlant plusieurs fois la semaine, souvent plus d'une heure et toujours avec une force qui étonnait, étendant son zèle jusqu'aux pensionnaires et leur enseignant soit à mettre à profit le temps qu'elles passaient dans la Communauté, soit à se préserver, à leur rentrée dans le monde, de la contagion des mauvais exemples et des mauvais discours. Elle n'interrompit ces laborieux exercices que pour aller accomplir son vœu à Notre-Dame-da-Puy; et encore, chemin faisant fonda-t-elle un établissement à Coucouron, endroit central, où elle espérait avoir à demeure dans l'hiver un grand nombre de filles de la campagne, parmi lesquelles la Congrégation pourrait trouver de bons sujets propres à son œuvre : elle y acheta une maison convenable et prescrivit de promptes réparations. Dès son retour à Bourg, elle se hâta d'appeler les Sœurs à la Retraite générale : celles-ci en profitèrent admirablement, et bientôt la Providence leur donna l'occasion de se montrer les dignes filles d'une si sainte Mère.

Le Choléra, qui avait fait à Paris de si affreux ravages, s'étant manifesté dans plusieurs des paroisses où étaient établies les Sœurs de la Présentation, ces filles héroïques demandèrent à Madame Rivier la permission de se dévouer à la mort pour aller secourir les malades et les disposer à recevoir les Sacremens. « Je me sens un grand « désir, disaient-elles dans leurs lettres, de me rendre « utile à ces infortunés.... J'aurais bien plaisir à faire

« le sacrifice de ma vie pour les assister...., pourvu que
« nous ayons le bonheur d'obtenir la contrition de nos
« péchés, que Dieu nous frappe ou nous épargne, il
« est notre Père; tout ce qu'il fera sera pour notre bien,
« que sa sainte volonté soit faite. » Madame Rivier fut
consolée de ces belles dispositions de ses filles, mais en
même temps comme elle avait pour elles une tendresse de
mère, elle fut attristée par la crainte de les perdre, et
ne se tranquillisa qu'en adorant humblement les desseins
de Dieu. Elle leur répondit avec une sagesse remarquable que tant qu'elles auraient des élèves, il ne fallait
pas abandonner leurs fonctions pour voler au secours des
Choériques, qu'elles devaient même attirer les enfans
à l'école et les tenir dans la gaîté pour les éloigner du
triste spectacle que leur offriraient les rues et l'intérieur
de leurs maisons, mais que si les écoles devenaient
désertes ou n'occupaient pas toutes les Sœurs, elle permettait à celles qui seraient libres de suivre le mouvement de leur charité auprès des malades. Elles le
firent en effet, et tandis que tout le monde fuyait les
malheureuses victimes de la contagion, ces Sœurs
admirables les recherchaient pour les secourir, les
encourager et les aider du moins à mourir saintement.
Ainsi, se montrèrent entr'autres, dans tout l'héroïsme
de la charité chrétienne les Sœurs du Pouzin et de
Tulette; et chose remarquable, aucune d'elles ne fut

atteinte ; le Choléra n'enleva à la Congrégation qu'une seule Sœur que Madame Rivier avait envoyée à Gréoulx, dans les Basses-Alpes , prendre les bains, et une sœur converse qui avait contracté l'épidémie dans cette paroisse.

Cependant, au milieu des graves soucis que lui donnait cet horrible fléau, Madame Rivier ne négligeait aucun des intérêts de sa Congrégation et s'occupait en ce temps-là même à la propager en Savoie. Dès l'année 1827, étant allée en ce pays prendre les bains d'Aix, elle avait conçu un vif désir d'y fonder des établissemens par dévotion pour Saint François-de-Sales et Sainte Chantal que ses Sœurs y invoqueraient habituellement pour toute la Congrégation , et aussi par estime pour le bon peuple de Savoie, dont les mœurs douces, la simplicité, la piété et le bon langage semblaient lui promettre d'excellens sujets pour le noviciat. La Providence répondit à ses vœux, et en décembre 1832 , un saint prêtre de ce pays, M. Picollet, lui demanda d'envoyer une colonie de Sœurs à Saint-Julien, son lieu natal, en lui offrant pour le nouvel établissement une maison vaste avec chapelle, jardin et verger. Madame Rivier, heureuse d'une telle proposition, après avoir obtenu dans les termes les plus flatteurs, l'agrément de l'évêque de Viviers, son pasteur naturel, et de l'évêque d'Annecy, dans le diocèse duquel se trouvait

Saint-Julien, après avoir en même temps pris tous les renseignemens que commandait la prudence, sur les ressources assurées ou présumées de la nouvelle fondation, choisit cinq Sœurs de mérite pour cette mission, et leur adressa avant le départ l'instruction la plus animée, tant sur le zèle et le dévouement qu'elles devaient porter à cette œuvre, que sur la confiance qu'elles devaient mettre en Notre-Seigneur. Ces bonnes Sœurs répondirent à son attente ; et leur modestie, leur piété, leur zèle leur gagnèrent tous les cœurs : elles furent reçues comme des anges du ciel, tant par le vénérable évêque d'Annecy qui connaissait déjà d'avance la Congrégation, et professait pour elle la plus haute estime, que par tous les habitans de Saint-Julien. La cérémonie de leur installation se fit avec la plus grande pompe au milieu d'un concours immense et de la joie générale : M. le Curé de la paroisse félicita en chaire les habitans d'une si précieuse acquisition, leur disant dans son enthousiasme que c'était une pluie d'or que le Ciel venait de faire tomber sur eux, et dès le lendemain les classes s'ouvrirent et furent nombreuses. M. Picollet, voyant ses désirs si heureusement remplis, s'empressa d'en remercier Madame Rivier : « Quel hommage de recon-
« naissance, lui écrivit-il, ne vous doit pas notre pays,
« et en particulier votre serviteur, dont vous avez
« entendu les cris comme une mère et une mère

« toute pénétrée de la charité chrétienne ? La colonie
« que vous nous avez envoyée, surpasse ce que nous
« en attendions : le choix ne peut être plus heureux
« pour nous. Il ne s'agit que d'arroser de vos prières
« cette céleste plantation, et nous aurons lieu d'en
« espérer un grand nombre d'élus. Quelle consolation
« au jour de la résurrection générale où tout paraîtra
« et où éclateront les transports de reconnaissance et
« d'amour dus à vos bienfaits ! »

Tel fut le premier établissement de la Congrégation
en Savoie ; et autant ses commencemens avaient été
heureux, autant ses suites furent prospères. Mais Madame Rivier ne s'en crut pas moins obligée à y faire
la visite comme dans toutes ses autres maisons : c'est
pourquoi, après avoir travaillé à calmer l'imagination de
ses Sœurs, à les établir dans la confiance en Dieu et
la conformité à sa volonté sainte au milieu des frayeurs
qu'inspirait le Choléra qui n'avait pas encore cessé ses
ravages, elle partit, mais le cœur triste de se séparer
de ses filles dans des circonstances si critiques. Arrivée
à Grenoble, elle apprend d'une part, par une lettre
de la Maison-mère, que le Choléra vient d'éclater à
Mondragon, et que probablement il ne tardera pas à se
manifester à Bourg, de l'autre, que la Savoie vient
d'établir un cordon sanitaire sur les frontières, et qu'elle
ne pourra les franchir qu'après avoir fait quarantaine.

Des nouvelles si pénibles l'accablèrent ; elle eût voulu être au milieu de ses filles pour les encourager et les soutenir, et sa douleur alla jusqu'à la faire tomber en défaillance, elle s'évanouit. Mais revenue à elle, « Con- « tinuons notre route, dit-elle avec courage à ses « compagnes, c'est la volonté de Dieu ; nous irons « jusqu'aux frontières, et si le passage nous est refusé « nous adorerons les desseins du Seigneur, et nous « retournerons sur nos pas. » Elle se remit donc en route, et quoiqu'elle ne pût mouvoir qu'avec grande peine ses jambes horriblement enflées, elle gravit à pied la côte si difficile de Barreau, la frayeur des précipices qui bordaient la route ne lui permettant pas de rester en voiture. Arrivée à la frontière, on lui signifia qu'elle ne pourrait passer qu'après huit jours de quarantaine : le cordon sanitaire avait été établi la veille même, et M. Vernet qui avait pris les devants pour visiter avec elle la maison de Saint-Julien, était passé un quart- d'heure avant la mise à exécution de cette mesure. Cette contrariété parut ne troubler en rien la paix de son âme, et quoiqu'elle prévit les anxiétés qu'éprouverait M. Vernet à son sujet, la nécessité où il serait probablement de repartir au moment même où elle arriverait, afin de se trouver à la Retraite pastorale de Viviers, l'impossibilité par conséquent de donner la Retraite à la Communauté, et d'agréger trois Novices prêtes à être reçues, elle sut

10 .

si bien porter sa croix que rien n'en parut au-dehors ;
elle reprit au contraire ses compagnes qui paraissaient
tristes : « Ne faut-il pas vouloir, leur dit-elle, tout ce
« que le bon Dieu veut ? n'est-il pas le maître de nous
« retenir en chemin et de nous y faire mourir, si cela
« lui plaît ? » Et elle se rendit fort calme à un couvent
voisin, où les religieuses dites *Sœurs de la Providence*,
qu'elle avait visitées la veille, lui avaient offert l'hospitalité. Elle y fut reçue avec toutes les démonstrations
du respect, de la charité et de la confiance, et édifia
toute cette petite Communauté, autant qu'elle en fut
elle-même édifiée. Au terme fixé, elle reprit la route
d'Annecy, et du plus loin qu'elle aperçut cette ville, elle
rappela à ses filles, que c'était là que reposaient les
précieux restes de saint François-de-Sales et de sainte
Chantal, et que dans quelques instans elles allaient
avoir le bonheur de les vénérer. A cette annonce toutes
sont ravies de bonheur, elles se recueillent, des larmes
coulent de tous les yeux, et on arrive dans le silence le
plus parfait jusqu'à la porte de l'église de la Visitation.
En entrant dans un lieu si vénérable, nos pieuses voya-
geuses furent saisies d'un religieux respect, elles allèrent
se prosterner devant les saintes reliques et y prièrent
pendant plusieurs heures dans les sentimens de la plus
tendre dévotion. Après avoir ainsi satisfait leur piété,
elles ne prirent que le temps de présenter leurs hom-

mages à l'évêque d'Annecy, de saluer M. Picollet, qui se trouvait alors en cette ville, et se remirent aussitôt en route pour Saint-Julien. Mais comme si la souffrance eut du être toujours le privilège de la Supérieure, au moment où celle-ci montait en voiture elle reçut par mégarde à la jambe un rude coup, qui lui fit une large contusion jointe à une douleur très-sensible ; et à quelque distance de là étant arrivée à la côte de la Caille, où depuis a été construit ce pont si hardi qui entre-unit deux montagnes à la hauteur d'environ deux cents mètres, il lui fallut, par suite des frayeurs qu'elle éprouvait en voiture, gravir à pied cette élévation fatigante pour l'homme le plus robuste, mais effrayante pour une femme dont les jambes étaient enflées depuis plusieurs jours et venaient encore d'être horriblement meurtries. A son arrivée à Saint-Julien, nouvelle croix : une lettre de Bourg-St-Andéol, lui apprend que le Choléra est dans cette ville ; hélas ! qu'allait devenir la Maison-mère, en quel état se trouvaient ses chères Sœurs, ses Novices, ses Pensionnaires, son Tiers-Ordre ? L'imagination, on le conçoit bien, se chargeait de la réponse, grossissait le mal, exagérait les frayeurs et oppressait l'âme : toutefois, Madame Rivier dissimule sa peine, porte sa croix en silence, s'efforce même de paraître contente pour ne pas troubler la joie de ses chères Sœurs de Saint-Julien, qui sont si heureuses de revoir leur bonne mère, et pour recevoir gracieusement toutes les personnes qui s'empressent de lui faire visite. Dieu cependant, au milieu de tant de peines, voulut bien accorder un allègement à sa douleur. Elle craignait que M. Vernet, obligé de partir subitement, ne pût ni donner la Retraite à ses Sœurs, ni recevoir les Novices ; et la Providence permit que la Retraite pastorale étant supprimée à Viviers à cause du Choléra qui ravageait les environs, il se trouva libre de prolonger à son gré son séjour dans le pays. Consolée par cette bonne nouvelle, elle ne songea plus qu'à bien disposer la Communauté à la Retraite ; et afin que ses chères filles fûssent plus libres, plus recueillies, et pûssent lui parler plus à leur aise, elle accorda vacance pour quinze jours à tous les enfans : pendant tout ce temps, elle donna un libre cours à son zèle pour la sanctification des âmes, ne négligea rien de ce qui pouvait contribuer au bien spirituel de chacune des Sœurs ou Novices et de toute la Communauté, examina attentivement les prétendantes pour juger celles qui étaient dignes de recevoir l'habit et le voile, et donna ses soins au salut de deux jeunes personnes imbues des erreurs du calvinisme, avec un zèle que Dieu bénit : car l'une s'attacha tellement à elle qu'elle voulut l'accompagner à son retour en France, et l'autre est aujourd'hui fervente catholique. Chose remarquable, pendant que Madame Rivier se livrait ainsi aux exercices du zèle, elle souffrait presque dans tout son corps, ses jambes étaient très-enflées, ses humeurs en mouvement lui faisaient endurer le martyre, et elle ne pouvait qu'à grande peine sortir de sa chambre. En même temps, elle avait à répondre à une multitude de lettres qu'elle recevait de la Maison-mère et de ses divers établissemens, de sorte que la secrétaire dont elle se faisait aider, n'avait pas un moment de relâche : « Je ne vous laisse pas « le loisir de respirer, lui disait-elle un jour, mais Dieu « saura bien vous en dédommager. Pour moi, je ne « suis jamais si contente que lorsque je n'ai pas un « instant à moi. Je m'abandonne entièrement à Dieu, « et à son œuvre : Puissé-je travailler ainsi jusqu'à la « mort. » Cependant, de sa chambre elle pourvoyait à tout, ayant trois Novices à faire recevoir et huit prétendantes à qui il fallait donner le voile, et jugeant que le public serait réjoui et édifié de ce spectacle auquel il n'était pas accoutumé, elle désira que la cérémonie se fît à l'église dans la plus grande pompe, et en régla tous les détails : on partit en procession du Couvent où le clergé de la paroisse s'était rendu ; en tête marchaient les jeunes filles des écoles suivies des diverses Congrégations de femmes et filles de la paroisse ; venaient ensuite les prétendantes revêtues du ruban noir, puis celles qui devaient recevoir le voile, puis les trois Novices qui devaient être agrégées portant une couronne sur la tête, et ayant chacune à son côté une Pensionnaire qui tenait avec le cierge le bouquet, symbole de l'innocence ; enfin, venaient les Sœurs suivies de tout le clergé. Les habitants assistèrent à cette pieuse cérémonie en aussi grand nombre que l'église en pouvait contenir : ce spectacle les édifia singulièrement, et ils s'en retournèrent en bénissant Dieu de ce qu'ils venaient de voir. Quelques jours après, Madame Rivier se remit en route pour la France, mais allant à petites journées parce que ses infirmités lui prescrivaient cette mesure. En passant à Montélimart où elle avait voulu saluer les dames de la Visitation, la haute idée qu'on avait de sa vertu la fit recevoir par ces religieuses avec tout l'honneur possible : on l'introduisit dans l'intérieur du Couvent ; on le lui montra dans le plus grand détail et on lui prodigua tous les témoignages du respect et de l'affection.

CHAPITRE IX.

*La Congrégation est légalement reconnue en Savoie. Elle
s'établit à Bordeaux, à Moulins , et en plusieurs autres
endroits : Madame Rivier ne peut satisfaire à toutes les
demandes. Sa santé s'altère , on commence à apercevoir
les symptômes de l'hydropisie.*

MADAME Rivier avait rapporté de grandes consolations de son voyage en Savoie; elle y avait trouvé ses filles
dans la ferveur et tous les habitans dans les meilleures
dispositions à leur égard : mais il manquait un point
essentiel pour y consolider son établissement et en fonder
d'autres par la suite ; c'était l'autorisation ou reconnaissance légale de la Congrégation dans les États du Roi
de Sardaigne , chose d'autant plus capitale que sans cela
la Congrégation ne pouvait devenir propriétaire d'aucun
bien , en vertu des lois du pays qui ne permettent
pas aux étrangers d'y acquérir des immeubles sans l'autorisation du prince ou des lettres de naturalisation. Déjà
on avait fait sonder la cour de Turin à ce sujet, et il

avait été répondu qu'avant de porter cette affaire au Conseil royal , il fallait que la Congrégation présentât un témoignage favorable du Saint-Siége , juge suprême et compétent de toutes les institutions religieuses. En conséquence, Madame Rivier se hâta de demander à tous les Évêques des diocèses où elle avait des établissemens, des lettres de recommandation qui furent accordées avec empressement et dans les termes les plus honorables : les évêques de Viviers et d'Annecy y ajoutèrent même chacun une supplique au souverain Pontife, pour demander l'approbation de la Communauté. On fit partir pour Rome ces diverses pièces avec une exemplaire des Règles et Statuts , et une histoire abrégée de l'Institut ; et on en obtint un décret de la Congrégation des Évêques et des réguliers, confirmé par Grégoire XVI lui-même, dans lequel il dit que, *l'Institut des Sœurs de la Présentation de Marie a bien mérité de la Religion , et qu'il est digne de louanges particulières par les soins qu'il donne à l'Éducation Chrétienne des jeunes personnes, et que les Sœurs doivent être invitées à marcher constamment dans la carrière où elles sont entrées.* C'en fut assez pour le Roi de Sardaigne. Il accorda par une ordonnance du 10 juin 1836 , une existence légale aux Sœurs de la Présentation , et les autorisa à acquérir dans ses États à titre onéreux comme à titre gratuit.

Pendant que Madame Rivier poursuivait cette affaire,

elle en méditait une autre qui allait répandre sa Congrégation vers un autre point où elle n'avait encore aucun
établissement. M. l'abbé Dupuch, cet homme apostolique, qui par la multitude de ses bonnes œuvres
préludait dans sa ville natale à la sublime mission que
la Providence lui réservait sur la terre d'Afrique, lui
demanda des Sœurs pour diriger les Salles d'Asile qu'il
venait de fonder et former des institutrices pour les
paroisses de campagne. Madame Rivier, avant de rien
décider, voulut selon son usage, demander l'agrément
de l'Archevêque de Bordeaux, qui était alors Mgr. de
Cheverus ; et le vénérable prélat dont le cœur charitable
faisait écho avec celui du futur évêque d'Alger, s'empressa de lui répondre qu'il appelait ses Sœurs de tous
ses vœux et qu'il la priait d'étendre sur son diocèse les
œuvres de zèle auxquelles elle s'était consacrée. Ainsi
encouragée par la voix du premier Pasteur, elle ne
songea plus qu'à faire choix des Sœurs qu'elle devait
envoyer, et après les avoir désignées, les manda à la
Maison-mère pour leur donner leur mission. Elle eut
la consolation de les voir acquiescer à son choix avec la
plus édifiante obéissance, leur fit faire leur Retraite
annuelle, leur adressa en commun comme en particulier tous les avis qu'elle crut utiles ; et la veille du départ,
elle les réunit toutes dans sa chapelle, les recommanda
avec larmes à la Sainte Vierge, à Saint François-Régis,

à saint Louis-de-Gonzague et leur donna sa bénédiction : de là les faisant passer dans sa chambre, elle les embrassa avec la plus grande tendresse et leur dit le dernier adieu, avec des déchiremens de cœur qu'elle s'efforçait de dissimuler le plus possible pour ne pas trop attendrir ses chères filles. La petite colonie ainsi préparée, partit le lendemain matin, sous la direction de Sœur Caroline, cette Sœur d'un mérite si rare, destinée à être à la tête de l'établissement de Bordeaux ; et à son arrivée dans cette ville, elle se divisa en deux maisons placées aux deux extrémités de la cité pour disséminer davantage le bien qu'elle était appelée à faire.

Deux mois s'étaient à peine écoulés depuis la formation de l'établissement de Bordeaux, que Madame Rivier reçut une demande semblable d'un respectable Curé de Moulins, M. Martinet. Ce zélé Pasteur voulait établir dans sa paroisse, 1° une école gratuite pour les jeunes filles pauvres ; 2° une classe payante d'élèves internes et externes ; 3° un Noviciat de Sœurs enseignantes pour les paroisses du diocèse de Moulins ; et il avait pour cet établissement un local commode et toutes les ressources nécessaires. Il reçut d'abord une réponse négative ; mais sans se laisser déconcerter par une lettre de refus, il vint en personne plaider la cause de la Religion dans sa paroisse, et il fallut lui céder. Madame Rivier lui envoya des sujets choisis avec soin qu'elle prépara à leur mission comme les Sœurs de Bordeaux, par la Retraite, par des instructions publiques et des avis privés.

Bien d'autres Pasteurs demandaient aussi des écoles pour leurs paroisses ; et Madame Rivier à son grand regret se voyait obligée de les refuser, parce qu'elle manquait de sujets. On insistait, on faisait valoir les motifs les plus puissans ; on employait la sollicitation de grands personnages, on faisait jouer tous les ressorts et quand elle ne pouvait plus résister, elle se fatiguait, s'épuisait en combinaisons pour venir à bout de satisfaire à des demandes si pressantes.

Au milieu d'un travail aussi opiniâtre, ses infirmités ne pouvaient que s'aggraver : en effet, l'enflure de ses jambes s'augmenta et parut gagner presque tout le corps : elle était dans un état accablant ; mais les médecins ayant reconnu les symptômes de l'hydropisie et ordonné la diète blanche, elle éprouva bientôt un mieux sensible et se trouva soulagée : l'appétit revint, elle sentit renaître ses forces et aussitôt elle se remit au travail. La Communauté joyeuse la crut guérie, mais cependant tout le monde n'était pas de cet avis : un jour qu'elle se promenait dans le corridor avec des chaussons de laine aux pieds, la seule chaussure que pussent supporter ses jambes enflées, elle entendit une Sœur dans la chambre voisine soutenir à sa compagne

que le mieux qu'elle éprouvait n'était pas solide, et qu'on
n'aurait jamais la consolation de la voir rendue à la santé :
« J'ai entendu votre conversation , dit-elle avec calme
« en entrant ; mais il m'est égal que le bon Dieu me
« guérisse ou qu'il me laisse malade , ou qu'il me fasse
« mourir ; je ne veux que sa sainte volonté : en atten-
« dant, je vais vîte profiter du temps qu'il me donne
« pour travailler. » En effet, elle s'occupa à préparer
des Novices à leur réception qui devait avoir lieu le jour
de l'Assomption de la Sainte Vierge : après celles-ci,
elle en prépara d'autres pour la Retraite de novembre ;
et malgré tant de travaux , elle eut le courage de se
priver du secours de son assistante, qu'elle envoya
visiter l'établissement de Bordeaux , et y conduire six
nouveaux sujets. Aussi sa maladie reparut, l'enflure
augmenta : mais une diète blanche de quinze jours
l'ayant fait disparaître une seconde fois , elle reprit son
travail ordinaire , et fonda même à Orange une Maison
nouvelle, dite de *Providence*, pour y recevoir les pauvres
orphelines , tendres objets de sa prédilection.

CHAPITRE X.

*Dernière et longue maladie de Madame Rivier ; elle continue
de s'occuper des affaires et fonde de nouveaux Établissemens. Sa mort et ses funérailles.*

MADAME Rivier dont le mal avait été calmé, mais
non guéri par les remèdes, ne tarda pas à retomber.
Le Vendredi-Saint 1837, elle se trouva tout-à-coup
si mal qu'elle perdit connaissance, et pendant quinze
jours elle fut dans des angoises continuelles : une
érésipelle se déclara et l'enflure de ses jambes devint
monstrueuse. Cependant toutes ces rechûtes et toutes
ces infirmités ne déconcertèrent ni ne refroidirent son
zèle, et dès qu'elle le put elle reprit ses occupations
ordinaires. Elle parlait aux Sœurs en public et en particulier, comme dans les jours de sa meilleure santé,
faisait sa correspondance, s'occupait du placement des
sujets, du choix des novices, du renvoi de celles qui
ne convenaient pas et de tout le détail de l'administration
d'une grande Communauté. Ce fut même alors qu'elle

fonda l'Établissement de Montpezat si cher à son cœur.
Depuis long-temps elle désirait établir ses Sœurs dans
ce lieu de sa naissance, où elle avait fait les premiers
essais de son zèle et formé ses premières écoles : toujours des obstacles avaient contrarié ses vues à ce sujet ;
mais une occasion favorable s'étant présentée, elle la
saisit avec bonheur ; elle y envoya ses filles qui y furent
bien reçues malgré quelques oppositions et leur acheta
même à grands frais un local vaste et commode. Ce fut
alors aussi que ne pouvant plus se rendre dans le lieu
ordinaire des réunions de la Communauté, elle prit le
parti de rassembler les Sœurs et les Novices dans sa
chambre pour leur adresser ses instructions ; et là sa
parole semblait s'enflammer à mesure qu'elle approchait
du moment de s'éteindre : « Que venez-vous faire ici,
« mes enfans, leur disait-elle un jour ? que prétendez-
« vous en venant dans une Communauté, si ce n'est
« vous donner entièrement à Dieu pour procurer sa gloire
« en vous sanctifiant et sanctifiant les autres ? A quoi
« bon tant de sacrifices, de voyages et de peines, si
« vous n'êtes pas dans cette disposition ? Ne vous faites
« pas illusion ; en entrant ici, vous devez être détermi-
« nées à être des saintes quoiqu'il vous en coûte, et par
« conséquent à embrasser la mortification et le renon-
« cement, condition indispensable pour corriger vos
« défauts, rompre vos volontés et établir en vous les

« vertus de Jésus-Christ, surtout l'humilité sans laquelle
« vous n'entrerez jamais dans le Ciel et ne pourrez faire
« le bien dans notre état. Examinez donc si vous la
« voulez franchement cette vertu, si chère à Notre-
« Seigneur. Etes vous disposées à vous laisser reprendre
« et corriger toutes les fois qu'on le jugera nécessaire
« pour votre bien? Supporterez-vous avec douceur
« qu'on vous blâme, qu'on désapprouve ce que vous
« ferez, qu'on vous mette à la première ou à la dernière
« place, qu'on vous change d'emploi? Souffrirez-vous
« enfin toutes les contrariétés grandes ou petites qui
« pourront vous arriver, sans vous laisser abattre
« ou décourager? Celles qui veulent tout de bon se
« consacrer à Dieu ne se rebutent pas des difficultés,
« parce qu'elles ont pris Jésus-Christ pour modèle et
« quelles veulent l'imiter en tout et partout. »

Toutefois Madame Rivier ne croyait pas que des
exhortations si véhémentes et si solides pûssent suffire
pour préparer les Novices à leur réception, et cette année-
là même elle leur fit donner une retraite de huit jours
avant la fête de saint François Régis où elles devaient
êtres reçues. La veille de la fête une Novice lui ayant
fait présent d'un crucifix de bronze aux pieds duquel
était une statuette de la Sainte Vierge dans une petite
niche, elle se plut à voir dans ce présent qu'elle reçut
comme venant du Ciel, un avertissement par lequel

Dieu lui faisait connaître qu'elle ne reviendrait plus à la santé, « et dès lors, racontait-elle ensuite, je « m'offris à Dieu comme victime, je me plaçai en esprit « dans cette niche près de la Sainte Vierge, et là j'ac- « ceptai tous les genres de souffrances, d'humiliations « et de peines qu'il lui plairait de m'envoyer. » On voulut lui enlever cette croix, par la crainte qu'elle ne se frappât trop l'imagination; mais elle s'y opposa fortement; « cette croix, dit-elle, restera là et ne me quittera pas, « c'est le bon Dieu qui me l'a envoyée; c'est lui qui ne « veut plus que je guérisse; que sa sainte volonté soit « faite: » et en effet le crucifix resta sous ses yeux jusqu'au dernier moment et elle ne voulut jamais s'en séparer. Dès le lendemain jour de saint François Régis, on crut que le pronostic qu'elle voyait dans le Crucifix allait s'accomplir. Son extrême assoupissement, sa tête brûlante, sa défaillance, tout portait à croire qu'elle allait tomber en apoplexie : mais le médecin lui ayant fait aux cuisses et aux jambes des scarifications qui produisirent un écoulement salutaire, elle se trouva soulagée au moins pour quelque temps. Toutefois sa vie dans cet état était un supplice continuel : ses jambes enflées couvertes de phlyctènes qui ne lui permettaient pas de marcher, enflammées à un point qu'on craignait à chaque instant que la gangrène ne s'y mit, et de plus saupoudrées de quinquina d'intervalles en intervalles lui causaient des douleurs si violentes qu'il lui échappait des cris involontaires : « Hier, disait-elle un jour, les « larmes aux yeux, mes souffrances étaient si vives que « je me vis au bout de ma patience ; mais je dis à moi « même : non il ne sera pas dit qu'ayant été résignée « jusqu'à ce moment, le démon ait le dessus : oui je « veux souffrir et je ne donnerais pas une obole pour « être délivrée de mes souffrances. » Paroles qu'elle aimait à répéter souvent dans le cours de sa maladie. « Assurément, disait-elle dans une autre circonstance, « je dois mal édifier avec tous mes cris : mais j'ai beau « crier, je veux toujours souffrir tout ce que le bon « Dieu voudra et tant qu'il voudra. Si le bon Dieu me « disait : voilà mon Ciel ouvert, veux-tu y entrer ou « continuer à souffrir ? je ne balancerais pas, je choisirais « de souffrir, même jusqu'à la fin du monde. Cette « résignation que Dieu me donne, fait ma seule conso- « lation : je n'en ai point d'autres. » En effet loin de trouver quelque consolation dans les choses de ce monde, elles lui étaient devenues si insipides, qu'elle ne pouvait même en entendre parler, et d'un autre côté le Ciel semblait prendre plaisir à la crucifier toujours davan- tage. Pendant qu'elle se voyait comme mourante elle- même, le Seigneur voulut que deux de ses chères filles la devançassent au tombeau dans la Maison-mère et presque sous ses yeux : épreuve déchirante pour un

11

cœur aussi sensible , mais qui ne lui ôta pas le courage
de se faire conduire auprès de celle qui mourait avec
l'usage de ses facultés , pour la consoler, la bénir et la
préparer au dernier passage.

Tant de souffrances et surtout le danger d'une
mort prochaine jetaient toutes les Sœurs dans la plus
grande désolation et leur inspiraient les prières les plus
ferventes : on priait au Couvent de Bourg quelquefois
les nuits entières, on priait dans toutes les maisons de
la Congrégation presque sans discontinuer ; et toutes
les Sœurs offraient à Dieu le sacrifice de leur vie pour
la conservation de celle qu'elles aimaient plus qu'une
mère. «Comment Dieu pourrait-il ne pas exaucer tant
« de prières, disait-on un jour à la vertueuse malade ?
« Oui, repondit-elle, il les exaucera d'une manière
« ou d'une autre ; car la prière est toujours exaucée :
« si elle ne sert pas pour le corps, elle sert pour l'âme.
« Au reste, je ne désire ma guérison que pour les
« autres et non pour moi ; je la désire pour les pauvres
« enfants qui prient depuis plus d'un an pour l'obtenir;
« je crains que leur foi ne s'affaiblisse en ne me voyant
« point guérir. »

C'est ainsi que Madame Rivier , quelque frayeur naturelle qu'elle eût de la mort , savait par sa foi s'élever
au dessus de ses craintes et montrer du courage et de la
fermeté, à ce point qu'elle s'occupait avec calme et

liberté d'esprit du bien de sa Congrégation, comme si elle n'eût rien souffert. Elle fit faire comme à l'ordinaire la retraite annuelle avant la Nativité de la Sainte Vierge, et une réception de Sœurs le jour de la fête ; et pendant cette retraite elle donna ses soins accoutumés aux Novices qui devaient être aggrégées, aussi bien qu'à toutes les Sœurs qui avaient besoin de ses conseils. Le jour de la Toussaint elle parla admirablement du bonheur des saints, de ce que nous devons faire pour obtenir leur protection et partager un jour leur gloire. « Quand « je serai dans le Ciel, dit-elle, si Dieu me fait la grâce « d'y aller, je chercherai vîte mes filles, je ferai le tour « pour voir si toutes y sont; et s'il m'en manque, je « dirai : où est donc une telle et une telle? ô quel mal- « heur s'il s'en trouvait quelqu'une qui fût pour toujours « séparée de Dieu et de ses compagnes ! » Puis venant à parler des âmes du Purgatoire dont on célébrait le lendemain la commémoration : « Ce qui me déchire le « cœur, dit-elle avec larmes, quand je pense au Pur- « gatoire, c'est le souvenir de mes chères filles que je « me représente criant vers moi du milieu des flammes : « *Ma mère, ma mère, ayez pitié de moi, tirez-moi* « *d'ici, priez pour moi!* Aussi que ne ferais-je pas pour « soulager ces pauvres âmes ? » Quelques jours après, elle fit faire une retraite à laquelle elle invita les personnes du dehors ; elle y prépara beaucoup de Novices

qui devaient être reçues le jour de la Présentation, et
ce fut alors qu'ayant réuni les Sœurs dans sa chambre,
elle leur dit ces remarquables paroles : « Je vous par-
« donne à toutes, mes enfants, ce que vous pouvez avoir
« à vous reprocher, mais pardonnez-moi aussi : car je
« suis bien persuadée que c'est moi qui suis cause que
« tant de choses vont mal. Je crie vers le Seigneur de
« toutes mes forces la nuit et le jour, et je lui dis : Mon
« Dieu, ne permettez pas qu'aucune de celles que vous
« m'avez confiées se perde par ma faute. Je prie pour
« celles qui sont ici, pour celles qui sont dans nos éta-
« blissemens, pour celles même qui sont retournées
« dans le monde. Priez aussi de votre côté afin que
« toutes se renouvellent, et que chacune s'applique à
« observer la Règle et à la faire observer, sans quoi il
« est impossible que l'œuvre se soutienne. Priez pour
« moi, afin que je vous dirige comme le bon Dieu le
« veut : ô quelle charge que celle d'une Supérieure !
« Quelle responsabilité ! »

Cette digne Supérieure faisait mieux encore que de
parler; elle agissait malgré son état de souffrances et
fondait des établissemens : elle en fonda jusqu'à six au
milieu de ses infirmités, deux dans chacun des diocèses
de Bordeaux, Aix et Moulins. Elle corrigeait par lettres
écrites sous sa dictée, tous les abus qu'elle découvrait; et
souvent même prenant son crayon, elle s'efforçait d'une

main tremblante de rappeler elle-même ses filles à une régularité parfaite. Quand ses infirmités, qui allaient toujours croissant, lui eurent ôté tout pouvoir de continuer cette vie de travail et de sollicitudes, elle ne cessa pas pour cela de s'employer au bien de ses Sœurs ; et ses bons exemples, comme ses saintes conversations, fûrent une prédication continuelle. « Je ne veux abso-« lument que le bon plaisir de Dieu, disait-elle à la « Sœur qui l'assistait ; je lui dis quelquefois : mon Dieu « si vous voulez que je travaille, je suis votre bête de « charge, pourvu que vous me donniez la force je ne « reculerai jamais devant le travail. » Et comme la Sœur riait de ces expressions, « j'aime à parler fami-« lièrement avec Dieu, ajouta-t-elle, et j'ai bien raison « de dire que je suis sa bête de charge ; car vous ne « pourriez comprendre en quel état cette maladie me « met : je suis sans sentiment, sans plaisir, sans satis-« faction : mais dans cet état je suis contente ; je « regarde en tout la volonté de Dieu et je m'y soumets. « J'aurais grand plaisir, disait-elle un autre jour à la « même Sœur, à entendre lire la vie de saint François-« Xavier, je me sens transportée et ravie en voyant ce « que le zèle a fait faire à ce grand Apôtre ; » et après qu'elle en eut entendu lire quelques pages, « je brûle, s'écria-t-elle, faites-moi venir quelques Novices pour « que je leur parle un peu, afin de les préparer à leur

« réception. Lisez-moi toujours cette vie, disait-elle
une autre fois, lisez-la moi jusqu'à ce que je sois
« convertie. » Elle faisait faire aux Sœurs qui l'assis-
taient toutes leurs prières et leurs exercices spirituels
près de son lit, s'y unissait intérieurement et nourrissait
sa piété de ces saintes pratiques : même la nuit de
Noël, elle désira que ses filles lui chantassent des cantiques sur cette fête : « Cette nuit, leur disait-elle, a
« toujours eu tant de charmes pour moi ! Ce moment
« de minuit m'inspire de si vifs et de si tendres senti-
« mens qu'ils m'oppressent, et ces cantiques sur la
« naissance du divin Enfant, me font goûter les délices
« du ciel. » Elle communiait presque tous les jours, et
puisait dans ce sacrement l'amour des croix jusqu'à
s'écrier au milieu de ses plus grandes douleurs comme
l'Apôtre des Indes : « Encore plus, mon Dieu, encore
« plus, si vous le voulez » : « J'ai beaucoup souffert cette
« nuit, disait-elle à une Sœur qui l'interrogeait sur son
« état, et je m'en sens encore ; mais je suis contente
« de ce que Dieu me veut dans la souffrance et que la
« Sainte Vierge le veut aussi : elle n'aurait qu'à dire un
« mot pour me soulager ; mais elle voit qu'il est plus
« avantageux pour moi de souffrir. Je veux m'incarner
« dans les souffrances, les croix et le travail, disait-elle
un autre jour, c'est-à-dire, être toute transformée,
« s'il était possible, en souffrances, en croix et en tra-

« vail. » Aussi au milieu de ses douleurs, était-elle
calme et même gaie comme dans la santé : elle accueillait de la meilleure grâce toutes les personnes qui
désiraient la voir, récréait ses Sœurs par des saillies
aimables; et dissimulant les souffrances qu'on lui causait
par mal-adresse ou défaut de force en la remuant, la
levant ou la mettant au lit, elle en prenait occasion de
rire et de faire rire les autres. Quand la douleur était
plus aigüe, elle s'écriait quelquefois : *Miséricorde, mon
Dieu, miséricorde!* d'autrefois : *Ma mère, vite, vite!*
et comme on lui demandait ce qu'elle voulait dire par
ce cri : « J'appelle, dit-elle, la Sainte Vierge à mon
« secours, et je lui crie *vite*, pour exprimer mes besoins
« pressants. » Une seule fois il lui échappa un mouvement de vivacité contre l'infirmière qui avait heurté
rudement sa jambe la plus malade ; et elle ne cessa de
s'en humilier, mais toujours d'une manière aimable :
« J'avais pensé, dit-elle, que le bon Dieu en me faisant
« souffrir voulait faire de moi un agneau ou plutôt une
« agnelle en douceur et en patience, et voilà que l'agnelle
« s'est changée en loup et ce loup s'est jeté sur la Sœur
« infirmière pour la dévorer. »

Cependant le mal allait toujours croissant; elle passait
ses nuits dans une insomnie continuelle, ne pouvant
supporter aucune position, et passant le temps à les
essayer toutes. Au commencement de janvier 1838,

l'enflure monta jusqu'à la poitrine, elle était suffoquée et on crut qu'elle allait expirer : le médecin essaya encore une fois les scarifications qui n'aboutirent qu'à faire naître un érésipèle sur chaque jambe. Quinze jours après, l'assoupissement s'empara d'elle, et ayant appris à son réveil que la messe s'était dite à l'heure ordinaire dans la chapelle attenante à sa chambre, et qu'on n'avait pas osé la réveiller pour qu'elle l'entendît, elle en pleura amèrement pendant une demi heure : « Je n'ai, disait-elle, que cette consolation dans mes souffrances : « pourquoi me la ravir ? Que ne m'a-t-on réveillée ! »

L'assoupissement recommença aussitôt et fut continuel, de sorte que craignant qu'elle ne mourût dans ce sommeil, on lui appliqua un remède violent pour la réveiller et lui rendre la liberté d'esprit nécessaire à la réception des derniers sacremens. Elle les reçut en effet demandant tout haut pardon à Dieu à chaque onction : « Quand il n'y aurait que les fautes de « ce soir, il y en a bien assez », disait-elle, prenant pour faute ce qu'elle avait dit sur le remède violent qu'on venait de lui appliquer. Après cette cérémonie, conversant avec M. Vernet : « Oh ! monsieur, lui dit- « elle, combien je suis touchée de voir autour de moi « tant de Sœurs qui s'empressent à me rendre service ! « j'en ai des remords. » Puis, toujours occupée de son œuvre et jusqu'au dernier soupir ne vivant que pour

elle, elle manda une Novice qui partait pour sa destina
tion, et malgré sa faiblesse, elle voulut lui faire ses
adieux, lui donner ses derniers avis : « Mon enfant, lui
dit-elle, appliquez-vous à la mortification : sans elle,
« comme sans l'humilité, il n'y a point d'oraison : soyez
« bien exacte à préparer chaque soir le sujet de votre
« méditation, mais surtout soyez fidèle à la préparation
« éloignée. Priez saint François-de-Sales de vous faire
« part de sa douceur et pratiquez cette vertu envers les
« enfants. » L'assoupissement recommença encore :
toutefois le 2 février, fête de la Présentation de Jésus
au temple, il fut moindre qu'à l'ordinaire. Dans la matinée, elle put recevoir encore le saint Viatique avec
les plus tendres sentimens de piété : « Oh ! monsieur,
« disait-elle confidentiellement à M. Vernet sur ce su-
« jet ; ce matin Dieu a inondé mon âme de consolations.
« Il me semblait que les saints dans le ciel n'en ont pas
« de plus grandes, mais je lui ai dit : Non, non, mon
« Dieu, je ne veux point de cela, mais des croix, des
« souffrances et des amertumes. » M. Vernet lui ayant
demandé ensuite pourquoi elle avait toujours eu une
dévotion particulière au mystère de ce jour, que les
Sœurs qui connaissaient son inclination avaient représenté sur un autel près de son lit à l'aide de petites
statues qu'elle contemplait et baisait avec une sainte joie:
« Ah ! répondit-elle, c'est que ce jour est celui où

« Jésus-Christ s'est présenté à son Père., comme la
« victime du monde qui venait s'immoler pour glorifier
« Dieu et pour sauver les hommes : je me suis toujours
« sentie à cette fête un tel dévouement pour entrer en
« participation des mêmes sentimens, que j'en aurais
« expiré, si Dieu n'avait soutenu ma faiblesse. » Peu
après ces belles paroles, elle retomba dans son assoupissement pour n'en plus sortir : seulement le lendemain
matin, on l'entendit répéter plusieurs fois son cri ordinaire: Miséricorde ! et la dernière partie de la Salutation
angélique. Ce furent les dernières prières qu'elle prononça ; et vers les quatre heures du soir, après avoir
reçu l'absolution générale et l'indulgence pour l'article
de la mort, elle rendit son âme à Dieu dans un sommeil
paisible et sans la moindre convulsion. Ainsi Dieu ne
permit pas que le démon, dont cette sainte âme avait
tant redouté les assauts pour cet instant suprême d'où
dépend l'éternité, vint troubler ses derniers momens;
et, chose bien remarquable, après avoir eu le bonheur
de recevoir le viatique le jour de la Présentation de
Notre-Seigneur, sa fête chérie, qui était, cette année
le premier vendredi du mois, jour consacré à honorer
le Cœur de Jésus auquel elle était si dévouée, elle eut
encore celui de mourir un samedi, jour consacré à
Marie, et dans le moment même où la Communauté
récitait le Chapelet, sa prière favorite.

Le lendemain dimanche les funérailles se firent avec la plus grande pompe, au milieu d'un clergé nombreux venu de Viviers et des environs, mais en même temps au milieu de toutes les démonstrations du respect et de la vénération : on faisait toucher à son corps, des chapelets, des médailles, des livres et des images pour les garder ensuite comme reliques ; et non contente de se ménager ces précieux souvenirs, la piété de ses filles éplorées les porta le lendemain à faire extraire et embaumer son cœur, ses yeux et sa main droite, puis à faire prendre son portrait par un peintre habile, afin de pouvoir contempler toujours les traits de cette mère chérie et se rappeler ses leçons et ses exemples en vénérant son image.

LIVRE QUATRIÈME.

De l'esprit et des vertus de Madame Rivier.

———————

QUELQUE édifiante qu'ait été jusqu'à présent l'histoire de Madame Rivier et de ses œuvres, il est cependant vrai de dire que nous ne la connaîtrions que bien imparfaitement, si nous ne recueillions sous un point de vue général les traits épars de son esprit et de ses vertus. C'est peu de chose que de belles actions, de grandes œuvres, de travaux mêmes pénibles et continus ; ce qui en fait le prix et le mérite, ce qui en constitue l'excellence, c'est l'esprit qui les anime. Des actes de vertu isolés et même multipliés ne font pas une personne vertueuse ; la vertu résulte de l'ensemble des dispositions, et c'est cet ensemble que nous entreprenons d'exposer. Le lecteur y trouvera de justes sujets d'édification, pour peu qu'il ait à cœur son salut ; et en voyant la voie

par où a marché cette digne servante de Dieu, pourra
rentrer en lui-même, examiner s'il suit les mêmes
sentiers, voir ce qui lui manque de la vertu dont
l'exemple lui est offert, s'animer à l'acquérir et prendre
des résolutions pour devenir meilleur.

Il contemplera Madame Rivier dans ses rapports avec
Dieu, et là il trouvera à imiter sa foi vive, son espérance ferme, son amour ardent, sa tendre dévotion
envers Jésus-Christ et ses Saints ; dans ses rapports
avec le prochain, là il s'édifiera de son zèle immense,
de sa rare prudence, de sa charité inépuisable : venant
ensuite à la considérer en elle-même, il admirera son
humilité, sa mortification, son obéissance, sa simplicité ;
et enfin il lui sera doux de voir tant de vertus couronnées par la vénération des hommes et par des traits
éclatants de là protection de Dieu et de la Sainte Vierge.
Tels sont les Chapitres que nous traiterons dans ce IVᵉ
Livre : nous y ferons parler souvent Madame Rivier
elle-même, tantôt d'après ses Lettres et Manuscrits,
tantôt d'après les Notes que les Sœurs prenaient par
écrit à la suite de ses entretiens pour ne rien perdre
d'instructions si utiles ; et le lecteur ne pourra que
nous savoir gré de ces citations bien préférables à tout
ce que nous pourrions dire : car les paroles des Saints
nous révèlent leur cœur et portent avec elles une
grâce particulière.

CHAPITRE PREMIER.

DE LA FOI DE MADAME RIVIER.

LA Foi, dit saint Ambroise, est le fondement de toutes les vertus ; et plus elle est éclairée, vive et ferme, plus les vertus édifiées sur elle sont solides et excellentes : or, quoi de plus remarquable que la foi de Madame Rivier ? Il fallait, certes, dans une pauvre fille de village une foi bien vive pour oser entreprendre, à l'époque même de nos troubles civils, et lorsque toutes les Institutions religieuses étaient renversées, la formation d'une Congrégation nouvelle. Il n'y avait qu'une foi vive qui pût la soutenir au milieu de tant de contradictions, de difficultés et de censures, sans que jamais elle se laissât abattre et décourager. Et où aurait-elle puisé ailleurs que dans la vivacité de sa foi, ces instructions fortes, énergiques, multipliées qui éclairaient et convertissaient, partaient du cœur et allaient au cœur. La Foi était pour Madame Rivier ce qu'elle était pour le saint roi David, *une lumière qui dirigeait tous ses pas*, qui éclairait toutes ses décisions, tous ses projets et toutes ses paroles. En toutes ses actions, elle se conduisait par l'esprit de foi et tâchait d'inspirer cet esprit à toutes ses filles : elle voulait qu'elles se demandassent souvent : Est-ce l'esprit de foi qui me fait penser, dire ou faire telle chose? Et quand elle les entendait porter quelque jugement d'après les vues humaines, elle les en reprenait fortement : « *O femme de peu de foi*, leur disait-elle ! que « n'avez-vous plus de déférence pour l'autorité de Dieu « et plus de foi à sa parole? Est-ce là ce que nous a « enseigné Jésus-Christ ?... » De cette vivacité de foi procédait en elle une tendre et respectueuse affection pour les pauvres, les orphelins, les personnes les plus délaissées et même les plus rebutantes selon la nature : elle les voyait non pas en elles-mêmes, en ce qu'elles ont de grossier et de repoussant, mais en Jésus-Christ qu'elles nous représentent, et qui déclare qu'il tiendra pour fait à lui-même tout le bien qu'on leur fera. De là naissait encore cette attention à bien faire les moindres actions, quelqu'occupée qu'elle fût d'ailleurs, et à veiller à ce que toutes choses se fissent avec ordre, dans le temps et de la manière qu'il fallait. Elle faisait chaque action comme si elle n'avait eu que cette seule chose à faire, et elle apportait même aux plus petites et aux plus indifférentes autant de zèle et de religion que les personnes pieuses en apportent à

leurs exercices de piété. « Nous devons tout faire pour
« Dieu, disait-elle, et rien de ce qu'on fait pour un si
« grand maître, n'est petit ou indifférent : la plus petite
« chose, dès que c'est pour Dieu qu'on la fait, devient
« digne non-seulement de notre attention, mais de
« notre vénération. » Aussi, quand elle voyait ses filles
donner peu d'attention aux petites choses, elle ne
pouvait se contenir et les réprimandait : « Si vous
« agissiez avec esprit de foi, leur disait-elle, vous
« mettriez bien plus d'attention à ce que vous faites. «
C'est pour cela que dans ses instructions elle ne se
lassait point de leur recommander la pureté d'intention,
qui, dans toutes les actions envisage Dieu seul, et
exclut toute recherche de soi-même : « le *moi*, disait-
« elle, prend presque toujours la place de Dieu : *moi*
« premièrement, *moi* secondement, et puis Dieu. . . .
« est-ce juste ? n'est-ce pas Dieu que nous devons
« toujours chercher et avoir premièrement en vue ? Ce
« ne sont point, disait-elle encore, les œuvres d'éclat
« qui sanctifient : les aumônes, le service des malades,
« les souffrances, les travaux, la pénitence la plus
« austère, tout cela n'est pas la sainteté. La sainteté
« est dans le cœur, dans la pureté d'intention, qui ne
« cherche et ne veut que Dieu. Elle commence par
« l'esprit de foi et se consomme par l'amour divin, qui
« en dominant le cœur, devient le principe de tout ce

« que l'on fait. Comprenez de là l'obligation où vous
« êtes de veiller sur votre cœur, d'*opérer dans votre*
« *intérieur*, d'y travailler sans relâche à acquérir la
« connaissance de vous-même, de vos vices et de vos
« défauts pour les détruire et faire croître à leur place
« la divine charité, ce qui ne peut se faire que par
« l'esprit de recueillement, de retraite intérieure et
« l'attention persévérante sur soi-même. » La sainteté,
disait-elle encore, (car la perfection des actions ordinaires était un des points sur lesquels elle insistait le
plus) « la sainteté ne vient pas tout d'un coup, mais
« elle se forme peu à peu par des actions bien faites.
« Un des meilleurs et des plus sûrs moyens pour avancer
« dans la perfection est de bien faire chacune de ses
« actions ; et c'est là un des moyens dont tout le monde
« doit se servir pour opérer son salut, en quelqu'état
« que l'on soit : car encore une fois la sainteté ne
« consiste pas à faire des actions éclatantes, mais à
« faire le plus parfaitement possible ce qui nous est
« prescrit par les devoirs de l'état où Dieu nous a placés.
« Or, pour qu'une action soit bien faite, il faut qu'elle
« soit faite dans l'ordre et selon la volonté de Dieu,
« avec toute l'application d'esprit et la perfection dont
« nous sommes capables et surtout avec une grande
« pureté d'intention. Quand Dieu eût créé les plantes
« et les arbres, il leur ordonna de se multiplier et de

« produire des fruits, chacun selon son espèce : c'est
« ainsi que Dieu veut que nous portions des fruits selon
« l'état où il nous a appelées, et que nous fassions
« chacune ce qu'il demande de nous, à chaque heure et
« à chaque moment. A mesure qu'il tirait les créatures
« du néant, il considérait chacun de ses ouvrages, dit
« la Sainte Écriture, et il disait : *Cela est bon* : nous
« devons de même lorsque nous avons fait une action,
« la regarder et l'examiner pour voir si elle est bien
« faite, et s'il n'y a rien à y ajouter ou à y corriger. Il
« faut surtout, je vous le répète, surveiller la pureté
« d'intention : car, l'intention est comme la racine de
« l'action : si l'intention est bonne, l'action le sera
« aussi, et si l'intention est mauvaise, l'action sera
« mauvaise, quelque excellente qu'elle puisse paraître.
« Mes enfants, vous devez vous appliquer à agir dans les
« mêmes intentions qui faisaient agir Notre-Seigneur,
« et dans les mêmes desseins que Dieu a en vous
« ordonnant cette action. Souvenez-vous bien de ce
« que je vous dis, soigner son intention, c'est soigner
« son cœur et son salut. »

Pour perfectionner l'esprit de foi dans ses filles,
Madame Rivier aimait à leur développer souvent cette
pensée de l'Apôtre, que le Chrétien est un temple
consacré à la Sainte Trinité. « Le corps, disait-elle,
« est l'extérieur du temple, et le cœur en est comme

« le sanctuaire : notre modestie, notre retenue et toute
« notre conduite extérieure doivent nous concilier, de
« la part du peuple, le respect et la vénération que l'on
« porte à ces belles Églises dont le frontispice et tous
« les dehors annoncent la grandeur de celui qui l'habite,
« mais nous devons en même-temps nous tenir retirées
« dans le sanctuaire de notre cœur pour y adorer Dieu,
« l'y aimer ; l'y prier, lui offrir des sacrifices, nous y
« entretenir avec Notre-Seigneur, l'étudier, le consulter
« sur tout ce que nous avons à faire, ne rien entreprendre,
« ne rien dire sans être auparavant entrées dans son
« cœur comme Moïse et David entraient dans le taber-
« nacle ou dans le temple pour y consulter Dieu
« devant l'Arche...... Il faut enfin ne rien souffrir
« dans ce sanctuaire qui ne soit pur, pas la plus
« petite faute volontaire, pas la moindre attache, pas
« la moindre volonté propre ; et dès que nous y aper-
« cevons la tâche la plus légère, il faut la purifier par le
« balai de la contrition, par les larmes, les Sacremens,
« les œuvres de pénitence : nous ne devons pas encore
« nous borner là ; il faut l'orner de vertus, l'embellir
« de saintes œuvres, et surtout de l'imitation de Notre-
« Seigneur. »

Ce que Madame Rivier enseignait aux autres, elle
était exacte à le pratiquer elle-même, et son cœur
était un vrai sanctuaire où elle se tenait habituellement

aux pieds de Notre-Seigneur pour lui faire l'offrande de toutes ses actions et de toute sa personne, pour le prier et le consulter, l'adorer et l'aimer, comme le reconnaissaient clairement tous ceux qui avaient quelques rapports avec elle. On sentait en lui parlant qu'elle était pleine de Dieu et toute pénétrée de son esprit.

Mais si l'esprit de la foi de Madame Rivier éclatait dans ses actions les plus communes, il était bien plus remarquable encore dans ses exercices de piété et dans tous ses rapports avec Dieu. La foi vive qu'elle avait de la grandeur et de la sainteté de Dieu, la tenait comme anéantie et abîmée de respect devant cette Souveraine Majesté : si elle prenait de l'eau bénite, si elle faisait un signe de croix, si elle saluait le Saint-Sacrement, c'était d'une manière si respectueuse, que tous ceux qui la voyaient en étaient frappés. Tout le temps qu'elle restait à l'Église, elle y était dans une attitude d'adoration et toujours à genoux malgré ses infirmités et l'enflure de ses jambes. « Je me sens pénétrée d'un si profond « respect en entrant dans l'Église, disait-elle un jour, « que si je ne craignais de me faire remarquer, je me « prosternerais à la porte, et je ramperais ainsi jusqu'à « l'autel. » Pendant la sainte Messe surtout, elle était toute pénétrée de la grandeur de cette action, et aurait voulu avoir la ferveur des Anges pour y assister dignement. Elle avait une si haute estime de ce divin sacrifice,

qu'elle s'unissait d'esprit et de cœur à toutes les Messes
de l'univers , et souhaitait de les entendre toutes si la
chose eût été possible. Ce qui la contrariait le plus dans
ses voyages , ce n'était ni les mauvais chemins , ni les
privations de toute espèce , mais bien la douleur de
manquer quelquefois la Messe avec la sainte Communion ; et dans ses maladies , quelque souffrante qu'elle
fût, elle surmontait la douleur pour assister chaque jour
au divin Sacrifice , se traînant à l'Église comme elle le
pouvait, malgré la fièvre , les catarrhes , l'enflure de
ses jambes ou autres infirmités. Quand les Sœurs la
voyant baignée de sueur ou accablée par le mal , lui
cachaient l'heure de la Messe , elle en témoignait une
vive peine , et même quelques jours avant sa mort ,
elle reprit fortement une Sœur qui disait à ses gardes
de ne pas la reveiller pour entendre la Messe dans
l'état de souffrance où elle était : peu importe le sommeil,
dit-elle vivement , le salut doit passer avant tout.
L'Évêque de Viviers ayant permis par égard pour ses
infirmités , qu'on offrît le saint Sacrifice et qu'on gardât
la réserve dans une petite chapelle contigüe à sa chambre , sa foi consolée d'un côté fut alarmée de l'autre
par la crainte de ne pas reconnaître assez dignement
une telle faveur , où l'appréhension qu'il ne s'y commît
quelque irrévérence même involontaire. Elle orna cette
chapelle avec la plus grande décence , décora les murs

de tableaux de piété, y fit faire l'adoration fréquente par ses Sœurs, et veilla avec le plus grand soin à ce qu'une lampe allumée y fût entretenue nuit et jour.

Telle était la foi de cette sainte âme que tout ce qui a rapport au culte de Dieu, excitait son intérêt au plus haut degré et provoquait sa vénération : rien de si beau, de si grand, de si admirable à ses yeux que les offices de l'Église; c'était pour elle l'image du Paradis : point de plaisir plus grand que de pouvoir y assister ; ils étaient toujours trop courts au gré de sa piété ; et un jour de la Semaine-Sainte qu'on lui faisait remarquer la longueur de l'office, elle répondit toute attendrie : « Quand je lis les offices de cette sainte semaine, je ne « puis m'en rassasier : ô que c'est beau ! je les lirais le « jour et la nuit. » Elle se plaisait à la récitation des Pseaumes, dont elle s'était fait indiquer les plus convenables pour ses besoins spirituels, et ce plaisir pieux n'avait d'égal que le bonheur qu'elle goûtait dans le chant des saints Cantiques, surtout de celui de saint François-Xavier, et de ceux qui commencent par ces mots : *Vive Jésus; Brûlons d'ardeur ; On n'aime pas mon Dieu :* « Ma Sœur, disait-elle quelquefois à la maîtresse « des Novices, faites-moi chanter un cantique par quel- « que personne ; cela m'aidera à faire oraison » ; et en entendant chanter, elle était toute transportée de joie et comme perdue en Dieu. Elle voulut même avoir un recueil de ses cantiques favoris, disant que si elle ne pouvait les chanter, du moins elle les lirait.

Tout ce qui avait été bénit par l'Église devenait l'objet de son respect et de sa piété : elle avait non seulement une vénération, mais une confiance admirable dans l'eau bénite, le pain bénit, ou autres objets qui avaient reçu la bénédiction de l'Église ; et un dimanche des Rameaux rencontrant une Sœur indisposée, elle lui donna une branche de palmier qui venait d'être bénie, en lui disant : Si vous avez la foi, portez ce rameau, il vous guérira.

Après ces grands exemples de foi, elle était bien en droit de reprendre celles de ses Sœurs qui manquaient à cette vertu ; et elle s'acquittait soigneusement de ce devoir. Plusieurs fois, il est arrivé qu'ayant vu faire le signe de la croix avec précipitation et sans piété, elle en a été tellement affectée, qu'elle a réuni subitement la Communauté pour lui dire sa douleur : « Je ne conçois « pas, lui disait-elle, comment des personnes dévouées « par état à former les autres à la piété, peuvent s'ou- « blier à ce point » ; et souvent après ce peu de mots, les larmes et les sanglots étouffaient sa voix, elle ne pouvait continuer. Tout l'auditoire répondait par des gémissemens et des pleurs ; chacune promettait d'apporter aux moindres actes de religion la piété la plus attentive ; et elle leur recommandait alors de préparer

toujours leur intérieur et leur extérieur avant de parler
à Dieu : « Quelle présomption, disait-elle, quelle har-
« diesse, ou plutôt quelle légèreté, quel peu de foi,
« d'oser se présenter devant Dieu pour le prier, sans s'y
« être préparées par le recueillement, l'humilité et la
« contrition. » Si elle voyait quelques personnes entrer
et se tenir à l'église avec un air léger et dissipé ou se
permettre dans le lieu saint la moindre irrévérence,
elle en était profondément peinée, elle punissait les coupables ou du moins leur adressait de sévères reproches,
leur faisant sentir qu'elles n'étaient point à l'église pour
voir ce qui s'y passe, mais seulement pour prier, ou,
si elles sont à la tête de leurs élèves, pour les surveiller
et les tenir par là dans le recueillement et le respect.
Cette religion parfaite dont elle était pénétrée pour la
sainte Eucharistie, la portait à détourner ses filles
d'avoir dans leurs Établissemens une chapelle pour y
faire dire la messe et y conserver le Saint-Sacrement :
« Je ne conçois pas, écrivait-elle à l'une d'elles sur ce
sujet, comment vous désirez tant d'avoir une chapelle
« dans votre maison, et je crains bien qu'il n'y ait plus
« d'orgueil que de piété dans votre désir. Vous chargez-
« vous de toutes les irrévérences que peuvent commet-
« tre vos élèves et autres personnes? Êtes-vous assez
« attentives, assez pieuses les unes et les autres pour
« rendre à Notre-Seigneur tous les devoirs qu'exige sa

« présence?... D'ailleurs ne pouvez-vous donc pas vous
« rendre à la paroisse et y conduire vos élèves? Ce sera
« bien plus édifiant pour le public. » Enfin cette âme
pleine de foi ne pouvait souffrir la moindre raillerie sur
quoi que ce soit qui eût rapport à la religion ou à la
piété : les choses même innocentes en ce genre qui
faisaient rire les autres, la faisaient gémir et souffrir :
elle ne pouvait concilier cette manière de parler et d'agir
avec les grandes idées que lui donnait sa foi.

CHAPITRE II.

DE L'ESPÉRANCE DE MADAME RIVIER ET DE SA CONFIANCE EN DIEU.

Si la foi de Madame Rivier a été grande, sa confiance
en Dieu n'a pas été moins parfaite, et on peut dire que
comme Abraham, elle a espéré contre l'espérance
même, c'est-à-dire lorsque toutes les ressources lui
manquaient et qu'elle ne voyait aucun moyen humain
de succès : c'est là comme la base sur laquelle elle a
établi sa Congrégation : « Si j'avais eu de l'argent pour

12

« faire mes œuvres, disait-elle, je n'en serais jamais
« venu à bout, et je n'aurais osé les entreprendre ; mais
« comme je n'avais rien, j'ai toujours espéré que le
« bon Dieu ferait tout, et qu'il saurait bien pourvoir à
« tout ce qui serait nécessaire pour l'accomplissement
« de ses desseins : ainsi ma pauvreté, ma misère,
« ma faiblesse sont cause que j'ai agi avec une entière
« confiance en sa bonté plus que paternelle, sans me
« mettre en peine de ce qui pourrait me manquer. »
Aussi se plaisait-elle à confesser en toute occasion
que sa Congrégation et tout ce qui s'y était fait,
n'était point son œuvre, ni l'œuvre d'aucun homme,
mais l'œuvre de Dieu et de son adorable Providence.
« Oui, disait-elle, tout nous vient de Dieu et de la
« Sainte Vierge : en voulez-vous la preuve ? cette œuvre
« a commencé dans un temps de persécution, dans des
« jours où personne n'osait presque se déclarer chrétien.
« Au milieu de ce bouleversement et de cette confusion,
« quelques pauvres filles s'assemblent et sans trop savoir
« pourquoi : car je puis bien vous dire, mes enfants,
« que je ne savais pas du tout ce que je voulais faire : je
« ne connaissais nullement ce que le bon Dieu voulait
« faire de moi et de mes compagnes. Nous étions toutes
« bien éloignées de penser que la chose dût en venir au
« point où nous la voyons aujourd'hui, et je puis vous
« assurer que tout s'est fait sans savoir comment. Nous

« étions cinq à six pauvres filles, sans moyens, sans
« ressource, et je leur disais : Assemblons-nous et nous
« ferons l'école : nous nous réunîmes et nous fîmes
« l'école à tous les enfans qui voulaient venir. A peine
« savions-nous le nécessaire, nous étions même obli-
« gées d'étudier notre leçon pour l'enseigner aux autres.
« Nous étions si pauvres que nous n'avions pour tout
« logement qu'une seule chambre qui servait de cuisine,
« de réfectoire, de classe et de dortoir ; pour toute
« nourriture qu'un pain grossier qui nous déchirait le
« palais; pour lit qu'un peu de paille... point de chaises
« pour s'asseoir, point de médecin pour les malades,
« point de voiture ni de monture pour les voyages ;
« nous n'étions rien, nous n'avions rien, nous ne pou-
« vions rien ; et après cela douteriez-vous que ce ne soit
« le bon Dieu qui ait conduit les choses au point ou
« vous les voyez aujourd'hui, qui ait fondé, accru et
« consolidé cette Communauté? »

Pleine de cette pensée, elle ne compta jamais sur les
moyens humains pour toutes ses entreprises, mais uniquement sur la prière qui est le grand secret pour nous
rendre la Providence favorable : « Si dans les occasions
« importantes, disait-elle, nous avons eu recours aux
« moyens humains, aux personnes d'autorité et de
« confiance, c'était pour nous conformer à l'ordre de la
« Providence, mais pour moi, je n'ai jamais compté

« que sur la prière. Je n'ai jamais cru pouvoir réussir
« en rien sans cela ; mais dès que j'ai prié et fait prier,
« je me tiens tranquille et en assurance, appuyée sur la
« parole de Jésus-Christ qui ne peut nous tromper :
« *En vérité je vous le dis, ce que vous demanderez à mon*
« *Père en mon nom, croyez que vous le recevrez et vous*
« *serez exaucés.* » Madame Rivier avait observé cette
sainte pratique dès sa plus tendre enfance ; dès lors elle
n'attendait rien que de Dieu et de la prière, mais aussi
elle en attendait tout, de sorte qu'avant d'agir ou de
parler, quelque occupée qu'elle fût, son premier soin
était de recommander à Dieu ce qu'elle avait à dire ou
à faire ; et pendant l'action, son attention principale était
à se tenir dans cet esprit de prière qui faisait tout son
espoir : « Prenez garde, disait-elle souvent avant de
« commencer ses instructions, faites attention à bien
« dire le *Veni, Sancte Spiritus*, parce que sans cela nous
« ne ferions rien qui vaille. Il faut que ce soit Dieu qui
« parle à vos cœurs et qui les touche, pendant que je
« parlerai moi-même à vos oreilles : autrement vous ne
« profiterez pas de ce que je vous dirai : par moi-même
« je ne suis capable que de tout gâter.... Je n'oserais
« jamais faire une instruction sans m'y être préparée par
« la prière, disait-elle un jour à une de ses Sœurs ; je ne
« sais comment on peut être si osé que d'aller de but
« en blanc faire ces sortes d'exercices : je ne parle pas

« même en particulier aux Sœurs et aux Novices sans
« avoir prié. » Et après ses instructions elle priait encore
et faisait prier, afin qu'on profitât de ce qu'elle venait
de dire; tant elle mettait sa confiance en Dieu seul. Ce
qu'elle faisait pour ses instructions, elle le pratiquait
pour toutes les autres affaires et pour tous les actes de
son administration : elle ne décidait ni ne faisait rien
qu'après en avoir parlé et fait parler à Dieu dans la prière:
dans les plus petites comme dans les plus grandes difficultés, c'était là sa première ressource : le choix ou le
renvoi des sujets, l'établissement d'une école, les place-
mens ou déplacemens des Sœurs, leurs voyages pour se
rendre à leur poste, tout était précédé, accompagné et
suivi de beaucoup de prières. La Sainte Messe, les
Rosaires, le Chemin de la Croix, les prières aux Saints
Anges ou pour les âmes du Purgatoire, voilà ce qu'elle
appelait ses moyens tout-puissants, le remède à tous
les besoins temporels et spirituels de sa Communauté.
« Vous voilà bien affairées, mes pauvres filles, disait-
« elle un jour à ses Sœurs, vous cherchez mille moyens
« pour réussir dans cette affaire; tout va bien, ce vous
« semble : mais prudence humaine, que vous êtes faible
« et impuissante ! Pour moi, je ne compte que sur la
« prière, sur mes rosaires. » Et après le succès de quelque affaire, elle disait d'autres fois à ses Sœurs : « Vous
« vous applaudissez d'avoir pris tel moyen, vous avez

« compté là dessus, et c'est à cela que vous attribuez le
« succès; mais moi je sais à qui je le dois : si nous avons
« obtenu ce que nous désirions, je sais ce qu'il m'en a
« coûté de prières et de rosaires. »

Tous les jours elle faisait réciter dans sa Communauté les Litanies de la Providence, et elle y attachait
une telle importance, qu'elle dit un jour que, si elle
apprenait le soir avant de s'endormir que la Communauté y eût manqué, elle se lèverait et la ferait lever,
fût-ce à minuit, pour les réciter. Tous les jours elle
faisait prier ses chères orphelines pour les besoins de la
Congrégation ou à son intention personnelle; et quand
elle avait quelque grâce particulière à solliciter, elle
ordonnait qu'on les rassemblât autour de la statue de la
Sainte Vierge pour y dire le Chapelet à cette fin : c'était
là son grand sujet de confiance : et si on lui observait
que ces enfants priaient sans dévotion : « N'importe,
répondait-elle, pourvu qu'elles prient, c'est toujours
« la prière du pauvre qui ne peut manquer d'attirer les
« miséricordes de Dieu. »

Mais pour connaître à fond les sentimens de Madame
Rivier sur la confiance qu'elle avait dans la prière, il faut
lire sa lettre à M. Vernet, où elle expose à ce vénérable
directeur de sa conscience les motifs qui la portent à
fonder son Tiers-Ordre, dit *de la Sainte Famille* : c'est
là que tout son cœur se révèle sur cet important sujet.

« Depuis la fondation de la maison de la Présentation,
lui dit-elle, je me suis convaincue de jour en jour
« davantage que l'on ne peut rien sans la prière, et tout
« ce qui s'est fait jusqu'ici a été arraché du ciel à force
« de prier. Les obstacles et les difficultés qui ont été
« sans nombre n'ont été surmontés que par là ; nous
« avons été les premières années dans un état de
« misère et de pauvreté extrêmes, et la prière seule a
« été notre soutien. Combien de fois m'est-il arrivé,
« manquant de tout, de passer des heures entières de-
« vant la Sainte Vierge ou au pied des autels, priant
« avec abondance de larmes Notre-Seigneur et notre
« bonne Mère de nous donner du pain, pour pouvoir
« subsister mes compagnes et moi ; et souvent j'ai reçu
« le secours dès en sortant de l'église. Aussi dans tous
« les besoins spirituels, corporels et temporels de la
« Communauté, avons-nous toujours été dans le pieux
« usage de recourir tout de suite à la prière, pour la-
« quelle Dieu m'a donné la plus grande foi et la plus
« ferme espérance dès ma plus tendre enfance. C'est
« par cette confiance en Dieu que j'ai osé entreprendre
« l'œuvre dont la divine Providence m'a chargée, con-
« naissant bien mon incapacité, ma misère sous tous
« les rapports, mais attendant tout de Dieu et de la
« protection de la très-sainte Vierge que nous avons
« toujours invoquée avec la plus tendre et la plus ferme

« confiance. Aussi est-ce par les mains de cette bonne
« mère que toutes les grâces et tous les secours nous
« sont venus : nous n'avons cessé d'éprouver les effets
« de sa protection, et plus j'avance dans la conduite de
« la grande œuvre que Dieu m'a confiée, plus je sens
« le besoin de son secours.

 « En effet, indépendamment de ma misère que je
« vois de jour en jour plus profonde, je ne crois pas
« qu'il y ait eu dans aucun temps plus de peine à former
« les jeunes personnes à la piété et aux vertus solides,
« que dans ce siècle plein d'inconstance, de frivolité et
« de légèreté. Ce qu'on appelle sainteté aujourd'hui n'est
« en général qu'une vertu médiocre et commune ; il y a
« bien peu de sujets qui deviennent intérieurs et renon-
« cés, et encore ce n'est qu'à force de soins et de prières
« qu'on peut les soutenir dans cette vertu commune et
« tout-à-fait médiocre. L'enseignement devient aussi
« tous les jours plus difficile ; enfin l'on n'a jamais eu plus
« de peine à faire le bien qu'aujourd'hui ; jamais les
« besoins n'ont été plus grands, la jeunesse si pervertie,
« si entourée de dangers et de mauvais exemples : or il
« me semble qu'on ne peut surmonter tant de difficultés
« qu'avec le secours de la prière continuelle : pendant
« que les unes travaillent il faudrait que les autres fus-
« sent des Moïses prosternés au pied des autels pour leur
« obtenir du cœur de Jésus-Christ les grâces néces-

« saires et attirer les bénédictions du ciel sur leurs
« travaux : sans cela , je ne crois pas que nous puissions
« nous soutenir ni faire un grand bien. Voilà ce qui m'a
« inspiré et m'inspire toujours plus fortement le des-
« sein de fonder une maison de pauvres filles, qui
« n'ayant ni les talents ni les qualités propres à l'en-
« seignement , voudraient se consacrer à Dieu et vivre
« en Communauté. Le principal but de cette fondation
« serait l'adoration perpétuelle : nuit et jour il y aurait
« deux Sœurs par heure devant le très-Saint Sacrement;
« et comme cela ne pourrait être que quand la Commu-
« nauté serait assez nombreuse pour y suffire , on se
« bornerait, en attendant , à avoir des adoratrices à
« toutes les heures du jour et non pendant la nuit.
« Tous les jours on dirait le Rosaire, et toutes celles
« à qui la santé le permettrait jeûneraient une fois la
« semaine. O que je désire ardemment cette œuvre !
« Dans le malheureux temps où nous sommes, où l'on
« voit la foi se perdre tous les jours et les mœurs se
« corrompre de plus en plus , il me semble qu'on ne
« devrait jamais cesser de crier miséricorde vers le ciel;
« il faudrait prier jour et nuit pour la conversion du
« monde et la destruction des mauvais livres qui per-
« dent tant d'âmes et inondent la terre de crimes. Il n'y
« a que la prière qui puisse apaiser la justice de Dieu et
« détourner les fléaux qui nous menacent. Dans notre

12.

« département il n'y a pas de Communauté consacrée à
« l'adoration perpétuelle ; il est bien à désirer qu'il y
« en ait une qui prie pour tout le monde et fasse sans
« cesse violence au ciel. Ah ! que je voudrais avoir en
« ce moment une pleine maison d'adoratrices ! Il me
« semble qu'elles attireraient toutes les bénédictions du
« ciel. La fin principale de notre Institut est de travailler
« au salut des âmes en instruisant la jeunesse : ce sera
« y travailler complètement et efficacement, si nous
« joignons la prière continuelle à l'instruction. Par ce
« moyen le corps se soutiendra et nous réussirons à
« faire le bien.

« De plus, nous sommes les filles de la Présentation
« de Marie, et je remarque que sa sainte vie, quoique
« très-laborieuse, fut une vie de prière et d'oraison.
« Tout le temps qu'elle resta dans le temple, elle pas-
« sait plusieurs heures dans le Sanctuaire. Nos emplois
« d'enseignement ne nous permettant pas de l'imiter
« en cela, nos Sœurs du Tiers-Ordre rempliront pour
« nous ces saintes fonctions et la Communauté n'en
« sera que plus parfaitement la maison de Marie.

« C'est aussi dans cette maison que seront placées les
« orphelines, ces chères enfans qui, quelque fatiguées
« qu'elles soient de leurs pénibles emplois, ne peuvent
« se coucher sans aller passer leur heure devant le
« Saint-Sacrement et faire le Chemin de la Croix. Ja-

« mais on n'a vu en elles de variation sur ces saintes
« pratiques, et si elles ne peuvent les faire le jour, elles
« aiment mieux se priver de leur récréation que d'y
« manquer. Or, c'est là ma consolation au milieu de
« mes pénibles fonctions : les prières et les bonnes
« œuvres que font tous les jours la Communauté et les
« orphelines, me donnent seules paix et confiance.
« Dans les croix et les contradictions que la Providence
« nous a fait éprouver, toute ma ressource a été de
« mettre mes chères orphelines en prière et de leur
« permettre quelques jeûnes de temps en temps ; ce
« qu'elles ont toujours fait avec empressement. Quand
« j'ai voulu obtenir quelque grâce particulière, et toutes
« les fois que nous avons été dans les besoins tempo-
« rels, j'ai promis au bon Dieu de recevoir une ou
« plusieurs orphelines de plus, et je me suis toujours
« bien trouvée des prières de ces enfans : la Providence
« nous a assistées en toute manière et ne nous a jamais
« laissées dans le besoin. »

CHAPITRE III.

SON AMOUR POUR DIEU.

L'AMOUR divin est comparé dans l'Écriture Sainte à un feu qui consume, qui brûle toujours sans que les plus grandes eaux puissent l'éteindre, et que cependant on entretient chaque jour en donnant un aliment à sa flamme. Or, tel était le triple caractère de l'amour divin dans le cœur de Madame Rivier. C'était un feu qui consume, parce qu'il détruisit en elle jusqu'aux moindres traces du propre intérêt; son amour généreux, désintéressé se faisait une jouissance des plus grands sacrifices : c'était un feu qui brûle toujours, parce qu'il la tenait dans une continuelle union à Dieu : c'était un feu entretenu chaque jour, parce que chaque jour elle l'alimentait par l'oraison : c'est ce que nous verrons dans les trois articles suivants.

ARTICLE I.

Amour généreux et désintéressé de Madame Rivier envers Dieu.

CELUI-LÀ aime peu qui met en balance ses propres intérêts avec ceux de la personne qu'il aime, et hésite pour le choix entre les uns et les autres. L'amour généreux ferme les yeux sur ce qui le regarde et n'a d'attention, de zèle et d'ardeur que pour la personne aimée : il s'oublie lui-même, et de grand cœur il fait pour une tête si chère les plus grands sacrifices, sans même les estimer tels, tant il se compte pour rien et l'autre personne pour tout. C'est ainsi qu'une mère se jete au devant du coup qui doit donner la mort à son enfant, et dans l'ardeur de son amour sacrifie pour lui jusqu'à sa propre vie. C'est ainsi et mieux encore que l'amour divin a été généreux et désintéressé dans le cœur de Madame Rivier. Pour faire connaître, aimer et servir Dieu, elle s'immola dès son enfance, sacrifiant son repos, sa santé, sa vie toute entière ; elle embrassa avec joie toutes les peines, les contrariétés, les persécutions, les angoisses, les douleurs intérieures et extérieures qu'entraînait son œuvre ; elle se soumit à être privée de toute consolation, à vivre dans de continuelles

sollicitudes, à n'avoir jamais de relâche. C'était une victime, un holocauste parfait immolé à l'amour de son Dieu. Elle fit plus encore ; non contente de sacrifier toutes les jouissances de la vie présente, cette grande âme entra dans la disposition héroïque des Paul et des Moïse de sacrifier même les jouissances de la vie future, si la plus grande gloire de Dieu exigeait cette renonciation : « J'ai demandé à Dieu, écrivait-elle à son directeur, de m'envoyer, s'il lui plaisait, toutes les croix,
« de me rendre le rebut du monde, de m'affliger par
« des maladies et des peines intérieures, de me priver
« de toute consolation, et cela jusqu'à la fin du monde.
« Je me suis offerte à endurer tout cela pour la conser-
« vation de cet Institut si sa plus grande gloire s'y trou-
« vait, et il me semble que je ferais le sacrifice de ne
« jamais voir Dieu, si je pouvais travailler toute l'éter-
« nité au salut des âmes. » Un jour qu'elle instruisait ses filles, après leur avoir présenté le tableau du bien immense qu'elles peuvent faire auprès de la jeunesse et de la gloire qu'elles peuvent procurer à Dieu , elle ajouta : « Il est vrai qu'il y a beaucoup de peines dans
« cette carrière, bien des croix à porter: et je peux vous
« assurer que j'en ai et que j'en ai eu beaucoup
« moi-même, et de plus j'ai toutes les vôtres. Hé bien ,
« quelque nombreuses et douloureuses que soient ces
« peines, je ne voudrais pas d'autre paradis que celui

« de travailler pour Dieu. Oui, je m'estimerais heu-
« reuse, quand je n'en aurais pas d'autre. Ne vous
« mettez pas en peine du ciel, mes enfans; travaillez
« bien, et puis le paradis viendra quand le bon Dieu
« voudra. Les âmes désintéressées travaillent pour Dieu
« seul. » Un autre jour interpellant ses Sœurs dans une
instruction, elle leur demanda à chacune séparément,
ce qu'elles feraient si elles voyaient d'un côté le ciel
ouvert, et de l'autre les travaux de leur vocation : à
quoi toutes ayant répondu sans hésiter qu'elles entre-
raient vîte dans le ciel : « O les dames! ô les paresseuses !
« reprit-elle aussitôt avec un zèle enflammé ; et moi je
« préférerais les travaux les plus pénibles pour procurer
« la gloire de Dieu ; des croix, des humiliations, des
« peines intérieures et extérieures: l'éternité sera bien
« assez longue pour nous reposer. » Ma mère, lui dit
un jour une de ses Sœurs malade, si le bon Dieu voulait
me faire miséricorde, que je voudrais bien mourir
maintenant! « Hé quoi, lui répondit-elle, vous vou-
« driez aller en paradis et laisser aller les enfans en
« enfer faute d'instruction! certes, non pas moi. Si le
« bon Dieu voulait m'y mettre à présent, je lui deman-
« derais d'attendre, et le conjurerais de me laisser plutôt
« me traîner à quatre pattes pour lui gagner des âmes.
« Il me semble, ajouta-t-elle en riant, que si je pouvais
« entrer un moment dans le ciel, j'en ferais sortir tous

« les jeunes saints pour qu'ils vinssent gagner des âmes
« à Jésus-Christ. » Et ces sentimens héroïques, elle
ne les a pas énoncés une fois en passant, mais répétés
un million de fois à ses Sœurs ; et jusque dans sa dernière maladie, au milieu des plus cruelles souffrances,
on lui a entendu dire en parlant de l'établissement de
Cosne, dans le diocèse de Moulins, où elle envoyait des
Sœurs pour la première fois : « J'aimerais bien autant
« Cosne que le Paradis. » Voilà bien cet amour pur,
cet abandon de tout soi-même qui est la perfection de la
charité, mais qui en même temps, quoique en aient
dit quelques critiques au cœur trop froid pour comprendre le langage des Saints, ne déroge en rien à
l'obligation de l'espérance chrétienne : car l'âme dans
cet état n'en dit pas moins comme le reste des fidèles :
j'espère le ciel, puisque Dieu me l'a promis ; seulement
elle ajoute par une supposition qui sans doute ne se
réalisera jamais, mais dans laquelle toutefois se complaît
son amour : Si la gloire de Dieu l'exigeait, je ferais le
sacrifice de ce que j'espère : actes, dit Bossuet (1), qui

(1) Instruction sur les états d'oraison, Livre IX, n° 4.
— Voyez de plus l'analyse de la controverse du quiétisme,
n° 10, 51, 52, 67, 121, à la tête du Tome IV des OEuvres de
Fénélon et dans la deuxième partie de l'Histoire littéraire de
Fénélon.

ne peuvent être blâmés sans condamner en même temps ce qu'il y a de plus grand et de plus saint dans l'Église... actes, dit encore le savant prélat (1), qui ont été pratiqués par des Saints, et le peuvent être encore utilement, avec une grâce très-particulière de Dieu, par les âmes vraiment parfaites, sans déroger à l'obligation des autres actes essentiels au Christianisme.

ARTICLE II.

Son union continuelle avec Dieu.

L'AMOUR met son bonheur à penser à l'objet aimé, et rien ne peut l'en distraire, parce que tout le reste lui semble insipide en comparaison ; et tel était le principe de cette union habituelle à Dieu dans laquelle se conservait Madame Rivier. Au milieu de ses continuels travaux, le souvenir de Dieu lui était toujours présent, et tout ce qu'elle voyait ou entendait lui servait de moyen pour s'élever à lui. Elle le voyait en tout ; elle s'était faite dans son cœur une solitude où elle savait le trouver, se tenir bien humble et bien petite en sa présence, l'interroger et l'écouter, lui offrir des sacrifices, des hommages, des prières ferventes, des soupirs d'a-

(1) Instruction sur les états d'oraison, Livre X, n° 22.

mour, des gémissements continuels, purifier ses intentions de toute vue humaine, et se conformer en tout à l'esprit de Jésus-Christ, aux dispositions de son cœur, aux maximes de son Évangile: c'était là ce qu'elle appelait tantôt l'*ouvrage du cœur*, tantôt *opérer dans son intérieur*. « Je n'ai pas eu un moment aujourd'hui pour faire « oraison, disait-elle une fois à son directeur ; je tâche « d'y suppléer en me tenant unie à Dieu durant tout le « jour, ensorte que si par intervalles je me surprends ne « pensant pas à sa sainte présence, je me le reproche « de la même sorte que si j'avais des distractions dans « la prière. » « Quand je m'aperçois que j'ai passé quel- « que temps sans avoir prié, disait-elle une autre fois, « j'en éprouve une sorte de frayeur et je me remets « bien vite à l'*ouvrage du cœur*, » c'est-à-dire ; comme nous l'avons observé, aux pieux colloques avec Dieu. Si elle recevait quelques visites ou assistait à quelques conversations qui n'exigeassent pas toute son attention, elle laissait parler les autres et profitait de ces moments pour se recueillir en Dieu et s'entretenir avec lui : « Je « ne suis jamais plus libre pour m'unir à Dieu, disait- « elle, que quand je me trouve avec des étrangers qui « n'ont rien d'important à me dire, pourvu qu'il y ait « quelqu'un qui soutienne la conversation : alors je « laisse parler les autres et je prie le bon Dieu tout à mon « aise : il suffit que je place quelques mots par ci par là :

« c'est tout ce qu'il faut. » Et en effet, on n'a jamais remarqué que son recueillement l'ait fait manquer à aucun des égards qu'exige la bienséance, selon le rang et la qualité des personnes avec qui elle conversait : elle paraissait attentive à tout, mêlant un sourire gracieux à ce qui se disait d'agréable et disant elle-même à propos quelques paroles d'intérêt. Si elle était en voyage, elle ne se laissait point dissiper par tout ce qui pique la curiosité des voyageurs ; mais captivant ses yeux, elle s'occupait de Dieu presque tout le long de la route et récitait le plus de Rosaires qu'elle pouvait, pour suppléer aux chapelets que l'accablement des affaires ne lui laissait pas le loisir de dire chaque jour. « Je ne suis « jamais plus recueillie, disait-elle, que dans les voya- « ges, parce qu'alors je ne suis pas distraite par les « affaires. Je profite de tous les moments pour me re- « cueillir et prier un peu, pendant que les autres parlent « autour de moi. » Ce qui ne l'empêchait pas cependant de parler à propos pour faire plaisir à ses compagnes.

Cet esprit de recueillement qu'elle possédait à un si haut degré, elle cherchait en toute occasion à l'inculquer à ses filles : « Si vous ne devenez des filles de « prière et d'oraison, leur disait-elle souvent, non- « seulement vous ne pourrez pas avancer dans la vertu, « mais vous ne pourrez pas même vous soutenir dans « votre vocation et encore moins y faire le bien. Nous

« ne pouvons même éviter le péché et persévérer dans
« la mortification que par la prière, c'est-à-dire par les
« gémissements du cœur, l'esprit de componction, le
« recueillement, la défiance de soi-même et la confiance
« en Dieu : car qui dit prière, dit tout cela, et l'esprit
« de prière est un cri, un soupir continuel vers Dieu :
« c'est la plus grande grâce que Dieu puisse faire à une
« âme que de la tenir dans cet état. Et ne dites pas que
« vos occupations sont trop dissipantes pour que vous
« puissiez prier ainsi continuellement. Saint François-
« Xavier, saint François-de-Sales, saint Vincent-de-
« Paul et votre saint patron saint François-Régis étaient
« bien autrement occupés et leurs emplois bien plus
« capables d'absorber l'attention que les vôtres, et ce-
« pendant c'étaient des hommes de recueillement et de
« prière. Pendant que l'esprit et le corps travaillent, le
« cœur ne peut-il pas faire aussi *son ouvrage ?* Et si vous
« me demandez comment y parvenir, je vous le dirai. »
Elle leur enseignait alors la pratique des oraisons jaculatoires, la leur recommandant comme le moyen le plus
facile et le plus simple non-seulement d'arriver au
recueillement, mais encore de repousser les tentations
et de mettre le démon en fuite, de sanctifier nos actions
en renouvelant l'intention, de purifier notre cœur en
prévenant ou en expiant tant de retours d'amour-propre
qui se mêlent dans nos actions, enfin d'obtenir les grâces

dont nous avons besoin et d'attirer les bénédictions de Dieu sur nos emplois; et elle y était elle-même si fidèle, qu'on pourrait presque dire que ces soupirs et ces gémissemens, ces pieux élans du cœur vers Dieu étaient en elle aussi fréquents que la respiration : « Miséricorde, « miséricorde ! s'écriait-elle souvent : Mon Dieu, venez « à mon aide, hâtez-vous de me secourir. Dieu soit « béni ! A mon secours, Vierge sainte. » Telles étaient ses aspirations les plus habituelles et elle les redisait la nuit comme le jour, même en dormant : « Hélas ! « disait-elle souvent, que ferais-je sans mes oraisons « jaculatoires, moi qui n'ai pas un moment pour mes « exercices de piété. »

Et cependant elle était encore inquiète de ce qu'elle ne priait pas assez, et elle en exprimait sa peine à son directeur qui s'efforçait de la consoler et de la rassurer en lui faisant sentir que cette élévation et cette application de son esprit et de son cœur à Dieu ou la grâce la tenait habituellement constituaient l'essence de l'oraison, qu'ainsi elle faisait oraison tout le jour. Doctrine sans doute conforme à l'enseignement de tous les auteurs (1) : car l'oraison perpétuelle des parfaits et leur union continuelle à Dieu, ne consiste ni dans un

(1) Instruction sur les états d'oraison, Liv. 1. — Analyse de la controverse du quiétisme, n° 7 et 45. — 19ᵉ art. d'Issy.

acte perpétuel et unique , ni dans une suite d'actes sans
aucune interruption , mais dans une disposition habituelle et perpétuelle de tout faire pour plaire à Dieu et
de ne rien faire qui lui déplaise : c'est uniquement en
ce sens que l'Apôtre saint Paul (1) et Notre-Seigneur
lui-même (2) recommandent si fort l'oraison perpétuelle.

ARTICLE III.

Son oraison.

L'ORAISON étant comme le foyer où le cœur s'embrase
du saint amour, il n'y a pas lieu de douter que l'oraison
d'une âme qui a tant aimé n'ait été une oraison très-
parfaite et très-excellente. C'était là qu'elle se complaisait
à étudier la très-adorable volonté de Dieu dans laquelle
elle mettait toutes ses délices, les mystères de Jésus-
Christ, ses actions, ses maximes, ses sentiments, toutes les merveilles de son cœur sacré et de celui de sa
sainte mère : c'était là qu'elle se pénétrait des fins dernières de l'homme, de la rigueur des jugements de
Dieu, et puisait dans la frayeur dont ce souvenir la

(1) I. Thes. v. 17.
(2) Luc, XVIII. 1.

saisissait une soif toujours nouvelle de travaux et de souffrances : « C'est pour moi un mystère plus incom-« préhensible que tout autre, disait-elle quelquefois, « que ce désir qu'on a de mourir pour s'exempter des « peines, des combats et des souffrances de la vie. Si « l'on savait bien ce que c'est que le péché et les peines « de la vie future, on serait bien éloigné de ces senti-« ments. Quelle présomption de prétendre avoir le ciel « pour rien ! c'est ignorer absolument ce que c'est que « le Paradis que de regarder comme trop longs les com-« bats, les travaux et tout ce qu'il faut souffrir pour y « arriver. » Mais le moyen de mieux connaître qu'elle était son oraison , c'est d'entendre les leçons qu'elle adressait sur ce sujet à ses Sœurs : une si grande habileté dans cette science des saints ne peut être que le fruit d'une pratique habituelle et très-parfaite. Premièrement elle recommandait l'exactitude à faire oraison pendant tout le temps et de la manière que la Règle le prescrit. En second lieu, ce qu'elle désirait le plus , c'était la préparation éloignée qu'elle faisait consister en cinq points , 1º la fuite de toute faute volontaire , ou la pureté de cœur , 2º la mortification des sens , 3º les oraisons jaculatoires , 4º la présence de Dieu ou l'esprit de foi et de recueillement, 5º la préparation du sujet, qui se fait en déterminant la veille les points de l'oraison , et s'en occupant doucement le soir à son coucher et le matin à son lever. Troisièmement elle disait qu'après cela, pourvu qu'on fût fidèle à rejeter les distractions et à prendre une bonne résolution, on aurait fait ce qu'il faut pour bien faire oraison, que c'est à Dieu à faire le reste, à nous donner des consolations ou des sécheresses comme il lui plaira, et qu'on doit s'abandonner à sa sainte volonté et à son divin esprit; que s'il nous vient alors quelque sentiment ou impression de la grâce qui nous détourne du sujet préparé, il ne faut pas le rejeter, mais suivre sans résistance et avec simplicité l'attrait du Saint-Esprit; que le fruit principal que nous devons retirer de l'oraison, c'est un plus grand mépris de nous-mêmes, un plus grand désir de nous corriger de nos défauts et de bien remplir nos devoirs; qu'enfin il faut ici surtout une très grande pureté d'intention et que dans un exercice si saint on ne doit pas se rechercher soi-même en courant après les consolations et les douceurs. « Peu « importe, disait-elle, que vous soyez sèches et sans « goût à l'oraison et dans tout ce qui est du service de « Dieu, pourvu que vous fassiez ce qui est de votre « devoir, que vous prouviez votre amour au bon Dieu « par vos œuvres et votre fidélité à accomplir sa sainte « volonté en toutes choses. Il vaut bien mieux lui prou- « ver que lui dire qu'on l'aime. L'amour affectif peut « être comparé aux bourgeons et aux fleurs des arbres,

« mais l'amour effectif, c'est-à-dire les actions faites
« pour Dieu en sont comme les fruits. Vous auriez beau
« me dire que vous êtes unies à Dieu, que vous goûtez
« les plus grandes consolations, je ne ferai aucun cas
« de votre grande dévotion si vous négligez la mortifi-
« cation des sens et des passions, ou l'accomplissement
« de vos devoirs. Point d'oraison, point de solide piété
« sans mortification, sans humilité surtout. Combien
« de ces dévotes sucrées qui passent les heures entières
« comme ravies en extase et qui ne peuvent supporter
« la moindre contrariété, le moindre blâme, le plus
« petit mépris; qui négligent leurs devoirs, n'ont aucun
« zèle pour faire profiter leurs élèves, ne les surveillent
« même pas? tout cela n'est qu'illusion et fausse dévo-
« tion. Lorsqu'au contraire vous me dites que vous êtes
« désolées par les sécheresses, les tentations de tout
« genre, si je vous vois faire des actes contraires à ces
« tentations, vous conduire en tout selon votre Règle
« et l'obéissance, je ne m'inquiète pas de tout ce qui se
« passe dans votre tête. Dites tout ce que vous voudrez,
« mais ce sont vos œuvres que je regarde : car selon
« la règle que nous a donnée Notre-Seigneur, *on connaît*
« *l'arbre par son fruit.* »

Madame Rivier conformait sa pratique à son enseignement. Elle ne cherchait pas les consolations dans ses
exercices de piété, mais Jésus seul avec sa croix et ses

13

délaissements. C'est ce que nous révèle une de ses paroles. Une Sœur lui ayant dit un jour que Dieu devait sans doute la dédommager par bien des consolations intérieures de tant de croix, de travaux et de souffrances : « Des consolations, répondit-elle ! je n'ai pas le « temps de les goûter. Il vaut mieux travailler pour « Dieu que de s'amuser à désirer les consolations. »

CHAPITRE IV.

SA TENDRE DÉVOTION ENVERS JÉSUS-CHRIST ET SES SAINTS.

QUOIQUE la religion qui nous vient du Dieu de toute sainteté nous offre dans toutes ses parties des principes féconds de sanctification, quoique tous les saints formés par l'esprit de Dieu puissent nous servir de modèles, de protecteurs et de guides pour aller au ciel, il est cependant dans cette religion divine certains mystères, et parmi les élus certains saints, pour lesquels la grâce nous donne un attrait particulier que nous devons suivre avec fidélité et amour. Les points

vers lesquels se porta l'attrait particulier de Madame
Rivier ou sa dévotion spéciale, furent 1º l'esprit de
Jésus-Christ, 2º ses mystères, 3º son cœur, 4º sa
croix, 5º la Sainte Vierge, 6º saint Joseph, 7º saint
Michel et les saints Anges, 8º enfin saint François-
Xavier et tous les saints Jésuites. Nous en traiterons
en autant d'Articles.

ARTICLE I.

De la dévotion de Madame Rivier à l'esprit de
Jésus-Christ.

L'OCCUPATION la plus habituelle de Madame Rivier,
non-seulement dans ses exercices de piété, mais même
au milieu de ses plus grands travaux, était d'étudier
l'esprit de Jésus-Christ, de se pénétrer de ses maximes,
d'entrer dans ses vues et ses intentions, de rechercher
ce qu'il penserait, ce qu'il dirait, ce qu'il ferait dans la
circonstance présente s'il était en sa place, afin de
conformer en tout ses sentiments et sa conduite à ce
grand modèle des prédestinés. Penser, parler et agir
selon l'esprit de Jésus-Christ, telle était sa règle chérie
et favorite ; la pauvreté, l'humilité, les souffrances, la
vie dépendante et cachée faisaient ses délices, parce
que c'était là l'esprit de Jésus-Christ ; se faire toute à

tous, accommoder sa dévotion aux devoirs d'état et de position selon le temps, le lieu et les personnes, faire chaque chose dans son temps et de la manière prescrite, sans reculer ni avancer les moments de la volonté de Dieu, c'était sa pratique invariable, parce que c'était là l'esprit de Jésus-Christ. Elle ne pouvait se lasser d'étudier l'esprit de ce divin Maître, et en toute occasion elle travaillait à le faire connaître et à l'inculquer à ses Sœurs, comme le grand moyen de salut et de perfection. Leur rappelant les paroles de Notre-Seigneur : *Je suis la voie, la vérité et la vie*, elle leur disait que lorsqu'elle voyait une Sœur entrer dans cette voie, s'appliquer à connaître, à étudier et à imiter Jésus-Christ, elle était rassurée et pleine de confiance dans la solidité de sa vertu, parce que, ajoutait-elle, elle avait rencontré la pierre ferme qui est Jésus-Christ. « Mais tant que je « vois, disait-elle, qu'on ne prend pas ce moyen, qu'on « ne médite pas Jésus-Christ, qu'on ne travaille pas à « se remplir de son esprit, à imiter ses exemples, je « crains tout et je sens qu'on bâtit sur le sable mouvant; « il n'y a rien de solide. Une heure d'entretien avec « Notre-Seigneur vaut mieux que dix ans de l'étude la « plus profonde : Oh que vous feriez de bien, si vous « vous conduisiez en tout selon l'esprit de Jésus-Christ! « Il n'avait pas un extérieur brusque, dur et sévère ; « bien loin de là, il était si bon, si affable que tout le

« monde allait avec plaisir le voir et l'écouter. Il ne
« rebutait personne, il recevait tout le monde avec
« douceur, disait à chacun ce qui convenait, et tous
« s'en allaient contents d'auprès de lui. Voilà ce que doit
« faire une épouse de Jésus-Christ, une Sœur de la
« Présentation. La dérangeât-on vingt fois de suite,
« elle doit être aussi douce la dernière fois que la pre-
« mière. » C'est ainsi que Madame Rivier travaillait à
former ses filles à l'esprit de Jésus-Christ et à l'imitation
de ce divin Sauveur ; et elle estimait ce point si essentiel
qu'elle avait coutume de dire que quand un sujet aurait
toute la fortune, tous les talents possibles, elle ne le
recevrait pas si elle n'avait l'espoir de le former à l'esprit
de Jésus-Christ et à l'imitation de ses vertus. C'était le
vœu le plus ardent de son cœur d'accoutumer toutes
ses Sœurs à étudier sans cesse Jésus-Christ et à ne jamais le perdre de vue, à s'entretenir intérieurement
avec lui et à le consulter en tout pour se revêtir de sa
personne sacrée, se remplir de son esprit, agir en tout
selon ses maximes et devenir les fidèles copies de ce
divin exemplaire. En toute occasion elle y ramenait leur
attention et leur souvenir. Voyait-elle une Sœur faire
une faute ? « Est-ce ainsi, lui disait-elle, qu'aurait agi
« ou parlé Jésus-Christ ? Est-ce l'esprit de Jésus-Christ
« qui vous anime en ce moment et vous dirige ? »
Faisait-elle une instruction ? elle citait les exemples et

les paroles de Jésus-Christ sur la matière qu'elle trai-
tait; et elle dit même un jour à ses Sœurs qu'elle avait
pris la résolution de ne plus leur parler que de lui, et
que s'il arrivait qu'elle passât un seul jour sans leur en
dire quelque chose, elle se sentait toute triste le soir et
n'allait se coucher qu'avec regret. Elle aimait à puiser
ses instructions sur ce riche sujet dans l'excellent ouvrage du Père Nouet, et quand ses infirmités l'eurent
mise hors d'état de les adresser de vive voix à la Communauté, elle s'occupa de les écrire, afin de perpétuer
même après sa mort parmi ses Sœurs l'esprit de Jésus-
Christ; et à l'aide du même ouvrage, elle composa un
cours de méditations sur la vie de Notre-Seigneur où
se trouvent les réflexions propres aux vertus et aux
devoirs de son institut. Comme elle y employait tous
ses moments libres, l'ouvrage fut bientôt terminé et
imprimé, et elle eut la consolation d'en remettre à
chacune de ses Sœurs un exemplaire de sa propre main,
en leur disant qu'elle le leur donnait de la part de
Notre-Seigneur, et que celles-là seules qui le médite-
raient se rempliraient de son esprit et deviendraient
des filles selon son cœur, de vraies Sœurs de la Présentation. Elle ne s'en tint pas là, et dans l'ardeur du désir
qui la pressait de faire étudier, connaître et imiter
Notre-Seigneur, elle adressa sur ce sujet à sa Communauté deux entretiens pleins de force et d'onction qui

ont été ensuite imprimés dans son livre *des Instructions familières*, tant était active et industrieuse sa dévotion à l'esprit intérieur de Jésus-Christ.

ARTICLE II.

Sa dévotion aux Mystères de Jésus-Christ.

MADAME Rivier s'appliquait avec toute l'ardeur de sa piété à entrer, selon les diverses époques de l'année, dans l'esprit des mystères que célébrait l'Église, disant que chaque année, c'était pour elle une chose toujours nouvelle ; et elle y entrait si avant que l'impression intérieure qu'elle éprouvait se répandait sur toute sa personne, à ce point que ses actions extérieures aussi bien que ses paroles respiraient je ne sais qu'elle ressemblance avec le mystère dont on célébrait la mémoire.

Depuis l'Avent jusqu'à la Purification, on la voyait dans un état d'anéantissement, de silence et d'enfance spirituelle, qui ravissait tout le monde et rappelait les anéantissements du Verbe incarné ainsi que les amabilités de sa sainte enfance. Sa modestie, son recueillement, la joie peinte sur tout son extérieur annonçaient que son cœur était tout entier dans l'étable de Bethléem, uni aux Anges et aux bergers, à Marie et à Joseph pour révérer et étudier le divin **Enfant**, et elle développait toutes les circonstances si instructives de ce mystère avec une ferveur inexprimable.

Le jour de la Purification, elle ne pouvait contenir tous les sentiments qui remplissaient son cœur, lorsqu'elle considérait Jésus-Christ s'offrant à Dieu dans le temple comme la victime qui venait s'immoler pour le glorifier et pour sauver les hommes : « Cette fête m'é- « touffe, disait-elle dans sa simplicité, par les désirs « ardents qu'elle excite en moi de me sacrifier avec « Jésus-Christ » ; et alors elle répétait avec un saint enthousiasme les mots d'*adoration*, de *sacrifice*, d'*immolation* et de *victime*, ne pouvant rendre par aucun langage ce qui se passait en elle à cette fête, non plus que les lumières que Dieu lui communiquait sur ce mystère. C'était alors qu'elle renouvelait à Dieu le dévouement de toute sa personne, s'offrant comme une victime immolée à la plus grande gloire de ce souverain Seigneur ; et elle avait coutume de dire que cette fête n'a point d'octave, parce que c'est une fête éternelle qui a commencé dans les anciens sacrifices où Jésus-Christ était immolé en figures, qui se renouvelle tous les jours à la Sainte Messe et qui continuera dans le ciel par l'offrande éternelle de Jésus-Christ et de tous les Saints ne formant qu'un seul corps avec lui.

Depuis la Purification jusqu'à la Septuagésime, elle

s'occupait de la vie cachée de Notre-Seigneur à Nazareth, en méditait l'humilité et les abaissements et ne pouvait rassasier son cœur de la contemplation de ce mystère : il lui était si cher, qu'en tout temps et en toute saison, elle aimait à le méditer encore et à le rappeler à toutes ses Filles. Ce fut sa dévotion à ce mystère qui l'engagea à donner à ses Sœurs du Tiers-Ordre le nom de Sœurs de la Sainte-Famille, et qui lui fit dire plus tard que, si elle fût entrée dans la Communauté après cette fondation, elle aurait voulu être Sœur de la Sainte-Famille; que si elle mourait en pleine connaissance, elle réunirait dans sa chambre autour des statues de Jésus, Marie et Joseph, ses petites orphelines et ses Sœurs du Tiers-Ordre en les priant de demander à genoux miséricorde pour elle.

Depuis la Septuagésime jusqu'à Pâques, c'était pour elle un temps de larmes, de pénitence et de gémissements. La douleur et l'esprit de componction se peignaient sur son visage et dans tout son extérieur, sans toutefois qu'elle perdit rien de cette douceur et de ce calme qui lui étaient ordinaires. Tout le temps du Carême, elle se remplissait de l'esprit de Jésus pénitent au désert, et il fallait pour modérer ses mortifications une défense expresse de son directeur. Mais c'était surtout pendant la quinzaine de la Passion qu'elle se livrait tout entière à l'exercice de la componction, au

13.

point que sa santé en était souvent altérée. Le Jeudi-
Saint, malgré ses souffrances et ses infirmités, elle
passait à genoux en adoration devant le Saint-Sacrement
plusieurs heures du jour et de la nuit ; et une fois elle
y demeura pendant un long temps, prosternée, fon-
dant en larmes, laissant échapper par intervalle de
profonds soupirs, mais sans articuler une parole. Une
autre fois on la vit pendant une heure entière de la nuit
à genoux aux pieds de la Croix, la serrant dans ses
bras et versant des larmes abondantes. Le Vendredi-
Saint, elle se trouvait à trois heures précises au confes-
sionnal dans la posture d'un criminel devant son juge,
pour y recevoir par l'absolution l'application du sang
que Notre-Seigneur répandit en ce jour et des mérites
de sa précieuse mort ; enfin elle sanctifiait souvent cette
sainte Semaine par une retraite de trois ou quatre
jours.

Arrivée au jour de Pâques, elle entrait dans la joie
des disciples et des saintes femmes qui eurent le bonheur de voir et d'entretenir Jésus ressuscité, éprouvait
une consolation toute particulière à parler de ses appa-
ritions, et communiquait aux autres les impressions de
piété et d'allégresse dont son cœur était pénétré. Elle
appelait le temps de depuis Pâques jusqu'à l'Ascension
la *Quarantaine glorieuse*, pendant laquelle nous devions
être très-attentifs à nous tenir unis aux Apôtres et aux

saintes femmes, pour participer comme eux aux entretiens de Jésus-Christ... « Oh! combien j'aime ce temps,
« disait-elle un jour à une de ses Sœurs ! il me semble
« toujours que Notre-Seigneur est là qui m'apparaît. »
Et comme la Sœur dans sa simplicité croyant qu'elle
le voyait en effet, regardait de tous côtés : « Mon enfant,
« ajouta-t-elle, souvenez-vous et dites-le bien aux
« autres, que lorsque nous nous entretenons de Notre-
« Seigneur, il se trouve au milieu de nous comme avec
« les disciples d'Emmaüs. »

A la fête de la Pentecôte et pendant toute l'octave,
elle entrait dans les sentiments de zèle des Apôtres,
brûlait du désir de convertir comme eux un monde
entier, dût-il lui en coûter mille fois la vie : alors elle
ne parlait que zèle, c'était là la matière de toutes ses
instructions et elle pressait les Sœurs d'invoquer le
Saint-Esprit, afin d'être remplies de ses lumières, de
ses dons et de sa vertu pour aimer Dieu et le faire aimer.

Mais c'était surtout aux approches de la Fête-Dieu,
qu'éclatait sa religion et sa piété : l'amour de Jésus
caché dans la sainte Eucharistie lui touchait profondément le cœur, et elle ne négligeait rien pour disposer
ses Sœurs à lui rendre de fervents hommages en répa-
ration de tant d'irrévérences et d'outrages qu'il reçoit
dans cet auguste Sacrement. La procession qui se faisait
dans l'intérieur de la Maison-mère, était accompagnée

de toutes les marques extérieures de piété et de dévotion ; mais elle recommandait bien plus encore qu'on y apportât tous les sentiments de religion, de foi et de reconnaissance qu'exige un si grand bienfait : « N'enviez « pas, disait-elle à ses Sœurs, le bonheur des Apôtres « et de tous ceux qui accompagnaient et suivaient « Jésus-Christ ; vous aurez le même bonheur à cette « procession ; dites souvent au Sauveur comme l'aveu- « gle-né : *Seigneur, faites que je voie ; Jésus, fils de* « *David, ayez pitié de moi.* » Pendant l'octave de cette belle fête, elle entretenait continuellement ses Sœurs de la sainte communion ; elle leur apprenait à s'y préparer par des efforts soutenus pour corriger leurs défauts, bien remplir leurs devoirs, et observer leur Règle par une plus grande vigilance sur leur cœur, pour purifier leurs intentions et se conserver dans le recueillement, par des actes fréquents de contrition et des oraisons jaculatoires , enfin par la fidélité à faire toutes leurs actions en esprit de préparation. « Car, disait-elle, la « vie d'une religieuse doit être une préparation conti- « nuelle à la sainte communion. » Elle leur enseignait ensuite à faire l'action de grâces, en la faisant elle-même dans un pieux colloque avec Notre-Seigneur, mais qui était si plein de foi, d'humilité, d'amour, que toutes les Sœurs ravies en répandaient souvent des larmes de dévotion ; et elle avait soin de leur faire remarquer qu'il

ne fallait pas se borner à un quart-d'heure d'action
de grâces , et oublier ensuite Notre-Seigneur. « Ce
« serait, disait-elle, imiter certaines paroisses de cam-
« pagne où après la Messe on ferme l'église à clef, et le
« Saint-Sacrement demeure ensuite seul toute la jour-
« née : ôh ! que le bon Dieu nous préserve de tenir une
« pareille conduite ! il faut , tout le jour de la commu-
« nion, tenir compagnie à Notre-Seigneur au fond de
« notre cœur, nous entretenir intérieurement avec lui,
« nous remplir de son esprit et vivre de sa vie , de
« manière à pouvoir dire : *Ce n'est plus moi qui vis ,*
« *c'est Jésus-Christ qui vit en moi.* L'imitation de Jésus-
« Christ, ajoutait-elle , voilà le fruit de la bonne com-
« munion , penser de toutes choses comme il en a
« pensé , aimer ce qu'il a aimé , agir comme il a agi ,
« l'imiter en tout à l'intérieur et à l'extérieur : voilà la
« parfaite action de grâces ; et tant que vous ne la ferez
« pas ainsi, vos communions vous profiteront peu, vous
« n'avancerez point dans la vertu , vous serez indignes
« de votre vocation et vous la déshonorerez , parce que
« la vie d'une Religieuse doit être la vie de Jésus-Christ,
« particulièrement dans notre état où nous sommes
« employées aux mêmes fonctions.

   « Les fautes les plus sensibles à Notre-Seigneur ,
« disait-elle encore, sont celles qui ont rapport à la
« sainte communion , soit le défaut de préparation

« auparavant, soit le défaut de recueillement dans le
« moment même, soit le défaut de correspondancè
« après la communion; et ce sont en même temps celles
« qui nous sont les plus préjudiciables : on ne com-
« prendra jamais qu'au jugement dernier la perte que
« l'on fait quand par sa faute on manque une commu-
« nion ou qu'on la fait mal. »

Madame Rivier fidèle à pratiquer ce qu'elle enseignait
aux autres, faisait de toute sa vie une préparation
continuelle à la communion, et par ordre de son directeur elle communiait tous les jours, ou à peu près :
c'était là sa force, son soutien, sa vie; et plusieurs fois
il lui est échappé de dire qu'elle ne pourrait pas vivre
sans la communion. Mais aussi elle s'appliquait à vivre
tous les jours de la vie de Jésus-Christ, et ne pouvait
se lasser de redire la prière qui commence par ces mots :
O Jésus vivant en Marie, venez et vivez en nous. « Oh !
« venez et vivez en moi, disait-elle, vivez dans mes
« pensées, dans mes paroles, dans mes actions..., venez
« et vivez dans votre esprit de sainteté, d'humilité, de
« charité, de douceur ». Et le plus souvent elle ne
pouvait pas finir cette prière parce que les sentiments
affectueux qu'elle lui suggérait se pressaient dans son
âme et absorbaient tout le temps.

ARTICLE III.

Sa dévotion au Sacré Cœur de Jésus.

Si Madame Rivier avait une dévotion si remarquable à tous les Mystères de Notre-Seigneur, c'est parce qu'elle les étudiait dans son cœur sacré, et en découvrait là le principe et la fin, l'esprit et les vertus : ce Cœur se montrait à elle comme le foyer d'amour d'où sont émanés tous les Mystères, comme la source ou plutôt l'océan sans rives et sans fond de cette sainteté, cette humilité, cette douceur, cette charité, cette perfection ineffable qui est cachée en chaque Mystère ; et voilà pourquoi elle l'aimait tant et cherchait tant à le faire aimer. A chaque fête de l'année, elle en parlait à ses filles et leur faisait remarquer les dispositions du cœur de Jésus dans le Mystère qu'on honorait. Tous les premiers vendredis du mois, il y avait en son honneur bénédiction du Saint-Sacrement avec Amende honorable des outrages qui sont faits à son amour ; sa fête était célébrée avec grande solennité; sa confrérie, établie dans la chapelle; et un autel surmonté d'un tableau qui le représente lui était consacré. Madame Rivier eût voulu que ses filles n'eussent jamais perdu de vue ce Cœur sacré, elle les y ramenait dans la plupart de ses instructions ; et chaque fois qu'elle en parlait, c'était toujours avec cet accent de charité et de zèle qu'une ardente dévotion peut seule inspirer. Elle écrivit même un entretien sur ce sujet qui lui tenait si fort au cœur, et le fit imprimer à la suite de ses *Instructions familières*.

ARTICLE IV.

Sa dévotion à la Croix.

Madame Rivier vénérait dans la Croix l'instrument de notre rédemption empourpré du sang d'un Dieu, lui rendait et lui faisait rendre tous les témoignages extérieurs de foi, de respect et d'amour qui dépendaient d'elle : elle la portait toujours sur soi, la baisait amoureusement en toute rencontre, en traçait fréquemment sur elle le signe auguste avec un religieux respect, et veillait à ce que ses Sœurs fissent de même. Pour qu'on ne perdît jamais de vue ce monument adorable de l'amour de notre Dieu, elle le fit placer avec distinction au lieu le plus apparent dans toutes les salles, les chambres, réfectoires et dortoirs non-seulement de la Maison-mère, mais encore de tous les établissements ; et l'on a vu dans sa vie comment en 1814 au moment des grandes alarmes que provoquaient les commotions politiques, elle distribua des croix à toute sa Communauté et la fit porter dans une procession de pénitence, comment encore en 1830 au moment où les croix étaient renversées et outragées, elle ordonna, après une semblable distribution, une procession expiatoire, à la suite de laquelle la Croix processionnelle fut attachée à la table de communion, pour que chaque Sœur vint tous les jours à ses pieds réciter cinq *Pater* et cinq *Ave* les bras en croix et invoquer les miséricordes de Dieu sur la France : pieuse pratique qui s'est continuée dans la Communauté et s'observe encore aujourd'hui.

Mais ce n'était pas seulement à une croix de bois ou de métal que s'attachait la dévotion de Madame Rivier ; elle aimait encore plus ces croix qui crucifient l'âme, qui contrarient la volonté, qui désolent la nature ; elle avait pour pratique de se tenir habituellement en esprit sur le Calvaire au pied de la Croix dans une disposition de victime, et là d'accepter les contradictions, humiliations, persécutions, souffrances, peines et croix de tout genre, très-contente en cet état et y vivant tranquille dans l'amour et la pratique du bon plaisir de Dieu seul : c'est ce que nous verrons plus au long en parlant de sa mortification.

ARTICLE V.

Sa dévotion à la Sainte Vierge.

L'HISTOIRE de la vie de Madame Rivier n'est presque
que l'histoire de sa dévotion à la Sainte Vierge, ou
plutôt d'une réciprocité non interrompue de confiance
et de faveurs, de prières et de grâces obtenues par son
intercession. Elle était encore toute petite enfant, et
déjà elle aimait à passer des heures entières aux pieds
de sa patronne; ne pouvant marcher, elle s'y faisait
porter chaque jour et parlait à cette puissante Reine du
ciel et de la terre avec la naïve confiance d'une enfant
qui parle à sa mère. Cette dévotion ne fit que croître en
elle avec l'âge; habituellement, la nuit comme le jour,
elle s'entretenait au fond de son cœur avec Marie, et
ces pieux colloques éclataient au-dehors tantôt par des
aspirations vives, des élans du cœur : *Sainte Vierge à
mon secours! vite, ma Mère, vite;* tantôt par des discours
prolongés : « Sainte Vierge, lui disait-elle dans toutes
« ses difficultés avec la simplicité d'un enfant, Sainte
« Vierge, vous savez bien que nous avons besoin de
« telle chose…, me refuserez-vous ce que je vous de-
« mande? vous savez bien que c'est pour votre divin
« Fils et pour Vous. » Tous les jours, matin et soir,

elle lui recommandait sa Communauté par la prière *Salve Regina*, qu'elle récitait souvent dans l'ardeur de sa piété jusqu'à sept ou huit fois de suite. Outre le Rosaire qui se disait chaque jour, elle faisait réciter tous les jours un rosaire particulier, soit pour les malades jusqu'à ce qu'elles fussent en voie de guérison, soit pour les Sœurs qui étaient en voyage jusqu'à ce qu'elles fussent arrivées à leur destination ; et toutes les fois qu'elle se trouvait dans quelque embarras, sa ressource accoutumée était d'envoyer ses Orphelines ou ses Sœurs dire le Rosaire devant la statue de la Sainte Vierge. Dans la simplicité de sa dévotion à Marie, elle avait même contracté l'usage de mettre par écrit, en forme de lettre, les demandes qu'elle avait à lui faire et de déposer ces lettres sur un de ses autels. On en a conservé un grand nombre, et là on voit comme elle ouvre tout son cœur à Marie, ainsi qu'un enfant à sa mère ; elle la remercie des grâces qu'elle en a reçues ; elle lui expose avec simplicité et confiance ses besoins et ceux de sa Congrégation, dont elle la proclame la fondatrice, la mère, la première Supérieure. C'est sous sa protection que tout s'est fait, c'est d'après ses ordres qui sont ceux de Jésus-Christ son divin Fils ; et toute la Communauté est la *Compagnie de Marie*, comme les enfants de saint Ignace sont la *Compagnie de Jésus*. Elle aimait même à se servir de cette dernière idée pour

exciter l'émulation de ses Sœurs et stimuler leur zèle.
« Voyez, leur disait-elle, la Compagnie de Jésus ;
« comme elle se distingue par son courage et sa régu-
« larité ! comme elle fait honneur à Notre-Seigneur !
« comme elle soutient les intérêts de sa gloire ! comme
« elle combat sous les étendards de son capitaine ! et
« celle de Marie combattrait légèrement pour sa mère !...
« non, mes enfants, qu'il n'en soit pas ainsi... il faut
« que la Compagnie de Marie se distingue aussi bien
« que celle de Jésus, et que le Père Éternel qui voit
« avec plaisir la Compagnie de Jésus voie avec la même
« complaisance celle de Marie. O mes enfants, combien
« vous devez désirer de procurer cet honneur à votre
« divine Mère ! » C'est à cette fin que Madame Rivier
a voulu que toutes ses filles joignissent à leur nom de
religion celui de *Marie*.

La Sainte Vierge si bien honorée par Madame Rivier
sembla se complaire à prouver qu'on ne l'invoque jamais en vain, en marquant toutes ses fêtes par quelque
grâce spéciale accordée à sa fidèle servante. Le jour de
la Nativité, il lui fut donné de marcher pour la première
fois à l'aide de béquilles, le jour de l'Assomption de
marcher sans ce secours avec un usage parfait de ses
jambes : ce fut le jour de la Présentation que se réunirent
en Communauté les premières Sœurs et que s'ouvrit
plus tard à Thueyts la première Maison-mère, comme

ce fut à quelqu'une de ses diverses fêtes que se firent les premières réceptions, que furent formées les premières écoles, que les Supérieurs ecclésiastiques approuvèrent les Règles de la Congrégation et en confirmèrent la première Supérieure et les premières Sœurs. Aussi, touchée de tant de marques de protection, Madame Rivier disait un jour à son Directeur, que si le bon Dieu lui faisait la grâce d'aller au ciel, elle désirait être aux pieds de la Sainte Vierge pour l'honorer, la remercier toute l'éternité et confondre sa volonté avec la sienne.

ARTICLE VI.

Sa dévotion à saint Joseph.

LE nom de saint Joseph était dans le cœur de Madame Rivier inséparablement uni aux noms de Jésus et de Marie. Elle ne pouvait se lasser de méditer ses vertus, surtout son esprit de foi et d'oraison, son silence, son amour pour le travail, son abandon à la Providence, son obéissance au bon plaisir de Dieu jusque dans les choses les plus pénibles et les plus difficiles, sa vie pauvre, humble et cachée : elle l'offrait souvent pour modèle à toute sa Communauté et ne cessait de les inviter à l'étudier et à l'imiter en tout. Elle le donna pour patron spécial aux Sœurs de la Sainte Famille, et tira de la méditation de sa vie cachée à Nazareth avec Jésus et Marie, le plan de son Tiers-Ordre et les Règles des Sœurs converses. C'était lui encore qu'elle aimait à citer, quand elle expliquait aux Sœurs destinées à l'enseignement, les principes de conduite qui devaient les diriger. « Conduisez-vous, leur disait-elle, envers vos « élèves, comme saint Joseph envers l'Enfant Jésus; « ayez la même vigilance, la même attention et en « quelque sorte le même respect, considérant avec les « yeux de la foi ce saint Enfant dans leurs personnes, « surtout dans les enfans pauvres. »

Dans la crainte qu'on oubliât ce saint Patriarche, elle plaça sa statue avec celle de Jésus et de Marie dans une chambre particulière, indiqua à chaque Sœur son jour pour l'aller visiter et exprima le désir que, tous les jours au moins, une ou deux y allassent méditer quelque temps : elle en donnait elle-même l'exemple. C'étaient ses délices d'aller tous les jours y passer quelques momens, à contempler cet aimable saint une scie à la main, dans l'attitude du travail et avec cet air de fatigue sous lequel il est représenté. Elle en était émue et attendrie jusqu'aux larmes et disait qu'il y avait là de quoi méditer toute l'année. Quand elle ne put plus, par suite de ses infirmités, monter dans la chambre de la Sainte Famille, elle fit placer dans son appartement une image de saint Joseph, et quand elle passait auprès, elle s'arrêtait de temps en temps pour le contempler et l'étudier.

Sa dévotion à saint Michel et aux saints Anges.

LE zèle de saint Michel pour soutenir et défendre les intérêts de la gloire de Dieu, excitait dans le cœur de Madame Rivier une dévotion toute spéciale envers ce prince de la milice céleste : elle s'associait à son zèle, en partageait les ardeurs et invitait souvent ses Sœurs à se ranger sous ses étendards, pour combattre avec lui jusqu'à la mort, les ennemis de la gloire de Dieu et du salut des âmes. Par cette raison, elle voulut qu'il fût honoré d'une manière particulière dans sa maison, et qu'une chapelle très-propre y fût érigée en son honneur avec un autel où l'on célèbrerait la Messe tous les ans le jour de sa fête.

Sa piété envers les neuf Chœurs des Anges n'était pas moindre ; elle avait fait écrire leurs noms avec une courte invocation, autour de la galerie contiguë à la chapelle de saint Michel ; et c'était dans cette galerie, comme au milieu des Anges, que se faisaient les retraites particulières. Mais c'était surtout envers les Anges

Gardiens qu'éclatait davantage sa dévotion : elle se les proposait et les proposait aux autres pour modèles dans la manière de gouverner une classe ou une Communauté, citant leur bonté, leur vigilance, leur zèle, leur recueillement, leur esprit de prière, comme le plus bel exemple que pût suivre une Sœur de la Présentation. Elle avait recours à eux dans tous les besoins temporels et spirituels, leur recommandant le soin de toutes les Sœurs qu'elle envoyait dans les paroisses, et aimait à dire à celles-ci au moment du départ : « Sou-
« venez-vous que les Anges Gardiens vous accompa-
« gnent, qu'ils entourent la voiture et que ce sont eux
« qui vous préservent du danger.... Allez en assurance
« partout où l'obéissance vous envoie, parce qu'alors
« vous êtes sûres de l'assistance des saints Anges. Bien
« plus, les Anges Gardiens de toutes les élèves que
« vous devez instruire, vous attendent dans cette pa-
« roisse avec empressement ; ils viendront au-devant
« de vous pour vous servir de cortége. Que vous êtes
« heureuses! comment n'aimeriez-vous pas une si noble,
« si sainte vocation ? que vous seriez coupables de ne
« pas faire votre possible pour vous en rendre toujours
« plus dignes, et surtout de faire de la peine à ces Anges
« qui vous aiment tant! que ne devez-vous pas faire au
« contraire pour leur témoigner toute votre reconnais-
« sance et mériter leur protection ! »

ARTICLE VIII.

Sa dévotion à saint François-Xavier et aux saints
Jésuites.

L'ÉDUCATION de la jeunesse et l'enseignement de la
doctrine chrétienne étant la fin de l'Institut des Sœurs
de la Présentation de Marie comme de l'Institut de la
Compagnie de Jésus, Madame Rivier avait une dévotion spéciale à tous les saints de cette Compagnie et
trouvait que leur esprit était tout-à-fait conforme à celui
qu'elle désirait inculquer à ses Sœurs : c'est pour cela
qu'elle choisit saint Louis de Gonzague pour patron
des Élèves, saint Stanislas pour patron des Novices et
saint François-Régis, qui avait évangélisé et catéchisé
le Vivarais, pour patron spécial de sa Communauté,
aussi bien que pour modèle d'humilité, d'amour des
pauvres et de zèle du salut des âmes. Mais entre tous
les saints Jésuites, l'apôtre des Indes était son saint
favori : elle ne se lassait point de lire ou d'entendre lire
sa vie et ses lettres : Un mois avant sa mort elle disait
encore : « Lisez-moi un peu de la vie de saint François-
« Xavier ; peut-être qu'à force de l'entendre lire elle
« me convertira. » Chaque année aux approches de sa
fête elle s'appliquait à se pénétrer de l'esprit de zèle de

14

ce grand saint ; et à la vue de ses travaux et de ses souffrances, elle entrait dans de si brûlants désirs de participer à sa vie apostolique, qu'elle souffrait une espèce de martyre de faire si peu de bien, presque rien, disait-elle, en comparaison de ce qu'avait fait cet incomparable Apôtre, et elle éprouvait même, souvent pendant plusieurs jours, des accès de fièvre violents. Alors, si elle ne pouvait suivre saint François-Xavier dans ses courses, elle tâchait du moins de communiquer à ses filles quelque chose de son esprit: « Vous célébrez « aujourd'hui, leur disait-elle une fois, la fête de saint « François-Xavier, mais y en a-t-il beaucoup parmi « vous qui aient réfléchi sur sa générosité au service « de Dieu et sur ce qu'elles doivent faire pour l'imiter ? « Vous faites des neuvaines en l'honneur des saints, « vous communiez le jour de leur fête ; cela est bon, « mais ce n'est pas là que doit se borner la dévotion ; « l'essentiel est d'étudier et d'imiter les saints. Or, « qu'a fait saint François-Xavier ? depuis qu'il eut « compris les paroles que lui répétait sans cesse saint « Ignace, il fut fidèle à la grâce, il la suivit généreu- « sement et constamment ; il se dévoua et se consacra à « Dieu sans réserve. O qu'il en est peu qui soient ainsi « fidèles ! beaucoup de désirs, de paroles, de promes- « ses ; mais grande inconstance, grande faiblesse, peu « de courage quand il s'agit de se vaincre et de se

« renoncer. On voudrait se sauver, mais sans qu'il en
« coutât ni combats, ni violences, ni mortifications,
« ni rien de tout ce qui gêne et crucifie la nature.
« Voyez saint François-Xavier : rien ne l'arrête, rien
« ne le détourne de la fidélité qu'il a promise à Notre-
« Seigneur. Lorsqu'il lui donne des consolations et
« qu'il jouit intérieurement, il dit : C'est assez, Sei-
« gneur, c'est assez ; réservez les jouissances pour
« l'éternité : mais quand il se trouve au milieu des
« fatigues, des travaux, des peines de tout genre, il
« s'écrie : Encore plus, Seigneur, encore plus. O que
« nous sommes différentes des saints ! un rien nous
« fait abandonner nos résolutions, et quelquefois même
« notre vocation. »

CHAPITRE V.

DU ZÈLE DE MADAME RIVIER.

« JE n'ai pas les autres vertus, disait quelquefois
« Madame Rivier; mais pour le zèle, je crois l'avoir. »
C'est que le sentiment de cette vertu était en elle si

vif, si brûlant, si continuel qu'elle ne pouvait pas se le dissimuler. Dès son enfance, sentant vivement tout ce qui est dû à la souveraine majesté et à la sainteté de Dieu, elle sut faire partager à ses jeunes compagnes ses vives impressions de foi : ce sentiment se développant en elle avec l'âge, elle s'appliqua, dès sa première jeunesse et pendant son éducation au Couvent, à faire connaître et aimer Dieu par des catéchismes et par des autres exercices. Son éducation finie, elle se mit sans retard aux œuvres de zèle et continua tous les jours jusqu'à sa mort, s'appropriant ces belles paroles de saint François-Xavier, qu'elle avait sans cesse au cœur et à la bouche : « Seigneur, tant qu'il y aura un coin de la « terre où vous ne serez pas connu et aimé, je ne sau- « rais être en repos. » « O mon Dieu, disait-elle souvent « encore, que tout genou fléchisse devant vos gran- « deurs suprêmes ! que tout esprit vous loue, que « toutes les langues vous bénissent, que toutes les « volontés vous soient soumises, que tous les cœurs « vous aiment et vous adorent!.... ô notre Père qui « êtes dans les cieux, que votre nom soit sanctifié par « toute créature, que votre règne arrive dans tous les « cœurs ! » Sa principale et même son unique croix, était de voir que ce Dieu si grand n'était point adoré, ce Dieu si aimable point aimé, et elle disait elle même que toutes les peines, les contradictions, les persécutions,

les calomnies et choses semblables ne lui donnaient pas
une distraction dans ses prières; mais que les abus,
les relâchements, la moindre faute volontaire de sa
part ou de la part de ses filles, et dans le monde la perte
de tant d'âmes rachetées du sang de Jésus-Christ,
l'ignorance où vivent tant de chrétiens et où sont élevés
tant d'enfants, surtout dans la classe indigente, l'abus
des grâces, la profanation des sacrements, c'étaient là
des sujets de désolation qui l'occupaient nuit et jour,
transperçaient son cœur d'un glaive de douleur et la
remplissaient d'angoisses. De là, ce cri qu'elle avait si
souvent à la bouche : *Miséricorde, Seigneur, miséricorde !* De là cette application continuelle à pleurer ses
péchés, ceux de ses filles et ceux de tout le monde :
« Je n'ai pas d'autre consolation ici bas, disait-elle, et
« quoique j'aie alors le cœur oppressé de douleur, je
« ne changerais pas la satisfaction que j'y goûte pour
« toutes les joies du monde, ni même pour toutes les
« extases et les douceurs de la dévotion. » De là cette
défaillance où elle tomba un jour jusqu'à perdre entièrement connaissance, parce qu'elle crut qu'on lui faisait
un mensonge. De là enfin, ces instructions véhémentes
adressées à ses filles sur le péché véniel, sur la contrition et l'esprit de componction : « Quand on aime Dieu,
« disait-elle, on craint plus le péché que l'enfer. »

On conçoit qu'une âme animée de pareils sentiments

devait être dans un travail continuel de zèle : elle aurait voulu pouvoir s'opposer à tous les scandales, à tous
les désordres qui règnent dans le monde et réparer ou
empêcher tous les crimes qui s'y commettent : le bien
qu'elle faisait ne lui paraissait rien en comparaison de
celui qui lui restait à faire, et cette dernière vue excitait
sans cesse sa soif et ses gémissements, et lui faisait
redire avec de grands soupirs : « O Dieu notre père, que
« votre nom soit sanctifié, que votre règne arrive. »

Mais c'est surtout par les exhortations qu'elle adressait à ses filles sur le zèle, qu'on peut mieux juger
jusqu'à quel haut degré elle possédait cette vertu. Elle
leur répétait souvent que le grand bonheur de leur
vocation était d'être employées à détruire le règne du
péché, que, quand elles n'en feraient éviter qu'un seul,
elles ne devraient pas plaindre leurs peines, que toutes
les fatigues doivent être comptées pour rien quand il
s'agit d'empêcher l'offense de Dieu, qu'elles ne seraient
que des moitiés de Sœurs si elles n'avaient en vue dans
leurs prières et dans leurs œuvres la conversion de tous
les pécheurs, qu'elles ne pouvaient pas donner de plus
grandes preuves de leur amour à Notre-Seigneur qu'en
se dévouant au zèle du salut des âmes, puisque rien
ne lui était plus cher que nos âmes, qu'elles devaient
en conséquence s'offrir à lui pour y employer jusqu'à la
mort toutes les forces de leur âme et de leur corps,

qu'il fallait tout faire servir au zèle , et les travaux , et
les peines tant intérieures qu'extérieures , et les tentations et les dégoûts , les persécutions et les souffrances ; qu'enfin quel que fût leur emploi , en quelque
position qu'elles se trouvassent, en santé ou en maladie , tout devait être rapporté au zèle , et qu'elles ne
participeraient aux bonnes œuvres qui se font dans
la Congrégation , qu'en proportion de leurs dispositions intérieures de zèle. « Vous me direz bientôt ,
« mes enfants , leur disait-elle un jour , ce que les
« disciples de saint Jean lui disaient autrefois , *vous*
« *nous répétez toujours la même chose ;* vous nous
« parlez toujours du zèle : il est vrai que je reviens
« souvent sur ce point; et pourquoi? parce que notre
« vocation est une vocation de zèle, et que nous som-
« mes appelées comme Jésus-Christ à travailler au
« salut des âmes. Or , notre vocation étant la vocation
« de Jésus-Christ, nous devons avoir du zèle comme
« Jésus-Christ, un zèle infatigable , un zèle constant
« et soutenu, fort et généreux qui ne se rebute pas à la
« vue des contradictions , des traverses , des croix de
« tout genre. Le zèle est donc la vertu fondamentale
« de notre vocation : et qu'y a-t-il de plus beau que le
« zèle ? il renferme une foi parfaite, une espérance
« consolante, une charité ardente et entière. Une âme
« zélée a toujours faim de travail jusqu'à la mort et

« même au delà : car elle meurt dans la faim comme
« saint François-Xavier et saint Régis : il n'y a que le
« ciel qui puisse la consoler de laisser de l'ouvrage sur
« la terre. Qui est celle de vous qui peut dire comme
« David : *Le zèle me dévore ?* Oui , il doit vous dévorer
« si vous avez une bonne vocation : car c'est la vertu
« propre de notre saint état ; c'est elle qui doit faire
« notre caractère. Les œuvres que vous y faites sont si
« excellentes que si quelqu'un dans une vie commune
« vous disait : Voilà tous les mérites de ma vie , don-
« nez-moi en échange un seul mois de vos travaux ,
« vous ne devriez pas faire cet échange. Un catéchisme
« vaut plus que des macérations , j'entends un caté-
« chisme fait pour l'amour de Jésus-Christ : calculez
« donc tout le bien que vous pouvez faire , tous les
« péchés que vous faites éviter aux élèves : comptez par
« la multiplication ces catéchismes , ces corrections
« faites à propos, ces prières apprises aux enfants, ces
« signes de croix , enfin tous les actes de vertu et de
« religion que vous leur faites pratiquer : voyez si vous
« pouvez venir à bout de faire ce compte. O quelle
« consolation pour une Sœur fervente de voir devant elle
« une troupe d'enfants auxquelles elle apprend à prier ,
« à se tenir avec respect devant Dieu, les mains jointes,
« les yeux levés vers le ciel , et qui toutes de concert
« appellent Dieu leur père ! ah ! qu'il est beau, qu'il est

« glorieux d'apprendre à ces enfants à connaître, à ai-
« mer Jésus-Christ et la Sainte Vierge, à respecter et
« invoquer leur Ange Gardien ! Et puis, comptez-vous
« pour rien l'avantage de pouvoir réparer par la piété
« et la modestie que nous tâchons d'inspirer aux autres
« les mauvais exemples que nous avons pu donner
« autrefois ? comptez-vous pour rien de nous faire en
« leurs personnes des intercesseurs dans le ciel ! »

Après des exhortations si pressantes, Madame Rivier
réfutait avec non moins d'énergie les plaintes qu'ins-
pirent trop souvent aux personnes chargées de l'enseignement les défauts des enfants : « Il en est parmi
« vous, disait-elle, qui se plaignent de la peine qu'elles
« éprouvent dans la tenue et l'enseignement des écoles:
« mais y pensez-vous ? vous voudriez donc faire la
« classe aux Anges ? Si les enfants étaient des Anges,
« elles n'auraient pas besoin de vous; c'est parce qu'elles
« sont ignorantes et pleines de défauts que vous devez
« vous montrer pleines de zèle, de force et de courage
« pour les instruire, les aider à se corriger, les former
« à la piété et à la pratique des vertus chrétiennes. Que
« n'a pas eu à souffrir Notre-Seigneur pour instruire
« le peuple et même les Apôtres ? Avec quelle patience,
« quelle douceur supportait-il leur grossièreté, leur
« ignorance et tous leurs autres défauts sans se rebuter ?
« avec quelle patience nous supporte-t-il nous-mêmes?...

14.

« Ayez donc du zèle, et vous ne marchanderez pas
« tant avec le bon Dieu, et vous ne pèserez pas tant vos
« sacrifices. Ah ! que je m'estimerais heureuse, si je
« pouvais acheter pour vous l'esprit de sacrifice ! De
« grâce, faites de bon cœur les sacrifices que Dieu de-
« mande de vous ; ils sont très - petits , comparés à
« ceux que Jésus-Christ a faits pour nous. Je vous le
« répète, mes enfants, une personne qui a du zèle ne
« se rebute de rien : je peux vous assurer que je vou-
« drais aller faire la classe, même en enfer, aux dé-
« mons et aux damnés, s'il était possible de les convertir
« et de les gagner à Dieu. Si vous avez tant soit peu
« d'amour pour Jésus-Christ, vous travaillerez du
« moins à ranger vos élèves sous ses étendards et à vous
« y ranger vous-mêmes. Une âme vaut bien la peine
« qu'on travaille et qu'on se sacrifie pour la sauver. Si
« vous aviez le zèle des enfants de saint Ignace, je
« pourrais avec confiance vous envoyer dans les parois-
« ses comme ce grand saint envoyait ses Religieux par
« tout le monde, et vous y feriez un bien immense
« soit par vos exemples soit par vos instructions : oui ,
« quand même les enfants seraient comme des démons,
« si vous étiez bien zélées , j'aurais l'espoir que vous
« les changeriez en anges... Il est vrai qu'il faut pour
« cela persévérer dans la voie du renoncement, de la
« patience, du dévouement ; mais voyez Notre-Sei-

« gneur : pendant trente trois ans il n'a cessé de tra-
« vailler au salut des âmes, et vous, à peine avez-vous
« travaillé deux ou trois ans, que vous êtes déjà en-
« nuyées, et vous dites : Ah! mon Dieu, quand serai-je
« au Ciel? Ce n'est pas l'amour de Dieu qui vous ins-
« pire ce langage, mais l'amour de vous-mêmes. Vous
« désirez le Ciel parce que vous ne voudriez plus
« souffrir ; vous ne le désireriez pas tant si tout réus-
« sissait à votre gré, si vous aviez des consolations et
« du contentement : O si vous aimiez bien le bon Dieu,
« que vous auriez d'autres sentiments! Vous désireriez
« au contraire vivre long-temps pour travailler à sa
« gloire; chacune voudrait fournir au moins trente-trois
« ans de travail comme Notre-Seigneur ; mais je parle
« de trente trois bonnes années ; car il ne faut pas
« compter celles que l'on a perdues par sa tiédeur et sa
« lâcheté ; il ne faut compter que depuis sa conversion
« véritable ; et qui sait, à ce compte, l'âge que nous
« avons? Peut-être s'en trouve-t-il qui n'ont pas encore
« commencé à vivre de cette vie de ferveur. Commen-
« çons donc et désirons le travail avant de désirer le
« Ciel : le Ciel viendra dans son temps, pourvu que
« nous marchions constamment sur les traces de Jésus-
« Christ. »

Madame Rivier pratiquait admirablement ce qu'elle
enseignait aux autres ; et son zèle actif, laborieux, in-

.fatigable , lui suggérait divers moyens pour gagner les âmes à Dieu. Ces moyens étaient surtout l'éducation chrétienne des enfants, l'instruction des femmes et des grandes filles, les retraites, les exercices de piété et de pénitence ; et pour mieux faire connaître l'emploi qu'elle faisait de ces quatre moyens, nous donnerons là dessus quelques développements en autant d'articles séparés.

ARTICLE I.

De l'éducation chrétienne des enfants.

MADAME Rivier convaincue que la vie toute entière est dans les premières impressions de l'enfance, qu'on est vertueux ou pervers dans le cours de la vie selon que l'âme dans le premier âge a été façonnée au bien ou au mal, et que difficilement on détourne l'homme de sa première voie, regardait les écoles où l'enfance reçoit une éducation chrétienne , comme le moyen nécessaire autant qu'infaillible de régénérer la France, de ramener la religion dans les esprits et les cœurs, et de procurer la plus grande gloire de Dieu et le salut des âmes. Dès son enfance elle sut apprécier l'excellence et les avantages de ces moyens, et à l'âge de dix-huit ans elle s'y consacra toute entière : son zèle pour cet

exercice était tel, que ni les infirmités, ni les maladies, ni les souffrances ne pouvaient l'en détourner :
« Lorsque j'allais faire ma classe, disait-elle plus tard
« en parlant des premières années où elle fit l'école, je
« tombais quelquefois de faiblesse le long de la route,
« et j'étais obligée de m'arrêter pour reprendre mes
« sens. A peine pouvais-je respirer que je continuais
« mon chemin, et souvent encore il me fallait faire de
« nouvelles stations. Mais enfin arrivée au milieu de
« mes élèves j'oubliais tout, je ne pensais plus qu'à
« eux, j'étais toute entière à mon travail et à peine
« avais-je le temps de manger sur mes genoux, en faisant
« la classe, la soupe que m'avaient faite ces pauvres en-
« fants, et le plus souvent c'était tout mon repas. » Son
zèle sans bornes, condescendant aux malheurs des temps,
la porta, dans le principe, à recevoir en sa classe,
même les petits garçons ; elle sut non seulement s'en
faire respecter, mais encore graver si profondément
dans leur esprit et leur cœur les principes de la religion,
que quarante ans après, plusieurs pères de famille
instruits par elle, n'en parlaient qu'en pleurant, et
venaient au Couvent la remercier avec attendrissement,
assurant qu'ils n'avaient jamais oublié ses instructions,
et que la nuit, dans leurs moments d'insomnie ils se
rappelaient encore avec bonheur tout ce qu'elle leur
disait alors. Madame Rivier ne se contentait pas d'ins-

truire elle-même ; elle formait dès lors de jeunes personnes à donner l'instruction dans les villages aux enfants qui ne pouvaient venir à l'école ; et le jeudi, elle
parcourait tous ces villages pour voir les progrès des
élèves , juger du mode d'enseignement de la jeune
institutrice et donner aux unes et aux autres les avis
nécessaires. Son enseignement était si parfait que les
confesseurs reconnaissaient toujours ses élèves à la
manière claire et méthodique dont on s'accusait, et
que les plus heureux fruits de vertus en étaient partout
le consolant résultat. Aussi, disait-elle dans ses dernières années, que de tout ce qu'elle avait fait dans sa
vie, une seule chose la consolait, c'était le souvenir de
ses premières écoles, des enfants et des jeunes personnes
qu'elle avait instruites et qui étaient, dans le temps
où elle parlait, de bonnes mères de famille. Elle eût
voulu continuer toute sa vie ces petites écoles et mourir
en faisant la classe. « Qu'il est dur , disait-elle dans une
grave maladie qu'elle fit en 1816 , « qu'il est dur de
« mourir dans son lit ! » Quand les sollicitudes de la
supériorité ne lui permirent plus de s'appliquer à l'enseignement, elle enviait le bonheur des Sœurs qui y
étaient employées, et l'exaltait avec un tel enthousiasme
qu'elle en inspirait l'estime et le goût, comme on en peut
juger par un de ses discours que nous avons rapporté
dans ce Chapitre. Faire l'école n'était à ses yeux qu'une

chose accessoire , mais enseigner le catéchisme , voilà ce qu'elle estimait la fonction essentielle , honorable et magnifique d'une Sœur de la Présentation : ce qui lui faisait dire à l'occasion d'une paroisse où l'on ne voulait pas que les Sœurs fissent le catéchisme : « S'ils ne le « veulent pas , ils n'auront point de Sœurs ; j'aime « mieux que la maison tombe : car elle n'a été établie « que pour enseigner la religion ; la Communauté « entière n'existe que pour cela : tout le reste n'est que « comme un filet pour attirer les enfants. »

Mais entre tous les enfants , c'étaient surtout les enfants pauvres que Madame Rivier avait à cœur d'instruire ; non pas sans doute qu'elle refusât l'instruction aux riches quand la Providence les lui envoyait ; mais les pauvres étaient ses enfants de prédilection, parce que c'étaient eux que Notre-Seigneur avait aimés davantage et catéchisés les premiers , parce qu'ils ont moins de moyens de s'instruire que les riches , et enfin parce qu'il est plus facile de faire le bien auprès d'eux ; la parole de Dieu trouve en leur cœur moins d'obstacles , plus de dispositions et de docilité. Elle avait tellement à cœur leur instruction que non seulement elle recevait dans ses écoles le plus d'élèves gratuites qu'il lui était possible , mais encore elle a porté le zèle quelquefois jusqu'à donner aux enfants un habillement complet et même à leur payer une certaine somme par mois pour

décider leurs parents à les envoyer à l'école. Lorsqu'elle
visitait ses établissements, elle commençait d'ordinaire
par les classes des pauvres, parce que, disait-elle, la
préférence est due aux enfants chéries de Notre-Seigneur ; c'étaient elles qu'elle examinait et récompensait
les premières ; et la manière gracieuse et aimable dont
elle le faisait témoignait la tendre affection de son cœur.

ARTICLE II.

De l'instruction des femmes et des grandes filles.

S'il est important de jeter de bonne heure dans le
cœur de l'enfance des semences de religion et de vertu,
il ne l'est pas moins de les y conserver et faire fructifier
à un âge plus avancé, parce qu'autrement le démon,
le monde et les passions les enlèvent, ou l'oubli et
l'indifférence les font disparaître : c'est ce qu'avait
bien compris Madame Rivier, et ce qui la porta non
seulement à réunir autant que possible, dans tous les
lieux où elle passait, le plus de personnes du sexe qu'elle
pouvait attirer pour leur faire une instruction religieuse,
mais encore à établir dans toutes ses maisons un semblable exercice le dimanche, avant ou après les vêpres.
Ces instructions inspirées par un vif sentiment de foi
et prononcées avec chaleur produisaient des effets mer-

veilleux. Souvent on a vu des femmes, au sortir de
l'entretien, verser des larmes amères, crier tout haut
dans les rues : *Miséricorde, mon Dieu! miséricorde*, et
aller de là au tribunal de la pénitence faire des confessions générales avec les sentiments de la plus vive
contrition. Quelquefois une seule phrase, mais dite
d'une certaine manière, lui suffisait pour émouvoir son
auditoire : c'est ainsi que dans une paroisse ayant
trouvé cinq cents personnes réunies pour l'entendre,
après avoir récité avec foi et piété l'invocation ordinaire
de l'Esprit-Saint, elle jette, pendant un instant de
silence, un regard de bonté sur cette multitude avide de
sa parole : puis d'un ton animé et plein de feu : « Je
« voudrais de tout mon cœur, s'écria-t-elle, qu'autant
« de têtes que je vois ici fûssent un jour autant de têtes
« couronnées dans le Ciel. » C'en fut assez pour arracher des larmes de tous les yeux, et le reste du discours
fut accueilli comme s'il fût descendu du ciel même.
C'était pour l'entendre un empressement général ; les
dames du monde se pressaient dans son auditoire mê-
lées aux personnes les plus pauvres, et les emplacements
les plus vastes se trouvaient toujours trop petits.

Elle se préparait à ces instructions par la méditation
et la prière : elle ne visait point à y dire des choses rares
et recherchées, mais elle s'attachait à traiter avec grande
exactitude les vérités les plus communes de la religion,

l'horreur et la fuite du péché, la crainte des jugements
de Dieu, la pratique des vertus chrétiennes et surtout
la manière de se sanctifier, chacun dans sa condition,
en remplissant fidèlement ses devoirs d'état, faisant
saintement ses actions ordinaires et souffrant en esprit
de foi les peines de sa position. Mais ces vérités simples
et pratiques faisaient une telle impression qu'on s'en
souvenait toute la vie. « Lorsque j'ai quelques peines
« dans mon ménage, disait une mère de famille, longues années après, je me rappelle ce que nous disait
« Madame Rivier, que nous gagnerions le Ciel chacun
« dans notre état, pourvu que nous eussions soin d'offrir
« nos peines à Dieu, de travailler pour son amour et
« dans sa grâce et d'unir nos actions et nos souffrances
« aux actions et aux souffrances de Notre-Seigneur. »

Les Règles que Madame Rivier a tracées à ses Sœurs
pour cet exercice, ne sont que la pratique de ce qu'elle
faisait elle-même : 1o elle veut qu'elles aient, avant
tout, l'agrément du curé de la paroisse où elles travaillent, 2o elle leur prescrit de demander la permission
de faire l'instruction chaque dimanche, non point à
l'église ou dans des chapelles, mais uniquement dans
la salle des classes ou autre lieu non destiné aux exercices publics de la religion, 3o elle leur recommande la
plus grande exactitude dans la doctrine, leur défendant
de s'écarter de ce qu'enseigne le catéchisme du diocèse

qu'elles doivent se borner à expliquer, après l'avoir fait réciter par les élèves les plus instruites admises à l'assemblée, 4º elle exige qu'on se prépare avec soin à cet exercice et trace dans le plus grand détail les Règles pour s'en acquitter utilement.

ARTICLE III.

Des Retraites.

LES meilleures instructions et la connaissance même la plus parfaite de la Religion ne suffisent pas le plus souvent pour rendre l'homme vertueux et le conduire au salut : le tumulte des créatures le distrait, les affaires le préoccupent, les conversations le dissipent, les mauvais exemples l'entraînent et les maximes du monde le séduisent. Pour se sauver il a besoin d'être retiré de temps en temps du milieu de ce tumulte et de ces préoccupations, d'oublier le monde, de méditer en silence les grandes vérités de la Religion et de rentrer en lui-même pour mettre ordre à sa conscience et prendre des résolutions de mieux vivre à l'avenir : en un mot, il lui faut les saints exercices de la Retraite, et sans cela les instructions passagères ne produiront qu'un fruit passager comme elles. Vivement pénétrée de cette vérité qu'enseignent tous les maîtres de la vie

spirituelle , Madame Rivier donna des retraites dans
les paroisses avant la paix rendue à l'Église par le
Concordat , et continua même ces exercices dans les
premières années qui suivirent le rétablissement du
culte , jusqu'à ce que le service religieux eût été régu-
larisé et des pasteurs donnés à ces paroisses. Chaque année , elle faisait faire à toutes ses Sœurs, autant que
possible, une Retraite de huit jours et quelquefois même
plusieurs. Elle établit à la Maison-mère une Retraite
annuelle pour les personnes du dehors , et autorisa
plusieurs de ses établissements à employer avec la permission de l'Ordinaire le même moyen de salut ; les
fruits abondants de grâces qui en résultèrent, prouvèrent combien son zèle était sagement inspiré.

ARTICLE IV.

Des exercices de piété et de pénitence.

LE zèle de Madame Rivier était trop éclairé pour se
borner aux moyens extérieurs dont nous venons de
parler : elle avait appris de saint François-Xavier que
la conversion des âmes s'obtient plus par des exercices
de piété et de pénitence que par des instructions et des
discours ; et pleine de cette pensée elle ne se borna pas
à fonder son Tiers-Ordre destiné à ces saints exercices,

mais encore elle fut ingénieuse à multiplier dans sa Communauté les pratiques de piété et de pénitence les plus propres à toucher le cœur de Dieu et à désarmer sa colère. C'est ainsi qu'à une époque de grandes calamités pour la France, après avoir fait remarquer à ses Sœurs que la première chose à faire était de se convertir tout de bon à une vie parfaite, sans quoi Dieu ne pourrait agréer leurs pratiques de piété, elle leur prescrivit 1º une neuvaine avec une mortification chaque jour en l'honneur du Sacré Cœur de Jésus, et une Amende honorable à ce divin Cœur, qu'on devait réciter tous les jours jusqu'à la cessation du désastre : « Car, disait-« elle, le salut de la France doit venir du Sacré Cœur. » 2º Elle maintint pour chaque jour la sainte pratique de deux Sœurs *victimes expiatoires*, telle que nous l'avons décrite à la fin du Chapitre III du Livre précédent, et lui donna comme une nouvelle vie par la ferveur qu'elle sut inspirer à ses filles pour ce saint exercice. 3º Pour réparer les outrages faits à la Croix qu'on insultait et qu'on renversait alors, elle fit faire tous les jours dans l'intérieur de sa maison une procession avec la Croix portée par la grande victime accompagnée de deux autres Sœurs, toutes trois la corde au cou : pendant la marche, on récitait le Chapelet de la Passion auquel on répondait par ces mots : *Miséricorde pour la France*, et de distance en distance on s'arrêtait à diverses stations pour chanter, les bras en croix, une ou deux strophes d'un Cantique en l'honneur de cet instrument de notre rédemption. Depuis cette époque, cette double pratique des deux victimes et de la procession pour implorer les miséricordes de Dieu sur la France, n'a point été interrompue et elle s'observe encore chaque jour dans la Maison-mère.

Un quatrième exercice qui produisit un grand fruit les deux fois qu'elle le fit, fut une distribution de croix à toutes ses Sœurs : elle commença par une instruction touchante où après avoir présenté la Croix comme l'étendard de Jésus-Christ et des Saints, et mis en regard l'étendard du monde et du démon, elle pressa vivement tous les cœurs de choisir entre l'un et l'autre ou plutôt de s'attacher à l'étendard du salut, et fit fondre en larmes, éclater en sanglots et gémissements tout son auditoire. Puis annonçant la distribution qu'elle allait faire à chaque Sœur ou Novice d'une petite croix verte et sans christ pour la porter à la main chaque jour pendant la procession dont nous venons de parler, elle ajouta : « En venant recevoir cette croix et toutes les « fois que vous la porterez, il faut vous offrir à Dieu « en esprit de sacrifice, vous immolant sans réserve à « tout ce qu'il voudra de vous, ne plus vous regarder, « à dater de ce jour, que comme des victimes destinées « à expier vos péchés et ceux de tout le monde, et ac-

« cepter de bon cœur dans cette vue toutes les peines
« de votre état, toutes les contrariétés, traverses, pri-
« vations de toute espèce qui pourront se rencontrer,
« mais surtout les combats continuels que vous aurez à
« livrer contre vos défauts. S'il y en a parmi vous qui
« ne soient pas dans cette disposition, qu'elles n'ap-
« prochent pas.... Il n'y a pas de Christ sur ces croix,
« parce que je veux que ce soit vous qui soyez les
« christs, que votre cœur et votre volonté y soient atta-
« chés, cloués, crucifiés. Les croix sont vertes, c'est
« la couleur de l'espérance, parce qu'avec la Croix vous
« devez espérer la victoire sur vos ennemis et sur ceux
« de la Religion ; avec elle, vous êtes plus fortes que
« l'enfer. Si nous sommes assez heureuses pour être
« appelées au martyre, il faudra y aller la Croix à la
« main, elle sera notre force et notre victoire : Si au
« contraire Dieu nous conserve pour travailler à sa
« gloire, il faudra qu'à force d'aimer la Croix nous nous
« rendions victorieuses de nos passions, de toutes les
« persécutions, et que nous soyons assez saintes pour
« rétablir le règne de Jésus-Christ : car, il n'y a que
« des saintes qui puissent faire une si grande œuvre. »

Nous n'en finirions pas si nous voulions dire toutes
les saintes pratiques ou exercices de piété et de pénitence que le zèle inspirait à Madame Rivier : Un jour
c'était une procession pour représenter celle des élus

dans le Ciel : elle marchait en tête à côté de la Croix
portant en main les Constitutions et chaque Sœur portant sa Règle : entre les rangs étaient portées les statues
de saint Joseph, de l'Enfant Jésus, de la Sainte Vierge,
de sainte Anne, les reliques de saint François-Régis,
des saints Jésuites et de plusieurs autres saints, et toutes les Sœurs attendries chantaient des Cantiques sur le
bonheur du Ciel et la gloire des élus : un autre jour
on portait en procession au milieu du chant des Cantiques, les huit Béatitudes et les Commandements,
écrits les unes et les autres en gros caractères et ornés
de dessins. Mais toujours et en toute circonstance elle
rappelait ses Sœurs à l'esprit d'immolation et de pénitence pour la conversion des pécheurs, et quand elle
visitait à l'Infirmerie les malades qu'elle considérait
avec une sorte de respect comme celles qui attiraient
les miséricordes de Dieu sur la Communauté, elle les
engageait à offrir leurs souffrances dans cet esprit. Au
milieu des plus grandes calamités, elle pressait ses
Sœurs de demander d'abord et avant tout, la conversion des pécheurs, puis, secondairement, la cessation des fléaux : « Car, disait-elle, le péché est le
« seul vrai mal et il est la cause de tous les autres maux :
« je crains plus les abus, l'esprit mondain, la tiédeur,
« le péché véniel, l'amour-propre que le choléra : ce
« dernier mal ne tue que le corps, et les maux dont je

« parle offensent Dieu et perdent les âmes ; mais mal-
« heureusement comme on tient plus à la vie du corps
« qu'à celle de l'âme, on ne parle pas autant du salut
« et de Jésus-Christ que du choléra ; qu'il n'en soit pas
« ainsi de nous ; convertissons-nous et prions pour la
« conversion du monde. »

CHAPITRE VI.

DE LA PRUDENCE DE MADAME RIVIER.

QUELQUE brûlant qu'ait été le zèle de Madame
Rivier, il n'aurait pu produire aucun bien solide s'il
n'avait été dirigé par la prudence : souvent même plus
le zèle est impétueux, plus il fait de mal, quand cette
vertu ne préside pas à ses entreprises. Encore la prudence humaine, quelle qu'elle soit, ne suffit-elle pas
pour les œuvres de Dieu. Il n'y a que la prudence d'en
haut, la prudence qui a l'esprit de Dieu pour principe,
qui puisse faire et conduire les œuvres de Dieu : et telle
fut la prudence de Madame Rivier. Attentive à ne rien
faire que dans la dépendance de l'esprit et de la volonté

de Dieu, elle ne répondait jamais sur le champ aux questions qu'on lui adressait ou aux permissions qu'on lui demandait, mais elle se recueillait quelques instans pour consulter l'Esprit-Saint sur ce qu'il était expédient de répondre ; et souvent après avoir dit de lui faire venir telle Sœur, elle ajoutait : « Mais attendez quel- « ques momens, parce que je n'ai pas encore prié ; « donnez-moi le temps de prier un peu. » « Nous avons « grand besoin , écrivait-elle un jour à une de ses « Sœurs, que l'esprit de Dieu nous dirige en toutes « choses, afin qu'il n'entre rien de nous-mêmes dans « nos actions. Je suis toujours plus pénétrée de la su- « blimité de notre vocation et des grands biens que « nous pouvons faire si nous sommes remplies de l'es- « prit de Dieu ; mais sans cela nous ne ferons aucun « bien solide. Tenons toujours nos cœurs élevés vers « le Ciel afin d'en attirer la lumière qui doit nous di- « riger. »

Conséquemment à cette belle doctrine, elle ne pou- vait supporter la précipitation , l'agitation et le trop grand empressement à faire ou à dire les choses même les moins importantes, l'irréflexion qui embrasse toute première idée qui se présente, parle et agit sans rien examiner , sans considérer les circonstances et peser les conséquences, l'esprit de dissipation enfin, qui épanche l'âme tout entière au dehors et la sépare de Dieu ; et

elle répétait souvent que ces défauts étaient essentielle-
ment opposés à la prudence chrétienne et à la conduite
de l'Esprit-Saint, qu'ils faisaient dire et faire des choses
dont ensuite on avait lieu de se repentir, qu'ils causaient les maux les plus fâcheux, mettaient le plus
grand obstacle au bien, nuisaient à l'accroissement de
la Communauté et en amèneraient la ruine si on ne se
corrigeait pas. « L'irréflexion et l'empressement me
« crucifient, disait-elle à ses Sœurs, et il faut absolu-
« ment que vous deveniez des filles réfléchies et que
« vous appreniez à modérer vos empressements pour
« vous conduire en tout selon l'esprit de Dieu. » Elle
leur en donnait admirablement l'exemple, se possédant
toujours parfaitement et se conservant dans la même
assiette ; c'était toujours la même personne, dans sa
chambre comme à l'église, en récréation comme au
milieu des occupations les plus graves, faisant et disant
chaque chose avec le même calme, la même attention
que si elle n'eut eu au monde que cette seule chose à
faire. Elle avait une grande dévotion à cette parole de
Notre-Seigneur : *Mon heure n'est pas encore venue*, et
elle disait dans le même sens lorsqu'on lui proposait
quelque affaire : « Cela ne presse pas ; prenons le temps
« de réfléchir pour consulter Dieu et connaître sa sainte
« volonté. » Que vous avez tardé de faire cette œuvre,
lui disait une de ses filles, le jour de la fondation du

Tiers-Ordre ! « Il y a plus de vingt ans que j'y pense
« et que je la désire, lui répondit-elle ; il m'a fallu ce
« temps pour prier et interroger Dieu avant d'en venir
« à l'exécution. » Mais aussi une fois qu'elle avait connu
la volonté de Dieu, elle agissait avec force et résolution ;
aucun obstacle, aucune considération humaine ne pouvait l'arrêter.

La prudence de Madame Rivier n'excellait pas seulement dans le maniement des affaires particulières
qu'elle avait à traiter, mais encore et surtout dans le
gouvernement général de sa Congrégation. Aucun abus
ou relâchement ne pouvait s'introduire dans aucune de
ses nombreuses maisons, qu'elle ne l'eût bientôt découvert, soit par ses rapports habituels avec les Directrices, le compte que chacune devait lui rendre et
l'obligation imposée à toutes de lui faire connaître tout
ce qui se passait dans la maison où elles étaient ; soit
par les Coadjutrices chargées de surveiller chacune son
arrondissement et de ne lui rien laisser ignorer, soit
enfin par les visites fréquentes qu'elle faisait ou faisait
faire et par la correspondance exacte qu'elle entretenait
avec tous les établissements. « Chaque jour et plusieurs
« fois le jour, disait-elle, je parcours mes diverses
« maisons, je me rends présent l'ordre qui doit y ré-
« gner, les abus qui peuvent s'y introduire, la manière
« dont la Règle s'y observe, la ferveur ou le relâche-

« ment de chacune. » Son œil vigilant était toujours
ouvert, pénétrait tous les détails; rien ne lui échappait;
et le mal une fois aperçu, ou elle temporisait sagement
pour préparer le cœur à la leçon, ou elle y appliquait
aussitôt le remède, tantôt par un avis donné à propos,
tantôt par une bonne retraite, tantôt par un reproche
mélangé de fermeté et de douceur ou par un remplacement et un rappel dans la Maison-mère.

C'était une chose merveilleuse que le tact avec lequel elle savait traiter tout le monde, discerner le ton,
les procédés, les paroles propres à faire une impression
favorable, et varier ainsi son langage et ses manières
selon le caractère, le rang, l'éducation, les goûts de
chacun. Même dans ses discours publics, quelle que
fût l'ardeur de son zèle, elle ne se laissait point aller à
cette vivacité d'imagination qui ne pèse plus ses expressions, mais elle parlait toujours avec ce tact qui devine
le plus grand bien des auditeurs et cette mesure de langage qui est apte à le procurer. Son livre du *Domaine
des Passions*, où elle a consigné en substance plusieurs
de ses enseignements, nous en offre de nombreux
exemples : rien de plus remarquable que les portraits
qu'elle y trace de la tiédeur, de la dissipation, de la
paresse, de la vengeance, de la vivacité, du mauvais
caractère. La finesse des aperçus, l'exactitude de la des-
cription le disputent à la netteté du style et à la grâce du

langage. Mais où elle se surpasse elle-même, c'est quand
elle dépeint l'amour-propre : là elle égale les plus grands
maîtres dans l'art d'observer et de peindre les passions :
« L'amour-propre , dit-elle , est un traître qui vous
« donne la mort en vous flattant ; c'est un ennemi do-
« mestique d'autant plus dangereux, qu'il est d'intelli-
« gence avec votre propre cœur pour vous perdre. Il
« est si artificieux et si subtil , qu'il se glisse dans vos
« intentions les plus secrètes, sans que vous vous en
« doutiez. Il trompe les plus clairvoyants et les fait
« tomber dans ses piéges sans qu'ils s'en aperçoivent. Il
« est si entreprenant , si hardi , et en même temps si
« adroit, qu'il attaque même les plus parfaits, et que,
« lorsqu'on croit l'avoir chassé d'un côté , il revient
« aussitôt par un autre. Son audace est telle , malgré
« sa feinte douceur, qu'après que l'on a travaillé long-
« temps pour dompter les autres passions , il s'établit
« sur leurs ruines et se présente encore pour nous
« défier au combat. Enfin rien ne lui coûte pour arriver
« à son but : il est souple , rusé , officieux et surtout
« très-aguerri et très-entendu dans l'art de faire des
« dupes. Il sait employer à propos toutes les passions et
« même la vertu pour se rendre maître d'un cœur ; il
« profite de tout avec une adresse , une sagacité , une
« patience vraiment merveilleuses.

« Si vous le suivez dans le détail de sa conduite , si

« vous l'observez dans ses démarches, vous le verrez
« constamment rempli de lui-même et de sa propre
« estime, dévoré de la soif des louanges et les recher-
« chant en toute occasion. Il parle beaucoup de lui-
« même; il se vante à tout propos; il voudrait occuper
« l'esprit et le cœur de tout le monde. Il flatte pour être
« flatté ; il caresse pour être caressé, et donne des
« louanges pour qu'on lui en rende. Il dit qu'il est
« pauvre pour qu'on lui dise qu'il est riche; il se dit
« sot, ignorant, misérable, pour qu'on lui réponde qu'il
« est rempli de talens et de mérite. Il feint d'être per-
« suadé qu'il n'est digne de l'attention de personne, et
« c'est ce qu'il désire avec plus d'ardeur, c'est ce qu'il
« recherche par toutes les voies possibles. Il mendie les
« éloges et les applaudissements de chacun; on dirait,
« à le voir, qu'il ne peut vivre sans cela ; et c'est en
« effet ce qui le nourrit plus délicieusement. Il est
« surtout passionné de l'approbation des personnes
« considérables, et c'est pour lui un tourment insup-
« portable de n'en être point applaudi, admiré dans
« tout ce qu'il fait et dans tout ce qu'il dit; il ne recon-
« naît enfin pour ses amis que ceux qui le louent et
« l'approuvent en toutes choses.

« L'amour-propre est singulier et maniéré à l'infini ;
« il prend toutes les formes pour se concilier l'estime
« et la bienveillance du monde : tantôt on le voit affa-

« ble, officieux, et plein d'une politesse raffinée quand
« il veut plaire à certaines personnes ; d'autres fois il
« est modeste, dévot et si recueilli qu'on le prendrait
« pour un saint, aussi bien est-il jaloux d'en avoir la
« réputation. C'est pourquoi il se plaît à parler de piété,
« à discourir sur la vertu ; mais on voit dans l'occasion
« qu'il ne la connaît que de nom. Il déteste surtout
« l'humilité quoiqu'il affecte de l'aimer beaucoup ; il
« prend même souvent le masque de cette vertu ; mais
« on s'aperçoit de sa supercherie et de son hypocrisie
« lorsqu'il est dans le cas d'être repris, blâmé ou mé-
« prisé ; il fait voir alors qu'il a été vivement blessé.

« Si l'on a le malheur de ne pas faire attention à lui,
« si l'on manque d'empressement à le saluer, à lui
« céder le pas ou à l'obliger, si on ne lui témoigne pas
« le plus tendre intérêt, si on ne lui fait pas l'accueil
« le plus gracieux, ou bien si l'on se hasarde à lui dire
« quelque parole sèche, à le reprendre de ses défauts,
« à lui donner un avis, c'est ce qu'il ne peut digérer :
« il se croit méprisé ; il tombe dans une profonde rêve-
« rie, dans la tristesse et l'abattement, quelquefois
« même dans un dépit et une malice dont on ne peut
« le faire revenir : car il arrivera souvent que, pour lui
« avoir manqué en quelque chose, on s'attirera sa haine
« pour la vie. Aussi conserve-t-il long-temps le souvenir
« de ce qui peut l'avoir choqué ; il l'imprime si bien

« dans sa mémoire , qu'après un espace de dix ou de
« vingt ans , il sait, quand l'occasion s'en présente , le
« faire sentir à ceux qui l'ont offensé.

« Il est extrêmement sensible : un rien l'affecte , et i
« emploie souvent une partie de la nuit à repasser dans
« son esprit tout ce qui peut l'avoir flatté ou contristé
« dans la journée. Il s'occupe éternellement de lui-
« même, de sa réputation, du soin de son corps : car il
« s'aime beaucoup. Il a une santé fort délicate et il est
« très-douillet : un rien le rend malade , et , comme il
« est fort sensuel, il recherche en tout ses aises et ses
« commodités. Il craint excessivement le froid ainsi
« que la chaleur, et il est fort ingénieux pour se garantir
« de l'incommodité des saisons. Il s'enrhume facile-
« ment et ne peut s'exposer à l'air sans danger. Il se
« lève très-tard, quoiqu'il se plaigne sans cesse de ne
« pouvoir dormir. Il est lâche, paresseux, indolent, et
« dans ses maladies il est très-difficile à servir : il faut
« être aux petits soins, et malgré cela il n'est jamais
« satisfait.

« Extraordinairement recherché, tant pour la table
« que pour l'ameublement, rien ne lui manque de ce
« qui peut lui être utile ou agréable ; et lorsque dans
« ses vêtemens il se trouve quelque chose qui n'est
« pas au dernier goût, il se plaint, il murmure. Enfin
« il ne peut supporter la moindre incommodité, la

15.

« moindre privation ; aussi est-il l'ennemi déclaré des
« croix : il ne saurait porter la plus légère sans en être
« malade, et il ne fait absolument d'autres mortifica-
« tions que celles qui peuvent lui attirer l'attention et
« l'estime des créatures. »

CHAPITRE VII.

DE LA CHARITÉ DE MADAME RIVIER.

L'HISTOIRE de Madame Rivier nous a déjà révélé
la charité immense qui était dans son cœur ; mais pour
mieux faire connaître encore jusqu'à quel haut degré
elle posséda cette vertu, nous considérerons en quatre
Articles, 1º sa charité pour le prochain en général,
2º son amour pour les pauvres, 3º sa tendresse pour
les orphelines, 4º son affection maternelle pour tous
les membres de sa Communauté.

ARTICLE I.

Sa charité pour le prochain en général.

La charité était pour ainsi dire née avec Madame Rivier; elle la sentait, disait-elle, comme quelque chose de doux sur sa poitrine. Dieu l'avait douée d'un excellent cœur et de toutes les qualités qui en sont l'apanage, la bonté, la compassion, la reconnaissance, la patience, la fermeté, la douceur, la générosité. Mais ces qualités naturelles qu'elle possédait à un éminent degré, la Religion les consacra et les perfectionna chaque jour davantage, en lui montrant dans la personne du prochain, l'image de Dieu, les membres de Jésus-Christ rachetés de son sang, les temples du Saint-Esprit. Ces vues de foi lui rendaient le prochain vénérable, et lui inspiraient une sorte de respect même pour les plus petits et les plus délaissés. Aussi était-ce un bonheur et une consolation pour elle de pouvoir obliger, faire quelque bien aux autres ; et, plus on était pauvre, infirme, faible, timide ou ignorant, mieux on était reçu d'elle et comblé de ses bontés. Libérale et généreuse envers tous, disposée à donner à pleines mains si elle l'eût pu, elle était encore plus attentive à accompagner ses largesses de ce ton d'aménité et de délicatessé qui en double le prix. Elle ne craignait rien tant que de faire de la peine à qui que ce fût : s'il lui fallait faire un refus, elle tâchait d'en tempérer l'amertume à force de douceur ; si on la dérangeait au milieu de ses plus grandes occupations par des visites importunes et insignifiantes, elle dissimulait le contretemps sous des dehors aimables ; et comme dans une occasion particulière une Sœur lui en témoignait un jour son étonnement : « Où serait donc la charité, lui répondit-elle, si « j'eusse fait autrement ? Dieu demandait-il autre chose « de moi dans ce moment que l'exercice de cette vertu ? « Il faut toujours être contente quand on peut obliger le « prochain, même aux dépens de ses occupations les « plus pressantes. » Quelque immenses que fussent ses sollicitudes, sa tendre charité la faisait descendre dans les plus petits détails pour s'assurer que personne n'avait à souffrir autour d'elle, et elle était exacte à s'informer souvent si les Pensionnaires avaient du feu en hiver, si on avait soin de leur donner telle ou telle chose qui pouvait leur faire du bien, si elles s'amusaient, si elles étaient contentes ; et quand on lui témoignait sa surprise de ce qu'elle pensait à ces petites choses parmi tant d'embarras : « Ah ! répondait-elle, il faut être « mère. »

Si elle recevait le plus petit service, sa charité accrue par la reconnaissance lui inspirait les remercîments les

plus affectueux et les plus humbles et recherchait l'occasion d'en rendre quatre fois autant. Si elle recevait
quelque outrage, sa charité triomphait de pouvoir rendre
le bien pour le mal et mettre en pratique la maxime
du Sauveur : *Aimez ceux qui vous haïssent.* Voyant un
jour pleurer une de ses Sœurs témoin des injures que
lui adressait une personne comblée de ses bontés : « Eh!
« mon enfant, lui dit-elle, qu'est-ce que tout cela ?
« J'en ai bien entendu davantage... Apprenez de là à
« ne travailler que pour Dieu seul... Tout cela ne me
« fait rien personnellement ; ce ne sont que des paroles
« qui ne vont pas jusqu'au cœur. » Puis se tournant
vers la personne qui l'outrageait, elle lui dit avec une
douceur parfaite : » Allez, mon enfant, que Dieu vous
« convertisse ! veillez sur votre langue, car elle pourrait
« faire beaucoup de mal. »

Madame Rivier ne se bornait pas à pratiquer admirablement la charité envers le prochain ; elle tâchait
par tous les moyens de l'inculquer à ses filles : elle
reprenait fortement en elles les moindres médisances,
critiques, ou railleries envers qui que ce fût, plus
encore les moindres brusqueries, rebuts ou refus dé-
placés, mais par-dessus tout, le manque de compassion,
de soins, d'attentions pour les infirmes, les enfants ou
les personnes timides, ne pardonnant pas même les
oublis de ce genre, et versant des larmes amères sur

les moindres fautes en cette matière. Elle leur répétait
sans cesse que la charité devait les distinguer du reste
des fidèles, les faire connaître partout pour vraies disciples de Jésus-Christ et vraies servantes de Marie, que
celui qui offense le prochain, blesse Jésus-Christ à la
prunelle de l'œil, et que Dieu se montre plus facile à
pardonner les injures qu'on lui fait que celles qu'on fait
au prochain : de là venait une prédilection marquée
pour celles de ses Sœurs qui avaient un cœur bon et
généreux ou une âme charitable à l'épreuve des injures
et des outrages, comme au contraire elle éprouvait un
sentiment de répulsion et d'horreur pour les défauts
contraires à la charité. Ayant appris un jour par la
Directrice d'un nouvel établissement qu'une de ses
Sœurs avait été gravement insultée, poursuivie même
à coups de pierres par deux Institutrices furieuses de la
perte de leurs places, et qu'elle avait souffert cet affront
avec beaucoup de calme et de patience, mais trouvant
dans la lettre de cette même Directrice des expressions
qui marquaient de l'humeur et de l'indignation contre
les auteurs de cet outrage, elle lui répondit : « Dites à
« la Sœur que son calme et sa patience dans cette occa-
« sion m'ont comblée de joie et que je l'assure de toute
« ma tendresse et de toute mon estime : pour vous,
« ma chère fille, j'aurais voulu que pour mâter votre
« orgueil on vous eût craché au visage. »

Ainsi Madame Rivier enseignait la charité à ses Sœurs : ses leçons sur cette matière se réduisaient à sept points principaux : 1º vivre dans une grande union avec tous et aimer *tout* le prochain, même ses ennemis. Si on excepte une seule personne, on n'a pas la charité. 2º Rendre volontiers service à tous et faire du bien à ceux qui nous font ou qui nous veulent du mal. Ceux qui nous contrarient et nous blâment nous sont plus utiles que ceux qui nous flattent. 3º Ne rien dire et ne rien faire qui puisse causer la moindre peine au prochain ; éviter toute parole de médisance, de critique, de raillerie, toute répartie brusque et fâcheuse. 4º Excuser toujours le prochain : si l'action est mauvaise, l'excuser encore en l'imputant à la légèreté, à la faiblesse ou à la force de la tentation. 5º Ne former aucun jugement témé-raire ; ne jamais juger des intentions. Les Supérieurs seuls ont le droit et le devoir d'user d'une sage défiance envers leurs inférieurs. 6º Se réjouir du bien temporel et spirituel qui arrive au prochain et s'affliger du mal qu'il éprouve ; être bien aise qu'il nous soit préféré et qu'il réussisse mieux que nous. 7º Avoir à cœur le salut du prochain et ne rien négliger de ce qui peut y contri-buer. Tels étaient les différens textes des instructions que faisait Madame Rivier sur la charité, en rappelant toujours à ses Sœurs que la plus grande preuve d'amour qu'elles pussent donner à Notre-Seigneur était de bien pratiquer cette vertu , puisqu'il tient pour fait à lui-même ce qu'on fait au moindre des siens.

ARTICLE II.

Son amour pour les pauvres.

MADAME Rivier aima les pauvres dès son enfance, et mit son bonheur à les soulager : cette disposition alla toujours croissant et se perfectionnant en elle avec les années. Jamais on ne l'a vue refuser l'aumône à aucun pauvre : elle donnait, selon les besoins, de l'argent, des alimens, des vêtemens, des lits, du bois pour se chauffer, et même au temps du carnaval elle distribuait aux pauvres des portions de viande, afin qu'ils n'eussent pas à souffrir de la pensée que les autres faisaient bonne chère tandis qu'eux avaient à peine de quoi vivre. Aux fêtes de Noël elle donnait à dîner pendant neuf jours à trois pauvres, un vieillard, une femme et un jeune enfant en l'honneur de la Sainte Famille, et faisait servir le même pain, le même vin, le même dîner enfin qu'à la Communauté. Jamais elle ne se mettait à table sans avoir le cœur serré par la pensée qu'à ce moment là même, bien des pauvres manquaient du nécessaire, tandis qu'elle avait plus qu'il ne lui fallait, et souvent même elle ne pouvait qu'à grand'peine rete-

nir ses larmes. Si on lui servait quelque chose d'extraordinaire, elle n'y touchait pas et le faisait porter aux pauvres. Elle avait un soin particulier des pauvres honteux
qu'elle pouvait découvrir, et leur envoyait par ses Sœurs
tous les secours nécessaires , mais seulement après la
chute du jour et dans le plus grand secret pour ménager
leur délicatesse. Son zèle pour ceux et celles qu'un âge
avancé rendait incapables de travailler n'était pas moins
admirable, et un jour même elle ordonna à une de ses
Sœurs de faire rechercher un vieillard auquel elle n'a-
vait pas plus donné qu'aux autres, lui interdisant la
Communion jusqu'à ce qu'elle l'eût retrouvé, et après
qu'au bout de trois jours de recherche on l'eut rencontré et ramené au Couvent, elle le fit habiller de
la tête aux pieds et lui donna à la suite d'un bon repas,
une aumône en argent. Cette charitable mère des pauvres n'entendait pas qu'on leur donnât des choses de
rebut, des vêtemens déchirés et mal-propres : « Que
« répondrais-je à Notre-Seigneur au jugement dernier ,
« disait-elle, quand il me montrerait ce vêtement dé-
« chiré en me disant : voilà ce que tu m'as donné dans
« la personne de mes pauvres : j'aurais trop de honte
« et ne saurais où me cacher. » Mais quand ce qu'elle
donnait aux pauvres n'était pas entièrement neuf, elle
le faisait au moins raccommoder avec soin et bien la-
ver, de sorte que le don était toujours propre et décent.

Elle se faisait instruire de tous les malheureux déposés à la prison de Bourg, soit par la femme du geôlier, soit par les gendarmes qui les y conduisaient, et leur faisait porter non seulement la soupe avec une portion de viande ou de légume, mais encore du linge s'ils en manquaient, de l'argent s'ils en avaient besoin pour quoi que ce fût de nécessaire ou d'utile, quelquefois même des couvertures dans les grands froids de l'hiver : œuvre de charité que ses dignes filles continuent encore aujourd'hui. Un jour elle aperçut sur la route un militaire qui lui paraissait épuisé de fatigue, elle le fit conduire à cheval jusqu'à une certaine distance, après qu'il eut réparé ses forces par un bon repas. Un autre jour un pauvre malade se présenta à la porte, elle le fit placer à l'hôpital et paya sa pension jusqu'à ce qu'il fût guéri. Enfin les pauvres de toutes les classes étaient l'objet de ses continuelles sollicitudes ; elle les recommandait à la Sœur portière et lui disait souvent qu'elle répondrait devant Dieu des aumônes que le Couvent n'aurait pas faites faute d'avoir été instruit exactement par elle de la misère et des besoins particuliers de chacun. « Vous ne m'avez demandé que deux francs pour « tel pauvre, lui dit-elle un jour ; si j'avais mieux connu « sa situation, je lui en aurais donné au moins cinq ; « vous en répondrez. »

Mais c'était surtout dans les temps de calamités et

dans les hivers rigoureux qu'il se faisait comme un débordement de sa charité sur tous les malheureux : alors elle répandait ses largesses avec profusion ; tous les jours pendant plus de deux heures sans interruption , plusieurs Sœurs étaient employées à distribuer les aumônes ; quelquefois il y en avait pour la journée tout entière; et de tous les malheureux qui se présentaient aucun ne se retirait sans être secouru, soit en aliment, soit en linge ou en argent. Pour faire face à tant d'aumônes , elle économisait le plus possible , bornant toutes les dépenses au plus strict nécessaire , s'imposant à elle-même des privations jusqu'à vouloir se dépouiller sur son lit de mort de la couverture qui enveloppait ses jambes malades , sur l'observation qu'on lui faisait que les pauvres en demandaient une et qu'il n'y en avait plus dans la maison à leur donner. Toutefois malgré ces économies, on ne pouvait concevoir comment elle pouvait suffire à tant d'aumônes , et plusieurs fois les Sœurs ont cru reconnaître que Dieu avait multiplié le grain et l'huile pour seconder la charité de sa fidèle servante.

Ce n'était pas seulement à Bourg-Saint-Andéol que Madame Rivier pratiquait ainsi la charité envers les pauvres ; dans ses voyages elle faisait l'aumône à tous ceux qu'elle rencontrait : jamais en particulier elle n'arrivait à Viviers que les indigents ne se rassemblassent en foule sur son passage, et elle prenait plaisir à leur distribuer son argent, souvent sans compter. Dans ses circulaires à sa Congrégation, elle recommandait aux Sœurs de ses établissemens d'avoir à cœur le soulagement des pauvres et d'économiser le plus possible pour leur venir en aide : « J'espère, leur écrivait-elle « en 1830, que notre petite Congrégation ira toujours « croissant dans ces œuvres de charité ; je ne désire « pas qu'elle se soutienne si le mépris ou la dureté « pour les pauvres venait à s'y introduire..... Assis- « tez-les selon le besoin et votre petit pouvoir. Ne « perdez pas de vue que nous en avons pris l'engage- « ment dans nos Statuts, qui portent, Art. 16. *Que les* « *épargnes que peut faire la Congrégation sont consacrées* « *au soulagement des pauvres.* »

ARTICLE III.

Sa tendresse pour les pauvres orphelines.

MADAME Rivier expose elle-même toute sa tendresse pour les pauvres orphelines dans une Circulaire adressée à sa Congrégation, où après avoir raconté la mort édifiante d'une de ces enfants, elle continue en ces termes : « Encouragez-vous donc, mes chères filles, par « la vue du bonheur dont jouit sûrement cette pauvre

« enfant, à bien aimer et soigner mes pauvres orphe-
« lines malgré leurs défauts et leurs infirmités. Quand
« nous n'en aiderions qu'une seule à faire son salut, nous
« serions trop heureuses d'être chargées de cette grande
« et sainte œuvre. Mais il est à croire qu'un grand nombre
« d'entre elles béniront Dieu éternellement de ce que
« notre amour pour elles et nos sacrifices les auront
« préservées de l'enfer. Que de péchés nous faisons évi-
« ter à ces petites malheureuses ! Combien parmi elles
« qui auraient été le scandale du monde ! Ah ! mes
« chères filles, combien ces enfants doivent être chères
« à notre cœur !... C'est cette œuvre qui soutient notre
« maison et nous attire des grâces. Toutes les vraies
« Sœurs de la Présentation de Marie, doivent donc se
« regarder comme les mères de ces enfants, les soigner
« pour le corps et pour l'âme comme le feraient des mères
« vraiment chrétiennes. Quelle consolation pour nous,
« mes chères filles, de penser que si nous pratiquons
« la pauvreté et si nous sommes économes, tout ce qui
« nous reste de nos épargnes sert à nourrir et habiller
« ces pauvres enfants... Cette œuvre est la joie de mon
« cœur ; j'espère qu'elle sera aussi celle du vôtre. »

De tout temps, en effet, le soin des orphelines avait
fait la consolation de Madame Rivier. Elle les recueillait
toujours avec bonheur ; et quand il n'y avait point de
place à la Maison-mère, elle les envoyait dans ses établis-

sements, mais sans les perdre de vue et sans en oublier
aucune ; elle savait les noms de toutes et les lieux où
elles étaient placées. Elle avait pour elles une vraie tendresse de mère , les embrassait et leur parlait avec
effusion , les questionnait avec une bonté touchante
sur leur santé , leurs besoins, leurs désirs même , et
prenait plaisir quelquefois à satisfaire jusqu'à leurs petits caprices en choses innocentes. Si elle accordait une
fête aux Pensionnaires, les chères orphelines avaient
aussi la leur et elle ne négligeait ni douceurs ni petits
présens pour la leur rendre aussi agréable que possible.
Lorsque quelqu'une d'elles était malade , la tendre
mère redoublait ses soins, l'interrogeait sur ce qu'elle
souffrait, la recommandait spécialement à l'Infirmière,
et allait souvent la voir , la consoler , l'exhorter à la
patience et à la confiance , lui disant qu'elle appartenait
à la Sainte Vierge et que cette grande reine veillait sur
elle. C'était pour elle un moment de jouissance de
pouvoir se trouver au milieu de ces chères enfants et
de leur répéter avec transport : « Oui , je suis votre
« mère et je vous porte toutes dans mon cœur. » Une
fois même elle les réunit toutes devant sa Communauté à la suite d'une instruction sur la charité qu'on
devait avoir pour elles, et après les avoir embrassées
avec larmes , elle voulut que ses Sœurs les embrassas-
sent à leur tour pour demander à Notre-Seigneur son

amour pour les pauvres. Dans la visite de ses maisons les orphelines étaient l'objet particulier de ses soins ; et au départ elles recevaient ses tendres adieux ; elle ne se retirait point qu'elle ne les eût embrassées, et on l'a vue revenir sur ses pas pour réparer cet oubli.

Elle témoignait sa reconnaissance et une affection toute particulière à celles de ses Sœurs qui avaient pour ces pauvres enfants un cœur et des soins de mère : le moindre rebut ou même des oublis à leur égard, étaient à ses yeux des fautes impardonnables. Elle reprenait sévèrement les Sœurs qui voulaient les renvoyer dès la moindre peine qu'elles en recevaient, et voulait qu'on sût les supporter avec une inépuisable patience, travailler sans jamais se relâcher à réformer les défauts qui étaient la conséquence de la mauvaise éducation qu'elles avaient reçue jusqu'alors, et employer pour cela tous les moyens de succès, prières, instructions, vigilance, bons avis, encouragements, corrections ou reproches. « C'est pour les sauver que nous les avons, disait-elle ; « si nous les renvoyons, elles sont perdues. »

ARTICLE IV.

*Son affection maternelle pour tous les membres de sa
Communauté.*

JAMAIS mère n'aima autant son enfant que Madame
Rivier aimait toutes ses filles, et cette affection s'étendait tellement à toutes, aux plus imparfaites comme
aux autres, que chacune croyait en être la plus aimée.
Elle se faisait une jouissance de deviner et de leur procurer tout ce qui pouvait leur être utile et agréable,
tantôt se privant de ce qu'elle avait de plus cher, dès
qu'elle savait qu'une de ses Sœurs en avait envie,
tantôt achetant jusqu'à quelque curiosité enfantine
qu'elle savait devoir faire plaisir à une d'elles. Habile à
diversifier l'expression de son affection selon le caractère, l'esprit et le goût de chacune, aux unes elle donnait des témoignages de confiance, aux autres des
soins, des attentions minutieuses pour leur santé ; à
celles-ci, le moyen de satisfaire leur piété ; à celles-là,
celui de contenter leur bon cœur ; et si elle apprenait
que par timidité on n'avait pas osé lui demander quelque chose, elle en exprimait sa peine : « Pourquoi,
disait-elle, ne le disiez-vous pas à votre mère ? J'aurais
« eu tant de plaisir à vous accorder cette jouissance ! »

De sa chambre où elle était habituellement retenue soit par ses occupations soit par ses infirmités, elle pourvoyait à ce que chacune eût dans sa position tout ce qu'il lui fallait, et n'oubliait aucun détail, aucun besoin, et le plus souvent aucun désir : car elle avait pour principe que si dans les Communautés chaque Sœur doit pratiquer l'oubli et l'abnégation de soi-même, la Supérieure et ses aides ne doivent oublier personne et ne laisser manquer qui que ce soit de ce qui lui est nécessaire. Elle conservait le souvenir des demandes qu'on lui avait faites, quelquefois des mois, des années entières ; elle s'en souvenait lors même que les personnes intéressées n'y pensaient plus, et y faisait droit dès qu'elle le pouvait. Si dans une lettre ses Sœurs lui demandaient ou quelque objet pour elles-mêmes ou quelques images pour leurs élèves ou quelqu'autre chose que ce soit, et que ses Secrétaires oubliassent d'en faire mention dans la réponse, elle apercevait aussitôt l'omission et faisait ajouter l'article omis, tant sa tendresse était clairvoyante et attentive sur toutes ses filles bien-aimées.

C'était surtout pour elle une grande jouissance de faire plaisir au moment où l'on ne s'y attendait pas, de procurer quelque satisfaction à celles qui n'en cherchaient aucune, de faire instruire les plus petits enfants, sous les yeux des Sœurs, par les jeunes postulantes,

16

pour enhardir celles-ci, les occuper agréablement, leur concilier le crédit et la confiance, et quand elles avaient bien fait, elle leur accordait en témoignage de sa satisfaction ce qu'elle croyait leur être plus agréable. Les plus timides étaient l'objet de ses attentions particulières ; tantôt elle leur donnait ce qu'elle avait de plus cher, les admettait à de petites parties de plaisir, tantôt en voyant couler leurs larmes, elle différait de quelques jours le départ pour leur destination, si la circonstance le rendait possible. Quand elles étaient rendues à leur poste, elle voulait savoir si elles n'étaient pas trop gênées auprès des autres Sœurs, si elles ne les craignaient pas trop, et pour cela elle exigeait qu'elles lui rendissent compte dans leurs lettres de leurs moindres peines ou ennuis.

Cette tendre mère était continuellement occupée du soin de ses enfants dispersées ; présente de cœur dans tous ses établissemens, elle eût voulu pouvoir s'y trouver aussi en réalité pour veiller par elle-même à tous les besoins de ses chères filles. Elle y pourvoyait du moins par sa correspondance autant qu'elle pouvait ; presque à chaque lettre elle leur recommandait le soin de leur santé : « Pour l'amour de Dieu, ma chère fille, « écrivait-elle à l'une d'elles, ne travaillez pas trop, « je vous le défends ; nourrissez-vous bien, je vous « l'ordonne, et ne nous donnez pas le chagrin de vous

« voir tomber malade.... Si votre compagne mange
« peu, ajoutait-elle d'une manière aimable et enjouée,
« je veux que, quand elle pliera sa serviette à table, vous
« étendiez bien la vôtre, et que vous mangiez tout à
« votre aise, jusqu'à ce que vous n'ayez plus faim. »
Non contente de pourvoir ainsi par lettres au bien-être
de ses filles, elle les visitait le plus qu'elle pouvait pour
tout voir de ses propres yeux et s'assurer que rien ne
leur manquait. Cette entrevue de la mère et des enfants était pour son âme aimante un moment de bonheur, et l'adieu du départ était pour elle un brisement
de cœur toujours nouveau. « J'ai désiré long-temps le
« plaisir de vous voir, écrivait-elle en quittant une de
« ses maisons ; ce désir m'a fait surmonter les difficul-
« tés d'un long voyage, et j'en aurais surmonté bien
« d'autres pour parvenir jusqu'à vous ; mais autant a
« été grand le plaisir de notre entrevue, autant est
« grande la peine de notre séparation. J'en ai le cœur
« bien souffrant ; Dieu le veut, je me soumets, qu'il
« soit béni de tout. Une mère doit vivre de sacrifices
« et porter constamment sa croix. Au reste, mes en-
« fants, que je sois loin ou près de vous, je vous porte
« toujours dans mon cœur qui vous chérit tendrement
« et qui ne soupire que pour votre bonheur. »

Le cœur de mère en Madame Rivier ne se révélait
pas moins au départ de ses filles pour leurs postes res-

pectifs ou à leur retour dans la Maison-mère. Il semblait
à ce moment de la séparation qu'on lui arrachait les
membres., disait-elle, tant elle souffrait de voir s'éloigner des personnes si chères : elle ne dissimulait la
douleur des derniers adieux qu'avec des violences
inouies, pour ne pas trop exciter la sensibilité déjà
vivement émue de ses Sœurs; et quand elle n'était plus
en leur présence, elle donnait un libre cours à ses larmes. Avant de les laisser partir, elle pourvoyait à tous
leurs besoins spirituels et temporels : prières, instructions, avis généraux, conseils particuliers, elle ne négligeait rien, et souvent même elle y consacrait une
grande partie de la nuit qui précédait le départ. Non
moins attentive au soin du corps, elle prescrivait dans
le dernier détail aux Sœurs chargées de cet office tout
ce qu'il fallait donner à celles qui partaient, s'assurait
ensuite par elle-même si on n'avait rien oublié, si on
était vêtu assez chaudement pour le voyage, si on avait
des provisions pour la route, et elle pourvoyait à tout
avec la plus touchante bonté. Tout le temps qu'on était
en chemin, elle était en soucis et en alarmes, priait et
faisait prier, et ne se tranquillisait qu'après avoir reçu
la nouvelle qu'on était heureusement arrivé au terme
du voyage. C'étaient les mêmes témoignages de bonté
et d'affection quand on revenait ensuite au Couvent :
son cœur de mère se dilatait tout entier en revoyant ses

chères filles, surtout celles qui par leur fidèle observance des Règles avaient acquis des droits particuliers
à sa confiance et à sa tendresse. Elle les embrassait avec
des larmes d'attendrissement, leur faisait prendre tout
le repos dont elles avaient besoin, veillait à ce qu'il ne
leur manquât rien dans la chambre, au réfectoire ou
ailleurs, et pour leur faire un innocent plaisir, elle
permettait de parler à table en leur honneur. En 1821,
quand les Sœurs fûrent réunies dans la Maison-mère
pour la Retraite générale, elle ne put contenir la joie
de son cœur, et fit chanter quelques couplets qu'elle
avait fait composer pour célébrer le bonheur de cette
réunion. L'usage s'est maintenu de les chanter à la
même époque, et on ne le fait jamais sans voir couler
bien des larmes.

Si sur le nombre il s'en trouvait dont la conduite
moins fervente et moins régulière méritât des reproches, elle les punissait par l'accueil froid qu'elle s'efforçait de leur faire ; mais c'était un vrai tourment pour
son cœur maternel, et dès qu'elle pouvait les juger
innocentes et trop sévèrement accusées, ou les trouver
repentantes, elle s'en dédommageait par un redouble-
ment de tendresse et tous les témoignages de la plus
vive affection.

Si Madame Rivier était si bonne envers toutes ses
sœurs en général, on peut conclure de là quelle était

sa tendresse envers les Sœurs malades ou infirmes. Si c'étaient des personnes de la maison, elle allait les voir tous les jours autant qu'elle pouvait, se faisait donner tous les soirs de leurs nouvelles par la Sœur Infirmière, les lui recommandait avec instance, et la reprenait sévèrement pour les moindres oublis, pleurant si elle apprenait qu'une seule malade eût manqué de quelque chose, et répétant souvent qu'elle vendrait plutôt tous les meubles de la maison que de les laisser manquer. Quelque indisposée qu'elle fût, elle voulait que la Sœur Infirmière l'avertît toutes les fois qu'une malade désirerait lui parler, et elle lui faisait une vive réprimande si elle le négligeait : « Lorsque les malades me deman- « dent, lui disait-elle, je veux que vous m'en informiez « aussitôt ; que ce soit la nuit ou le jour, n'importe ; « quand je serais à l'agonie je m'y ferais traîner. » Son zèle n'était pas moindre pour les Sœurs qui sans être retenues à l'Infirmerie, étaient dans un état de santé qui demandait du repos ou des ménagements : elle avait un tact particulier pour deviner celles qui étaient dans ce cas, et alors elle était aux petits soins et leur prodiguait les attentions les plus délicates. Si les malades ou infir- mes étaient des Sœurs de ses établissements, elle écrivait à leurs compagnes pour les leur recommander, se fai- sait tenir au courant de la maladie et voulait même en recevoir des nouvelles tous les jours autant que possible.

« Les mères ne sont point tranquilles, écrivait-elle à une Sœur sur ce sujet, quand elles savent leurs en-« fants malades ; elles voudraient en savoir des nou-« velles tous les jours : écrivez-moi, je suis dans de « vives inquiétudes. » Elle tâchait alors d'envoyer du secours aux autres Sœurs, pour qu'elles ne fûssent pas surchargées par suite de la maladie de leurs compagnes, et quand elle ne le pouvait pas, elle *souffrait le martyre*, disait-elle.

Cette charité pour les maladies du corps n'était encore rien près de celle qu'elle avait pour les maladies de l'âme. Elle invitait toutes ses filles à venir lui dire toutes leurs peines afin qu'elle pût les consoler : « Ne « craignez pas, mon enfant, disait-elle, je suis votre « mère ; venez, et dites-moi bien tout ce qui vous fait « peine. Un enfant ne doit avoir rien de caché pour sa « mère. » Et si quelques-unes retenues par la timidité ne se rendaient pas à cette invitation, elle les conviait de nouveau par de doux reproches : « Pourquoi, mon « enfant, ne venez-vous pas me dire vos peines ? Vous « y avez le même droit que les autres : est-ce que vous « aimeriez assez peu votre mère pour n'avoir pas « confiance en elle ?..... » Attirées par tant de bonté toutes les Sœurs allaient lui ouvrir leur cœur avec une entière confiance, et elle partageait tellement toutes leurs peines qu'elle en pleurait souvent de compassion :

« L'amour que j'ai pour mes filles, disait-elle, me rend
« martyre. » Dans ces utiles entrevues, elle distribuait
à chacune selon son besoin, des paroles de consolation,
des conseils de sagesse, des encouragements, des exhortations, et toujours on se retirait d'auprès d'elle
meilleure et plus heureuse. Tantôt c'était une personne
désolée de la mort de sa mère, et Madame Rivier la
serrant dans ses bras : « Eh bien, mon enfant, c'est
« moi qui serai désormais votre mère » ; et la douleur
se calmait; tantôt c'en était une autre tentée de rentrer
dans le monde : « Eh bien, allez passer un quart-
« d'heure devant le Saint-Sacrement et vous viendrez
« ensuite me faire vos adieux » ; et ce peu de mots dits
avec calme faisait disparaître la tentation. Quelquefois
c'était une âme troublée par des pensées de décourage-
ment, et de sages avis lui rendaient le calme : elle venait
ensuite dire son bonheur à sa tendre mère : « O mon
« enfant, répondait celle-ci, vous me mettez le baume
« dans le cœur. Si vous saviez combien je vous aime !
« j'irais aux portes de l'enfer pour vous en tirer, s'il
« était possible. » D'autres fois c'était une Sœur qui se
sentait une forte répugnance pour le poste qu'on lui
avait assigné ; et moi, répondait la Supérieure avec un
aimable sourire et une douce autorité, « et moi, je
« veux que vous y alliez. » — Mais j'y ferai des sottises.
— Eh bien, je vous les pardonnerai » ; et on se retirait

contente. Ainsi chacune ouvrait son cœur à cette tendre mère; on lui communiquait jusqu'à ses tentations les plus secrètes; et elle portait la condescendance jusqu'à faire connaître, quand elle le jugeait utile, les peines et épreuves intérieures par lesquelles elle était passée elle-même : « J'ai éprouvé, disait-elle à une de ses filles pour l'encourager et l'animer à la confiance, « j'ai « éprouvé toutes sortes de tentations; aucune ne m'est « étrangère. »

CHAPITRE VIII.

DE L'HUMILITÉ DE MADAME RIVIER.

AYANT à traiter un sujet aussi important qu'une vertu qui est la base de toute la piété chrétienne, nous diviserons en trois Articles ce que nous avons à dire de l'humilité de Madame Rivier, et nous verrons 1o comment elle a pratiqué l'humilité, 2o comment elle l'a enseignée aux autres, 3o combien elle l'exigeait dans ses filles et avait l'orgueil en aversion.

16.

ARTICLE I.

Comment Madame Rivier a pratiqué l'humilité.

Nous avons un monument remarquable de l'humilité de Madame Rivier dans une prière à la Sainte Vierge, écrite de sa main et trouvée parmi ses papiers : « Très-« Sainte Vierge, y est-il dit, ma bonne et tendre mère, « fondatrice de cette maison de votre Présentation , « daignez écouter et exaucer le vœu de votre plus in-« digne et plus petite servante, qui vous supplie hum-« blement d'accepter sa démission de la place qu'elle « occupe, si telle est la volonté de votre divin Fils et « la vôtre, et de choisir à vos pauvres filles une Supé-« rieure selon votre cœur, remplie de vos vertus, afin « qu'elle conduise votre Communauté d'une manière « digne de vous, et qu'elle répare tout le mal que j'ai « fait surtout par mes mauvais exemples. Je reconnais, « ô ma bonne mère, combien je suis indigne et inca-« pable d'exercer une si grande place. Je demande « très-humblement pardon à votre divin Fils et à vous « de m'être si mal acquittée du saint emploi que vous « m'avez fait la grâce de me confier ; et si malgré « toutes mes misères vous voulez que je continue , « daignez, je vous en prie, me continuer aussi votre

« protection et m'obtenir les lumières et les vertus
« qui me sont nécessaires, surtout la vraie humilité,
« le vrai mépris de moi-même et le détachement de
« toutes choses, afin que je sois toute à votre divin
« Fils et à vous. Vous savez, Vierge sainte, combien
« je crains depuis long-temps de me damner dans cet
« emploi à cause de mon orgueil : préservez-moi de ce
« malheur, ma tendre mère, et donnez-moi votre
« humilité et la dernière place parmi vos filles. Ajou-
« tez-y la grâce d'accepter la donation entière et irré-
« vocable que je vous fais de moi-même et de toute la
« Communauté : je mets à vos pieds et entre vos mains,
« votre maison, avec toutes vos chères filles, tous vos
« établissements faits et à faire. Gouvernez et réglez
« tout ; car pour moi, j'en suis incapable autant qu'in-
« digne. »

Cette lettre où respire une humilité si profonde,
n'était qu'une expression bien imparfaite des sentiments
de Madame Rivier. Elle se tenait habituellement abîmée
devant Dieu dans un profond mépris d'elle-même,
dans l'humiliation et la componction. « Je ne puis
« comprendre, disait-elle, comment on peut m'aimer
« et trouver en moi quelque chose qui inspire l'estime
« et la confiance : car enfin je ne vois en moi rien d'ai-
« mable, je suis tout infirme, estropiée, je ne sais
« pas même bien parler. Il faut que le bon Dieu aveugle

« les gens et fasse ainsi qu'on ait quelque confiance en
« moi pour le bien de l'œuvre. » Un jour qu'elle se
recommandait aux prières d'un bon prêtre, « et que
faut-il demander à Dieu pour vous, lui dit celui-ci ? »
« Qu'il me fasse mourir, répondit-elle, de honte, de
« douleur, de confusion de l'avoir offensé et de haine
« pour moi-même. » Ni les succès de ses œuvres, ni les
grands biens qui en étaient les résultats ne diminuaient
ces bas sentiments qu'elle avait d'elle-même : « S'il y
« a quelque bien dans notre œuvre, disait-elle, à vous,
« Seigneur, en est toute la gloire, et à moi, la confu-
« sion et le mépris : car que suis-je, ô mon Dieu !... »
Ni les honneurs et les louanges, ni les témoignages
d'estime et de vénération qu'elle recevait de toutes
parts ne pouvaient la séduire ; elle regardait tout cela
comme des formes d'usage et de bienséance, comme
des hommages qu'on rendait à sa place, mais qui ne
changeaient rien à son état de misère et d'impuissance;
et non seulement elle se regardait comme une servante
inutile, mais encore elle s'accusait et se reprochait
continuellement de tout gâter par ses infidélités et ses
mauvais exemples ; et il ne fallait rien moins que l'autorité de son Directeur pour calmer ses craintes, surtout
pour la décider à conserver la charge de Supérieure
dont elle s'estimait si indigne. « Je crains bien, écri-
« vait-elle à une de ses Sœurs, d'avoir attiré la colère

« de Dieu sur tout le corps de la Congrégation ; je
« m'attribue, comme il est juste, tous les relâchements,
« et je reconnais que je mérite bien tous les chagrins
« qu'ils me causent depuis long-temps. O que j'ai été
« loin des vertus de mon état et de ma place ! Les saints
« font les saints ; il n'est pas étonnant que je ne fasse
« pas des saintes. Les paroles n'ont pas manqué, mais
« je n'ai pas pratiqué les vertus. Aussi je ne cesse jour
« et nuit de crier *miséricorde* pour moi et pour les au-
« tres. Croyez cependant que je suis tranquille, que
« j'ai bon courage et grande confiance. »

Madame Rivier en effet ne se laissait point troubler
par la vue de sa pauvreté et de son néant ; elle avait
appris de saint Paul à dire : *Je me plais et me réjouis
dans mes infirmités et mes faiblesses*, et elle aimait à se
présenter devant l'éternelle Majesté dans cet humble
sentiment d'elle-même ; elle aimait surtout à faire res-
sortir la grandeur et la puissance de Dieu par la considération de ses misères et de sa faiblesse, répétant
souvent en particulier et en public que tout dans la
Congrégation était l'œuvre de Dieu, qu'elle n'y avait
rien mis du sien puisqu'elle n'avait ni talents, ni vertus,
ni science, ni fortune ; qu'elle n'avait que des infirmités ; qu'ainsi Dieu avait voulu se servir de la misère
même pour faire le bien, afin que toute gloire lui fût
rapportée et qu'il demeurât bien constaté que lui seul

avait tout fait. Dans cette vue elle se plaisait à parler en toute rencontre de ce qui pouvait l'humilier ; et si elle n'eût été retenue par la défense de son Directeur et les bienséances ou plutôt l'exigence de sa position , elle se serait livrée aux actes extérieurs d'humiliation les plus pénibles à la nature. « Je peux vous assurer , mon en-« fant, disait-elle à une de ses Sœurs qui lui avait « avoué une faute d'amour-propre, que si ce n'était ma « place , mon plaisir serait de me mettre sous les pieds « de tout le monde comme un ver ; et c'est ainsi que « nous devons nous tenir , au moins dans la disposition « de notre cœur. » La Directrice d'une de ses maisons s'étant plainte à elle que le monde faisait injustement à ses Sœurs la réputation d'avarice : « Tant mieux, répondit-elle dans une lettre qu'on conserve encore avec respect ; notre œuvre est toute de Dieu, et il ne « veut pas qu'il y ait rien d'humain, ni appui ni louange « des créatures ; elle a été fondée à Bethléem , dans la « pauvreté , la misère , l'obscurité. Jusqu'ici elle a eu « l'approbation du Ciel, et Dieu l'a fait prospérer mal-« gré tous les blâmes et les mépris des hommes ; qu'il « en soit béni ! Notre-Seigneur pour sauver le monde « a sacrifié son honneur , sa réputation , sa liberté , sa « vie ; il est mort dans le gouffre des humiliations. Tout « cela bien médité , ma chère fille , donne de l'horreur « et du mépris pour l'estime et l'approbation des créa-

« tures. Je préfère bien leurs mépris à leurs louanges ,
« et je désire ardemment que la Communauté marche
« toujours à la suite de Jésus-Christ dans la route des
« humiliations. Nous ne sommes que trop estimées ;
« rappelons-nous ce que Notre-Seigneur a dit aux Apô-
« tres : Vous serez persécutés pour l'amour de mon
« Nom ; l'on vous haïra à cause de moi, parce que vous
« êtes mes disciples. N'oublions pas , ma chère fille ,
« que nous sommes les épouses de Jésus-Christ anéanti,
« qui est un *Époux de sang ;* marchons à sa suite d'un
« pas ferme. »

Ainsi écrivait Madame Rivier en octobre 1836 , et
elle tint le même langage à sa Communauté dans une
circonstance où les Sœurs s'affligeaient d'un évènement
fâcheux qui les humiliait. Calme et toujours semblable
à elle-même au milieu de la désolation générale, elle
réunit les Sœurs et leur fit de graves reproches de
l'opposition qu'elles faisaient paraître en cette occasion
aux sentimens et à l'esprit de Jésus - Christ, leur
disant qu'à part le péché, tout ce qui abaissait et humiliait devait être reçu avec joie ; que pour elle, lorsqu'elle
était dans l'abjection et l'humiliation elle se trouvait
dans son centre , et qu'alors seulement elle goûtait des
consolations ; qu'elles devaient chérir et estimer tout
ce qui les tenait dans l'abjection , le mépris et la confusion , puisque c'est alors qu'on est plus conforme à

Jésus-Christ, que si elles n'avaient pas ces sentiments elles ne méritaient pas le nom de chrétiennes, et qu'on pouvait alors les regarder comme des mondaines.

Avec de tels sentiments dans le cœur, on conçoit combien la conduite de Madame Rivier devait être humble, modeste, éloignée de toute hauteur et de toute prétention. Elle souffrait des égards et des attentions qu'on avait pour elle, recevait volontiers les avis et observations de la moindre des Sœurs, et les provoquait même en consultant chacune d'elles sur ce qui était de son ressort. Loin de se prévaloir de sa place et de son autorité pour s'éviter la peine, elle aurait voulu au contraire la prendre tout entière pour elle seule, afin de l'éviter aux autres, et elle aimait mieux souffrir et se priver que de déranger ses Sœurs pour s'en faire rendre quelque service. Se mettant dans son estime au-dessous de tout le monde, elle était pleine d'égards pour toutes les personnes du dedans et du dehors, même pour celles en qui elle voyait le plus de défauts ; elle savait apprécier ce qu'il y avait de bon dans chacune, et leur témoignait son estime dans l'occasion, en leur donnant sa confiance pour les choses dont elle les jugeait capables. Jamais on ne lui voyait prendre le ton d'autorité que lorsqu'elle le croyait nécessaire pour détruire un abus ou remettre au devoir celles qui s'en écartaient. Hors de là, sa manière de faire et de dire était si humble, si modeste, que celui qui ne l'aurait pas connue, l'aurait prise pour une des moindres de la Communauté.

Humble pour elle-même, elle l'était également pour sa Congrégation, et loin d'en parler jamais de manière à lui donner la préférence sur aucune autre, elle témoignait en toute rencontre une singulière estime pour les autres Congrégations religieuses, les proposant même souvent pour modèles à ses Sœurs. Elle aimait à exalter surtout les vertus des Sœurs de saint Vincent-de-Paul, des Religieuses de la Visitation, des Jésuites et des premiers chrétiens. « Hélas! disait-elle, que sont « nos petites vertus, nos faibles efforts en comparaison « de leur générosité et de leur dévouement?..... Nous « sommes les dernières dans la maison de Dieu, sanc- « tifions-nous du moins dans notre petitesse et notre « obscurité. »

ARTICLE II.

Comment Madame Rivier enseignait l'humilité à ses Sœurs.

On peut dire que toutes les leçons de Madame Rivier tendaient à inspirer à ses Sœurs l'estime de l'humilité, et tous ses soins, à leur en faire aimer la pratique.

« Devenez humbles, combattez l'estime de vous-
« mêmes, mourez à vous-mêmes. » C'était là comme
l'abrégé et le précis de toutes ses instructions ; elle
croyait avoir tout dit quand elle avait dit ces trois mots,
et elle y ramenait continuellement les plus anciennes
comme les plus jeunes. Un jour qu'elle était en oraison
devant Notre-Dame-du-Puy, elle pria la Sainte Vierge
de lui faire connaître comment elle devait conduire ses
filles, et il lui sembla entendre une réponse intérieure
qui lui disait que c'était par l'humilité. Pleine de cette
pensée, elle ne cessait de les exhorter à cette vertu,
leur répétant qu'elles ne pourraient jamais faire rien
de solide ni pour elles ni pour les autres, tant qu'elles
ne seraient pas fortement établies dans le sentiment de
leur néant et le mépris d'elles-mêmes ; que le moindre
degré d'estime de soi était capable de tout gâter, de
mettre obstacle aux grâces et aux bénédictions de Dieu,
et par conséquent au bien qu'il demandait d'elles ;
qu'enfin, malgré la plus grande ferveur, elles feraient
infailliblement un triste naufrage si elles laissaient l'orgueil et la présomption pénétrer dans leur cœur, ou si
elles se laissaient séduire au venin des louanges et de
l'estime des hommes. « Si vous vous connaissiez véri-
« tablement, leur disait-elle, si même vous connaissiez
« seulement vos vrais intérêts, vous désireriez être le
« rebut de tout le monde ; vous vous estimeriez heureu-

« ses d'être foulées aux pieds et d'avoir ainsi l'occasion
« de souffrir quelque chose pour l'amour de Notre-
« Seigneur ; et bien loin de penser qu'on vous méprise,
« qu'on vous fait tort, vous penseriez au contraire
« qu'on vous estime toujours plus que vous ne méritez
« et qu'on a toujours trop d'égards pour vous. Il n'y aura
« point de vertu solide en vous jusqu'à ce que vous en
« soyez venues là, et qu'à force de creuser dans la
« connaissance de vous-mêmes, vous ayez appris à
« connaître votre misère et votre néant, à vous y tenir
« et à vous y plaire : alors seulement vous travaillerez
« d'une manière solide à l'édifice de votre sainteté,
« parce que toute estime de vous-mêmes étant bannie
« de votre cœur, vous bâtirez sur la pierre ferme, sur
« le rocher qui est Jésus-Christ, en qui seul vous devez
« vous appuyer et vous confier. Mais tant que votre
« cœur sera plein de vous-mêmes et de toutes les re-
« cherches de vanité et d'amour-propre, vous ne bâtirez
« que sur le sable, et vos vertus ne seront que des
« vertus en l'air, sans fondement ni appui. Heureuses
« donc et mille fois heureuses celles qui ne se confieront
« qu'en Jésus-Christ, qui s'appliqueront à le connaître
« en l'étudiant dans un esprit d'humilité. Car, ajoutait-
« elle, l'humilité est la clef qui ouvre le Cœur de Jésus;
« l'humilité est le grand secret pour bien réussir dans
« votre vocation. Plus on est humble plus on fait de

« bien. Notre-Seigneur n'a opéré le salut du monde que
« par l'humiliation et la croix. »

Pour bien former ses Sœurs à une vertu dont elle
sentait si vivement l'importance, Madame Rivier la
leur montrait fondée sur la connaissance de soi-même
et distinguait à ce sujet trois sortes de personnes. Les
unes qui ne se connaissent pas du tout, les autres, qui se
connaissent sans en être plus humbles, et les troisièmes
qui puisent dans la connaissance d'elles-mêmes une
humilité véritable. « Premièrement, disait-elle, il y
« a des personnes qui n'ont aucune connaissance d'elles-
« mêmes : elles ne connaissent en elles que de bonnes
« qualités, croient avoir un bon cœur, de bons senti-
« mens, un bon jugement, un physique agréable,
« enfin elles voient chez elles tout en beau et en grand.
« Elles rejettent bien loin tout ce qui pourrait diminuer
« cette bonne opinion qu'elles ont d'elles-mêmes ; c'est
« pour cela qu'elles ne peuvent souffrir le moindre
« blâme, ni même le moindre avertissement charitable;
« et s'il arrive dans l'oraison que Dieu leur fasse la
« grâce d'avoir quelque vue ou pensée de leurs défauts,
« elles s'en détournent sans s'y arrêter, et repoussent
« même les craintes et les remords salutaires de leur
« conscience. Il est aisé de voir que la présomption do-
« mine dans leur cœur et les aveugle. Secondement,
« d'autres se connaissent sans être plus humbles ; ce

« sont celles auxquelles Dieu montre leurs fautes dans
« toute leur énormité, leurs faiblesses et leurs misères
« dans toute leur étendue; mais cette vue les fâche et
« les abat, elles se dépitent, se troublent, se tourmen-
« tent et en perdent entièrement le repos : funestes
« effets de l'orgueil qui est en elles ! Elles s'accusent en
« confession, mais avec si peu d'humilité qu'elles se
« dépitent si le confesseur leur montre leurs torts et leur
« ingratitude; elles en conviennent bien, mais elles ne
« voudraient pas être obligées d'en convenir. Le bon
« Dieu leur fait-il connaître une faute où elles sont
« tombées? les voilà en colère d'être obligées de convenir
« qu'elles l'ont faite. Elles s'adressent à elles-mêmes
« les reproches les plus violens, et cependant si on les
« reprend, si on leur dit leurs fautes ou leur manque-
« ment, les voilà encore dans le dépit et la mauvaise
« humeur. Le remède à cet état, c'est de se répéter
« souvent à soi-même : oui, je suis une orgueilleuse,
« une méchante; de se redire souvent tous ses défauts
« et de ne pas les cacher aux autres, d'ajouter encore
« à ce qu'on nous dit quand on nous trouve en faute et
« qu'on nous reprend, et de découvrir quelqu'autre
« misère qu'on ignore. Enfin il est une dernière classe
« de personnes qui puisent dans la connaissance d'elles-
« mêmes une humilité véritable. Ce sont celles qui se
« voyant méprisables, se méprisent réellement, se

« complaisent à s'anéantir devant la souveraine gran-
« deur de Dieu et se réjouissent presque de trouver
« dans leur propre fonds une matière continuelle à ces
« anéantissemens pour glorifier par là l'excellence infi-
« nie de l'Être divin ; ce sont celles qui ont une vraie
« joie d'être humiliées devant les hommes, qui feraient
« leurs délices d'être sous les pieds de tout le monde et
« voudraient s'abaisser toujours davantage, première-
« ment pour donner plus de gloire à Dieu par leurs
« humiliations, secondement pour punir leur orgueil,
« troisièmement par une persuasion intime qu'elles
« méritent d'être foulées aux pieds, quatrièmement
« surtout dans le désir de se rendre plus conformes à
« Notre-Seigneur humilié et anéanti et d'honorer ainsi
« ses abaissements. Ah ! pour celles-là, la vue de leurs
« faiblesses et de leurs défauts ne les décourage pas,
« elles en conçoivent au contraire une plus vive con-
« fiance en Notre-Seigneur, parce que n'espérant plus
« rien d'elles-mêmes, ni d'aucune créature, c'est de
« lui seul qu'elles attendent leur salut, c'est sur lui seul
« qu'elles s'appuient, en sorte que leur unique occu-
« pation est d'avoir sans cesse les yeux de l'esprit et du
« cœur fixés sur ce divin Sauveur. »

Mais ce n'était pas seulement dans ses instructions
publiques que Madame Rivier enseignait l'humilité à
ses Sœurs; elle le faisait encore mieux dans ses rapports

privés. Il suffisait de converser quelque temps avec elle, de passer quelques jours dans sa compagnie, pour sentir en quelque sorte déborder sur soi-même quelque chose de cette humilité profonde dont son cœur était plein. Tout prêchait tellement en elle cette vertu, qu'on était pénétré comme malgré soi des mêmes dispositions de mépris pour la vanité, d'estime pour l'humilité et tout ce qui l'entretient dans le cœur. C'est ce qu'atteste l'expérience de plusieurs.

ARTICLE III.

Combien Madame Rivier exigeait l'humilité dans ses filles et avait l'orgueil en aversion.

MADAME Rivier estimait l'humilité chose si fondamentale que, dans le choix des sujets qui se présentaient pour sa Congrégation, elle faisait moins d'attention aux qualités naturelles qu'aux dispositions qu'elle remarquait en elles par rapport à cette vertu. Un esprit humble et docile, voilà la pierre de touche avec laquelle elle discernait les sujets qui lui convenaient. Ainsi si c'était un sujet qui réunît de grands avantages temporels et naturels, elle commençait par s'en défier, de crainte que ces avantages mêmes ne lui eussent inspiré quelque estime secrète de soi, et elle ne l'admettait qu'autant qu'elle trouvait en sa personne un esprit simple et docile, une humilité sincère, le mépris de soi-même et de tout ce qui flatte les sens. L'année même d'avant sa mort, elle refusa d'admettre plusieurs sujets qui selon les vues humaines offraient les plus belles espérances, mais en qui elle ne trouvait pas des dispositions assez humbles. Au contraire, s'il se présentait des sujets dépourvus de fortune, peu favorisés du côté de l'extérieur et des talens, mais humbles et dociles, elle les accueillait avec joie comme plus propres à l'œuvre de Dieu, et se chargeait elle-même de les former et de les instruire. Le monde la blâmait pour une pareille conduite, mais elle le laissait dire et s'en tenait à sa maxime favorite, *que Dieu veut se servir de la misère pour faire le bien.* Sa longue expérience lui avait appris que ce n'est ni la naissance, ni la fortune, ni les talens qui font les sujets utiles, mais l'esprit d'humilité et de prière; et c'est peut-être cette manière d'agir qui a le plus contribué à donner à ses œuvres cette solidité qu'on admire.

Pendant le temps du Noviciat, elle ne mesurait les progrès des Aspirantes dans la vertu qu'en proportion de leurs progrès dans l'humilité; et quand elles étaient placées dans les paroisses, c'était leur persévérance dans l'humilité qui faisait l'objet de ses plus vives sollicitudes. « Quand j'apprends, disait-elle, que quel-

« qu'une de mes filles est sur la croix, j'en remercie
« le bon Dieu ; lorsque j'entends dire qu'elles ont été
« humiliées et contrariées, je dis : *Te Deum laudamus.*
« Si au contraire on me dit que tout le monde les loue,
« qu'on les flatte, qu'on les applaudit, je dis : *De pro-*
« *fundis.* » C'est qu'elle connaissait combien le venin
des louanges est à craindre ; et elle les redoutait tellement pour ses chères filles, que plus d'une fois il lui a
suffi de connaître les applaudissements dont elles étaient
environnées, pour les changer. « J'ai retiré cette Sœur
« de cette paroisse, disait-elle un jour, parce que là on
« lui dit qu'elle est une sainte. » « Travaillez à devenir
« bien humbles, répétait-elle souvent à ses Sœurs, et
« vous réussirez partout. Mais si vous vous laissez aller
« à l'orgueil vous êtes perdues. J'attends tout des or-
« gueilleuses en fait de mal, disait-elle encore ; elles
« sont capables des plus grandes fautes. Quand j'en vois
« qui ont cet esprit, je ne leur dis pas tout ; mais si
« elles savaient ce que je pense !.... Pour de tels sujets,
« le seul parti qu'on ait à prendre, c'est de bien prier
« pour elles. »

Madame Rivier avait pour l'orgueil une aversion qui
ne se peut dire : « J'aurais moins de peur d'un démon,
disait-elle, que d'une orgueilleuse. » Elle excusait,
pardonnait tous les défauts, mais pour l'orgueil elle ne
pouvait le supporter. « Quand vous seriez la fille d'un

17

« millionnaire et même d'un empereur, disait-elle à
une Novice qu'elle renvoyait, je ne vous garderais pas,
« à cause de votre orgueil. » Elle répétait souvent que
c'était l'orgueil qui attirait tous les fléaux sur la terre,
qui produisait surtout dans ces derniers siècles l'affaiblissement de la foi et de la charité, que c'était lui qui
désolait notre malheureuse patrie, allumait toutes les
ambitions, provoquait tous les troubles et toutes les
révoltes, qu'il étendait son empire partout et pénétrait
jusque dans les Communautés les plus ferventes ; que
pour cela elle ne cessait de crier *miséricorde* nuit et
jour, que si elle ne se retenait pas, elle crierait quelquefois de toutes ses forces en pensant à l'aveuglement
des âmes qui se laissent dominer par l'orgueil. « L'or-
« gueil, écrivait-elle un jour à une de ses Sœurs, est
« la cause de tous les relâchemens et de tous les chagrins
« qui nous accablent. Hélas ! moi-même si j'étais bien
« humble, Dieu bénirait mes faibles travaux : les dis-
« sipations folâtres, les railleries, les plaisanteries, les
« bouffonneries, tous ces défauts qui nous font tant de
« mal prennent leur source dans l'orgueil. O que cette
« humilité nous fait faute ! Il faut entrer dans la route
« des Saints, écrivait-elle à une autre, il en est bien
« temps. Si nous y étions toutes, je ne craindrais rien :
« ce ne sont que les orgueilleuses, les mondaines qui
« me font craindre. » Aussi pressait-elle toutes les

personnes en qui elle découvrait l'orgueil, de travailler
à le combattre ; et quand elles s'y mettaient de tout
leur cœur, elle les encourageait : « Je ne crains pas un
« orgueil obéissant, leur disait-elle quelquefois ; quand
« vous auriez des pensées d'orgueil toute votre vie,
« qu'importe, pourvu que vous les combattiez, que
« vous soyez humbles dans le cœur et dans toute votre
« conduite. » Elle disait encore que celles qui travaillaient à devenir sincèrement humbles, travaillaient au
soutien de la Communauté, que c'étaient elles qui lui
rendaient les plus grands services, quand même elles
ne feraient rien d'apparent. Elle avait un tact tout particulier pour discerner l'orgueil, le démasquer et le
confondre ; on aurait dit qu'elle le voyait, le sentait et
l'entendait, et elle en avertissait aussitôt les personnes
qui se faisaient illusion sur ce mobile si fréquent des
actions humaines : *Voilà l'orgueil*, disait-elle avec un
air d'indignation et de mépris. Elle savait même distinguer, dès la première vue, quelle était cette espèce
d'orgueil, à quel degré il était dans chaque personne
et quels effets il y produisait. *Voilà de l'amour du monde*,
disait-elle à l'une ; *voilà de la vanité*, disait-elle à l'autre ;
voilà de la recherche de soi, disait-elle à une troisième.
Aussi sa seule présence imprimait dans le cœur des
plus orgueilleuses des sentimens d'humiliation et de
honte d'elles-mêmes, des désirs de se corriger et de
devenir vraiment humbles.

CHAPITRE IX.

DE LA MORTIFICATION DE MADAME RIVIER.

LA mortification est une vertu chrétienne qui détache le cœur de tout ce qui est créé, sépare l'homme pour ainsi dire d'avec lui-même pour l'unir à Dieu, et le rend comme mort par rapport à toutes les jouissances d'ici-bas. Le chrétien mortifié a remplacé dans son cœur l'amour des richesses par l'amour de la pauvreté, l'amour du plaisir par l'amour de la croix, l'amour des créatures par l'amour de Dieu : il est mort pour tout ce qui tient à la vie des sens et aux jouissances temporelles, il ne vit plus que pour Dieu et l'éternité. Ainsi vécut Madame Rivier : dès son enfance on la vit s'oublier elle-même, sacrifier pour Dieu argent, plaisir, jouissances, repos, santé, tout enfin ; et cette disposition était si parfaite en elle qu'un jour tirant au sort avec ses compagnes, par un pieux usage, des pratiques de mortification, et ayant reçu un billet qui portait : *Détachement des créatures*, elle le rendit aussitôt en

disant : « Ceci m'est étranger, donnez-m'en un autre. »
Elle aimait, en tout ce qui était à son usage, la
simplicité, la pauvreté, et quand elle apprenait que
quelques-unes de ses Sœurs s'écartaient de cet esprit
pour donner dans la recherche, la vanité et le luxe,
elle en était inconsolable, elle pleurait, sanglottait et
jetait presque les hauts cris.

Toutefois c'était peu encore pour elle de se priver.
Comme l'amour se plaît à souffrir pour le Dieu qu'il
aime, comme la croix qui le rend semblable à Jésus
crucifié devient un lien d'union qui le ravit et le
console, elle s'offrait à Dieu pour souffrir toutes les
croix qu'il lui plairait lui envoyer ; et Dieu qui pour
perfectionner la vertu de ses élus se plaît à les faire
passer par le creuset des tribulations, ne l'épargna pas :
dès son enfance elle fut en proie à des frayeurs terribles
touchant son salut, livrée au martyre du scrupule et
d'une conscience mal éclairée. Entrée dans la carrière de
l'instruction, elle rencontre des croix presque à chaque
pas : ce sont des censures, des contradictions, des calomnies, des persécutions ; ce sont des souffrances
corporelles, des peines intérieures ; et sous le poids de
tant de croix, elle est calme, résignée, pleine de
sérénité. Elle acceptait dès le matin toutes les croix
que la Providence lui destinait pour la journée, et
jamais son cœur ne démentait cet acte d'acceptation.

« Je vous salue, ma chère fille, écrivait-elle à une de
« ses Sœurs, je vous salue sur le Calvaire, au pied de
« la Croix : c'est le lieu où nous devons faire notre
« demeure et où nous devons trouver toute notre force
« et notre consolation. Restons-y constamment, nous
« y trouverons des sources de grâces : pour moi, j'ai
« pris mon parti de porter généreusement toutes les
« croix qu'il plaira au bon Dieu de m'envoyer. Croyez-
« moi, faites de même, soyons des victimes de la
« Croix, les croix nous mèneront au ciel. » « Je suis
« accablée de croix très-pesantes, écrivait-elle à une
autre ; bien des traverses tombent à la fois sur moi :
« Dieu le veut et il me fait la grâce d'être bien résignée
« à tout. Des croix, des contradictions, des humilia-
« tions, des abjections, des persécutions, des souffran-
« ces et peines de tout genre, il n'y a rien que je ne
« veuille. J'ai fait le sacrifice de tout et je ne tiens qu'à
« la volonté de Dieu et à son bon plaisir : par son infinie
« miséricorde, je suis très-contente dans cette dispo-
« sition ; quoiqu'il arrive, je suis tranquille ; ne vous
« inquiétez pas de ma santé, les croix la fortifient. »

Pour apprécier le mérite de cette résignation, il
faudrait comprendre tout ce que Madame Rivier eut à
souffrir dans le corps et dans l'âme. Dans le corps elle
souffrait un martyre continuel, 1º d'une dartre vive
et par fois tellement animée qu'il s'y formait une large

plaie d'où découlaient des gouttes de sang, 2° d'une maladie de nerfs portée au plus haut degré, 3° de fièvres et catarrhes fréquents, 4° d'une insomnie qui la réduisait à se promener une partie des nuits dans sa chambre en récitant le Chapelet, sans pouvoir même supporter le lit, 5° pendant les cinq dernières années de sa vie, d'une enflure habituelle qui la gênait tellement qu'elle en perdait par fois la respiration : ce qui lui faisait dire confidenciellement à une de ses Sœurs : « On ne peut pas se faire une idée des douleurs que « j'endure nuit et jour : il y a des moments où je crierais « pour dire une parole, tant il m'en coûte; et cependant « il faut que je parle continuellement : quelquefois « depuis le lever jusqu'au coucher je ne ferme pas la « bouche; mais le bon Dieu me soutient. Je vois bien « clair que sans un miracle continuel je ne pourrais pas « y tenir. » Elle était, en effet, depuis le matin jusqu'au soir toujours en action et prolongeait même ordinairement son travail fort avant dans la nuit, non pas toutefois, comme on le pense bien, sans se faire une violence continuelle : « Car, disait-elle, si je m'écou- « tais, je ne ferais rien, tant mes infirmités me font « souffrir; mais il faut que je fasse ma besogne, Dieu « le veut; et pourvu que je la fasse, je suis contente : « la souffrance est mon pain de chaque jour : c'est la « moindre de mes croix. » Ce qu'elle souffrait dans son

âme était encore bien autrement pénible, et l'on peut
dire que son cœur fut comme un Calvaire continuel.
Pendant longues années, ce furent des désolations intérieures, des tentations de désespoir de son salut, des
peines et des déchirements de l'âme qui ne peuvent se
comparer qu'aux tourments de l'enfer; puis vinrent les
angoisses cruelles que lui donnait le sentiment profond
de son incapacité pour la charge de Supérieure et qu'augmentait encore jusqu'à la faire fondre en larmes, chaque
faute nouvelle de ses filles, parce qu'elle s'en estimait
la première cause ; puis les contradictions ou persécutions auxquelles elle fut continuellement en butte, et
les difficultés sans cesse renaissantes du gouvernement
d'une grande Communauté: enfin à ces croix personnelles
se joignaient les croix de chacune de ses filles ; car la
charité les lui faisait partager si vivement, que leurs
peines devenaient les siennes propres. Après cela il n'est
pas étonnant de lui entendre dire à une Sœur qui lui
suggérait quelques motifs de consolation : « Mon cœur
« est si plein d'amertumes et de croix qu'il n'y reste point
« de place pour les consolations. » Mais ce qui est vraiment étonnant, ce sont les dispositions de son cœur
au milieu de tant de croix. Une Sœur lui témoignait un
jour sa peine de la voir tant souffrir, malgré toutes
les prières qu'on faisait pour elle : « Satan, lui répondit-
« elle, ôtez-vous de là... et moi je veux souffrir. Si le

« bon Dieu me disait : voilà mon ciel ouvert, tu peux
« y entrer si tu veux, ou bien tu resteras là dans cet
« état jusqu'à la fin du monde : eh bien, je préférerais
« rester dans cet état. » Vous êtes toujours sur la Croix,
lui disait encore une de ses filles : « Oui, mon enfant,
repartit-elle et j'en suis contente : c'est le lieu le plus
« sûr ; je me croirais abandonnée de Dieu si Notre-
« Seigneur ne me faisait part de sa Croix. » Plus elle
avait de croix, plus sa confiance en Dieu augmentait,
parce qu'elle avait pour principe que ce n'est que par
la Croix que les œuvres de Dieu prospèrent et se conso-
lident. « Aussi, disait-elle, quand il nous arrive une
« petite croix, il faut dire le *Laudate;* quand c'est une
« grande, le *Te Deum*, et si c'est une croix noire, tant
« mieux parce que cette sorte de croix tient dans l'hu-
« miliation et fait grand bien à l'âme. » Si elle voyait
quelqu'une de ses filles s'inquiéter et s'alarmer pour
les contradictions ou traverses qui survenaient, elle l'en
reprenait en disant : « Ce n'est pas là mon esprit. » Et
quand elle les voyait lâches à porter de ces petites
croix dont la vie est pleine : « Mon enfant, leur disait-
« elle, vous n'avez pas l'esprit de votre Mère, qui ne
« peut vivre sans croix et qui se croirait abandonnée de
« Dieu si elle n'en avait pas. » Elle ne pouvait souffrir
surtout la délicatesse de ces personnes qui disent qu'elles
préféreraient toute autre croix à celle qu'elles ont,

17.

comme si ce n'était pas à Dieu à choisir et à elles de se soumettre à ce que Dieu veut ; et elle leur faisait comprendre que tant qu'elles seraient dans cette disposition, elles seraient bien éloignées de l'union avec Notre-Seigneur.

CHAPITRE X.

DE L'OBÉISSANCE DE MADAME RIVIER.

L'OBÉISSANCE est une suite de la mortification et de l'humilité que nous avons admirées dans Madame Rivier. Une âme mortifiée ne connaît point de plus beau sacrifice à offrir à Dieu que celui de sa volonté propre en la soumettant à l'obéissance ; et une âme humble qui se défie de ses lumières, qui estime les autres plus sages qu'elle-même est également toute disposée aux actes de cette vertu, heureuse d'avoir pour se conduire, un guide meilleur que son esprit et sa volonté propres. Aussi l'obéissance en Madame Rivier n'était-elle pas moins admirable que ses autres vertus. Pleine de respect pour le Supérieur de sa Congrégation,

parce qu'en lui elle voyait l'autorité de Dieu dont il était
le représentant auprès d'elle , elle ne prenait aucune
détermination tant soit peu importante , sans avoir son
agrément, et elle sacrifiait de grand cœur les projets
qui souriaient le plus à son zèle , les désirs les plus ardents de son âme , dès qu'il n'en goûtait pas l'exécution.
Elle lui exposait ses pensées avec simplicité , « et puis,
« lui disait-elle , ajoutez et retranchez tout comme
« vous trouverez bon ; Dieu s'est servi de vous pour
« son œuvre et toutes nos affaires, il vous éclairera
« encore pour celle-ci : aussi nous recevrons tout ce que
« vous ferez et déciderez comme venant du ciel. Je
« mets cette œuvre comme toutes les autres entre vos
« mains , et je prierai Dieu de vous bien faire connaître
« sa volonté , pour tout faire selon son bon plaisir. »
Les grands succès qu'elle avait eus dans toutes ses
œuvres ne lui avaient inspiré aucune confiance dans ses
lumières ; elle ne tenait point à son sentiment, ne
contestait jamais pour y amener les autres et se plaignait encore moins quand on décidait d'une manière
contraire à ses vues. C'était dans ses rapports avec son
Supérieur la simplicité d'un enfant; il parlait, et elle
agissait ou s'abstenait ; et elle eût mieux aimé manquer
les plus grandes œuvres que de les entreprendre contre
l'obéissance; et cela non point par caractère timide ou
par aucun motif humain, mais uniquement par vue de

foi, parce qu'elle voyait Dieu dans les personnes qui avaient autorité sur elle, et sa volonté adorable dans leurs décisions.

Quoique si docile aux volontés de ses Supérieurs, Madame Rivier avait soif d'une obéissance plus grande encore, et de là ces instances si souvent, si constamment réitérées pour obtenir de se démettre de la supériorité, afin de vivre dans une dépendance universelle et continuelle : « Vous ne pouvez pas juger, disait-elle « à son Directeur, si j'ai la vertu d'obéissance, puisque « j'ai toujours commandé : laissez-moi vivre d'obéis- « sance sous une nouvelle Supérieure, au moins quel- « que temps. » Ne pouvant obtenir ce qu'elle désirait si ardemment, elle obéissait du moins le plus qu'elle pouvait, d'abord à ses Supérieurs, comme nous venons de le dire, puis à la Règle de la maison, à toutes les exigences de sa position, et même à ses filles, dans les choses où elle jugeait que leur manière de voir contraire à la sienne n'avait rien qui pût nuire aux Règles, au bon ordre ou au bien : car dans ce dernier cas elle tenait ferme à son devoir, se mettant peu en peine de ce qu'on pourrait dire ou penser.

Elle ne se lassait point de recommander cette vertu à ses filles, leur répétant souvent qu'il vaut mieux lever une paille de terre par obéissance que de faire les plus grandes œuvres par sa propre volonté ; que cette dernière n'est capable que de tout gâter et de nous faire perdre le mérite de nos actions ; que l'obéissance et le dévouement doivent faire le caractère propre d'une Sœur de la Présentation de Marie; et en effet c'était là, comme nous l'avons vu ailleurs, ce qu'elle demandait principalement des sujets qui se présentaient : elle jugeait que sans cela on n'était propre à rien, qu'avec cela on pouvait partout se rendre utile.

CHAPITRE XI.

DE LA SIMPLICITÉ DE MADAME RIVIER.

LA simplicité, cette vertu qui plaît tant à Dieu et aux hommes, qui embellit tous les mérites et relève toutes les grandes qualités, n'était pas moins admirable en Madame Rivier que ses autres vertus. On peut même dire que c'était là en elle comme un trait caractéristique ; c'était ce qui frappait et édifiait le plus ceux qui l'approchaient, ce qui rendait sa société si douce, ce qui lui ouvrait tous les cœurs et lui gagnait la confiance. Regardant cette vertu comme la compagne

inséparable de l'humilité aussi bien que de la vérité,
elle l'avait en estime singulière et s'attachait à la pratiquer dans toute sa conduite, dans toutes ses paroles,
dans sa dévotion.

ARTICLE I.

Sa simplicité dans sa conduite.

LA simplicité est comme une vertu en deux parties,
dont la première a pour objet l'esprit de droiture et de
franchise, la seconde la fuite de toute recherche et
vanité. Madame Rivier a réuni ces deux choses à un
degré remarquable. Premièrement elle a eu l'esprit de
droiture et de franchise : elle était ennemie de tout
détour, de toute ruse ou duplicité ; elle procédait en
toute circonstance avec une candeur et un esprit de
simplicité incomparable. La droiture de ses intentions,
son amour de l'ordre et de la vérité pouvaient se montrer au grand jour, et jamais elle ne se sentait le besoin
de se cacher sous aucun déguisement. Si elle avait
quelques torts, elle était la première à les reconnaître,
et toute sa conduite était empreinte de la même franchise qu'elle portait au tribunal de la pénitence et qui
lui faisait dire : « Je crois m'être toujours bien confes-

« sée , parce que toujours j'ai fait ce que j'ai pu pour
« me faire connaître ou comprendre. »

Elle n'était pas moins ennemie de tout ce qui ressent
la recherche et la vanité : tout son extérieur était simple , ses manières bonnes et aimables , mais bien éloignées de l'affectation. Elle avait en horreur toute singularité, tout ce qui s'écartait de la vie commune et
tendait à attirer l'attention des autres. Sa nourriture ,
son vêtement, l'ameublement de sa chambre, ses livres
et tout ce qui était à son usage, respiraient la plus
grande simplicité. Elle ne trouvait de son goût que ce
qui était simple, et avait en aversion jusqu'à la moindre
apparence du luxe et de la vanité. Dans la visite de
ses maisons, rien ne lui faisait tant de plaisir que de
trouver chez ses filles un repas simple , une chambre
et un lit simples ; et au contraire elle les reprenait fortement si elle y trouvait la moindre chose qui s'écartât
de cet esprit de simplicité, disant que c'était là la vertu
qui devait les distinguer et les faire connaître partout
pour ses filles. Elle en vint même une fois jusqu'à
quitter brusquement la table en répandant beaucoup
de larmes, et à partir sans manger, parce que la Sœur
chez laquelle elle était, lui présenta une très-belle vaisselle qu'elle avait empruntée pour la recevoir.

ARTICLE II.

Sa simplicité dans la manière de parler.

MADAME Rivier dans ses instructions parlait à ses
Sœurs avec la simplicité d'une mère qui s'adresse à ses
enfants : elle n'y mettait ni art, ni recherche ; point
d'expressions étudiées ; sa seule étude était de tâcher
de se faire bien comprendre, d'exciter l'attention et
l'intérêt ; et pour cela, comme Jésus-Christ son divin
maître, elle usait fréquemment de comparaisons et de
paraboles qui récréaient en même temps qu'elles ins-
truisaient, et employait toujours les locutions les plus
simples, les plus à la portée de son auditoire, si bien
que, même les plus jeunes enfants la comprenaient et
l'écoutaient avec plaisir.

Dans ses entretiens privés, elle usait de la plus
grande réserve et parlait peu : « Je m'étudie, disait-elle
« quelquefois, à ne dire juste que ce qu'il faut, parce
« que je pense qu'il faut ménager ma langue, mon
« temps et mes paroles pour les choses les plus essen-
« tielles : dans ma place il y a tant à faire et à dire ! »
Elle disait d'une manière douce, bonne et agréable tout
ce qu'il fallait soit pour l'affaire dont on l'entretenait
soit pour ne point manquer aux devoirs de la charité

et de la civilité ; mais elle n'ajoutait rien au-delà, laissant volontiers discourir les autres sans introduire une matière nouvelle d'entretien , sans avancer rien d'elle-même, sans faire des questions sur ce qui ne la regardait pas , et se bornant à dire de temps en temps un mot à propos, à faire dans l'occasion un sourire agréable pour ne pas donner aux autres lieu de penser qu'elle ne prenait ni part ni intérêt à ce qu'ils pouvaient dire.

Dans les visites que lui faisaient ses filles pour la direction de leur conscience , elle procédait avec la même simplicité, écoutant tout ce qu'elles avaient à lui dire en grand silence , avec attention , douceur et union intérieure à Dieu , sans montrer aucune surprise des tentations, faiblesses ou fautes même les plus graves qu'on lui exposait ; et après qu'on avait fini de parler, elle disait en deux mots ce qu'on devait faire ou réformer : et encore ces avis si courts, les donnait-elle avec tant de circonspection qu'on eût dit qu'elle craignait de dire un seul mot qui ne vînt pas de la grâce et de l'esprit de Dieu. Car sa grande règle pour diriger l'intérieur de ses filles, était de suivre en tout la direction de l'esprit de Dieu sur chacune d'elles ; et véritablement toutes croyaient reconnaître que l'esprit de Dieu l'éclairait de sa lumière pour lui faire voir , comme dans un grand jour , l'état intérieur de chacune, le degré de franchise et d'humilité avec lequel on lui parlait, les sacrifices que Dieu demandait, et en même temps pour lui inspirer les avis propres à ranimer la confiance, à réveiller le zèle, à démasquer l'orgueil et découvrir les illusions de l'amour-propre.

Dans la manière d'enseigner, elle était également simple, éloignée de toute prétention au savoir et au bel esprit, et voulait que ses filles fissent de même, qu'elles revinssent souvent aux premiers principes en tout genre et apprissent parfaitement le nécessaire avant de passer au superflu. Elle redoutait pour elles l'amour des sciences et de tout ce qui flatte l'esprit et enfle le cœur. « Il vaudrait mieux pour le salut de plu-« sieurs, disait-elle quelquefois en gémissant, qu'elles « ne sussent que l'a, b, c » ; et elle combattait dans les Novices cette vanité qui les porte à préférer ce qui brille au solide, ce qui a de l'éclat au nécessaire.

Enfin dans les récréations, sa simplicité accompagnée d'une douce gaieté faisait le charme de sa compagnie : elle ne pouvait souffrir dans ses filles des airs tristes et mélancoliques, leur répétant souvent qu'elles devaient faire bon visage à tout le monde, que ces airs sombres étaient contraires à l'esprit de leur vocation, et qu'elles devaient toujours avoir un air de paix, de douceur et de joie du ciel. Fidèle à leur donner l'exemple en ceci comme en tout le reste, elle aimait à faire rire les au-tres, à leur faire passer des moments agréables ; et des

riens lui fournissaient matière pour ces aimables en-
jouements. Cette gaieté si pleine de charmes se soutint,
même au milieu de ses souffrances et jusques dans sa
dernière maladie ; alors encore elle savait récréer les
Sœurs qui l'entouraient, les distraire de la douleur que
leur causait son état ; et si quelquefois le poids de la
souffrance l'accablait, elle joignait les mains pour adorer les desseins de Dieu, lui renouveler sa soumission,
se plaignait à lui avec simplicité de son peu de courage
pour souffrir, réclamait à grands cris sa grâce et reprenait ensuite son aimable gaieté.

ARTICLE III.

Sa simplicité dans la dévotion.

MADAME Rivier était extrêmement simple dans sa
dévotion : pour l'intérieur, elle la faisait consister dans
la pureté de cœur, l'imitation de Jésus-Christ, l'attention à n'avoir d'autre volonté que celle de Dieu et
d'autre désir que celui de répondre à ses desseins.
Pour l'extérieur, rien de remarquable dans tout son
maintien, sinon le respect profond avec lequel elle
s'acquittait des moindres exercices de religion, et les
larmes abondantes, les gémissements et les sanglots qui
lui échappaient quelquefois malgré elle. Elle priait le

corps droit, les yeux sur le livre dans lequel elle suivait les offices; point de posture ni de gestes singuliers : c'était en tout la manière de prier du commun des fidèles. Hors le temps de la prière, sa dévotion était également simple. A part quelques mots courts et pleins de sens qu'elle entremêlait dans la conversation, elle s'accommodait à tout ce qu'on y disait, dès qu'elle n'y voyait point d'offense de Dieu; elle n'y faisait point de grands discours de piété, en parlait même peu et ne s'occupait que de faire plaisir aux autres.

Cette âme humble et droite estimait que la simplicité dans la dévotion est la voie la plus sûre pour aller au ciel : toute autre lui semblait suspecte, et elle ne redoutait rien tant que les illusions de la fausse piété, fruits de l'orgueil et de l'amour-propre. Aussi ne négligea-t-elle rien pour en préserver ses filles, et ce fut dans cette vue qu'elle composa son excellent livre du *Domaine des passions*. Elle leur recommandait d'éviter toute singularité dans le service de Dieu et dans la manière de prier, de ne point désirer ni rechercher les voies extraordinaires qui ne sont pas la vraie piété. « La vraie et solide dévotion, leur disait-elle souvent, « c'est la pratique de l'humilité et du renoncement, « l'esprit de componction, l'amour généreux et actif « qui, joignant l'action de Marthe à la vie intérieure de « Marie, s'oublie et s'immole pour accomplir en tout

« la volonté de Dieu ; c'est l'esprit de foi qui fait qu'on
« se demande souvent : Que dit Jésus-Christ et son
« Évangile sur ce que je vais faire ou dire ? que me dit
« la foi en telle ou telle circonstance ? Voilà, ajoutait-
elle, ce qui vaut mieux que toutes les extases et
« toutes les consolations sensibles de la piété. » Elle
avait en horreur ces vaines complaisances qu'on tire de
certaines faveurs sensibles ou de certaines œuvres
extérieures, et qui font qu'on s'attache à sa propre dévotion au préjudice de ses devoirs les plus essentiels,
qu'au lieu de servir Dieu pour l'amour de lui, on se
recherche soi-même en tout, jusques dans les choses
les plus saintes ; et elle était douée d'un tact tout particulier pour discerner la véritable ferveur de ces illusions
de l'amour-propre. Elle n'approuvait point ces lamen-
tations et ces pleurs auxquels se laissent aller certaines
personnes à la vue de leurs défauts : « Tout cela,
disait-elle, ne vient que de la paresse et de l'amour-
« propre, qui voudraient avoir la sainteté sans qu'il en
« coûtât. Je voudrais bien me corriger, dites-vous,...
« si vous le voulez, montrez-le en faisant le contraire
« de ce à quoi vous portent vos défauts ; et au lieu de
« vous laisser abattre, priez, mais aussi combattez :
« car la prière, sans combattre nos passions et nos vices,
« serait vaine. » Elle s'élevait également avec force
contre l'illusion de certaines dévotes qui dans les

conversations parlent beaucoup de piété, de direction, de confessions et confesseurs, et hors de là ne font rien de ce qu'elles disent; qui s'occupent beaucoup des autres et presque jamais d'elles-mêmes; qui sont toujours prêtes à donner des leçons sur les matières les plus relevées de la perfection et qui en pratique ne connaissent pas les premières lettres de l'alphabet du renoncement. « Ne faites pas tant de bruit, disait-elle, mais « portez du fruit par vos œuvres; ne parlez de vous ni « en bien ni en mal, c'est le meilleur; ne vous ingérez « pas dans tout ce qui ne vous regarde point. La plus « belle musique me ferait moins de plaisir que d'en- « tendre dire que nos Sœurs ne se mêlent de rien que « de leur classe. »

Formée par de pareilles leçons, la Communauté offrait un spectacle ravissant : « Ah ! disait une personne de piété qui en était témoin, je n'avais jamais connu « la vraie vertu que depuis que j'ai vu cette maison. » Et comme des étrangers étonnés de ce langage, demandaient à une Sœur ce qu'il y avait donc de si extraordinaire dans ce Couvent : « Je n'y ai rien vu de particu- « lier, répondit celle-ci, que l'exactitude avec laquelle « chacune remplit ses devoirs, et l'union et la charité « qui règnent entre toutes les Sœurs. » C'était sans doute le plus bel éloge qu'elle pût faire de la Communauté et du bon esprit qui l'animait.

CHAPITRE XII.

DE LA VÉNÉRATION DONT FUT ENTOURÉE MADAME RIVIER
DÈS SON VIVANT.

Si le respect de la vertu est un sentiment inné
dans le cœur de tous les hommes , si une éminente
sainteté répand , dès cette vie , sur celui qui la possède
comme une auréole de gloire qui commande à tous la
vénération , il n'y a pas lieu, après tout ce que nous
avons dit de Madame Rivier , d'être surpris de la haute
considération dont elle fût toujours et partout environ-
née. Dès avant qu'elle fût revêtue du costume religieux,
et lorsqu'elle était encore à Montpezat , ce sentiment
de vénération était si profond dans tous les cœurs , que
les garçons comme les filles lui étaient plus soumis
qu'au Pasteur de la paroisse ; les soldats eux-mêmes la
respectaient et étaient timides devant elle ; les personnes du sexe se faisaient faire par elle l'examen de
conscience pour leur confession générale, et aucune
jeune personne ne s'établissait sans lui avoir auparavant

demandé conseil. Les mères la priaient de bénir leurs
enfants, et une d'elle heureuse d'avoir obtenu cette
faveur, s'écriait en baisant le sien : « Va, mon enfant,
« tu seras un saint, car une sainte t'a béni. »

Ce sentiment général ne fit que croître avec le déve-
loppement de ses œuvres et de ses vertus ; et l'on vit
les personnes du monde, les Maires et les Préfets,
comme les Prêtres et les Évêques, avec qui elle a eu
des rapports, lui rendre tous les égards qu'on porte aux
personnes qu'on vénère. Souvent même des laïcs pré-
venus contre elle l'abordèrent avec la disposition de lui
adresser des paroles vives et offensantes, et il leur suffit
de la voir pour devenir doux et timides comme des
agneaux sans oser lui dire autre chose que des paroles
de respect et de soumission : tant était profonde la
vénération qu'imprimait l'air de sainteté répandu dans
toute sa personne.

Mais Madame Rivier inspirait encore quelque chose
de mieux que le respect, c'était la confiance, et une
confiance si entière qu'on s'ouvrait à elle comme à son
confesseur. Il semblait qu'on ne pouvait mieux déposer
ses peines et puiser des conseils plus sûrs que dans ce
cœur tout plein de Dieu, tout animé de l'esprit divin.
Aussi dans ses voyages, partout où elle était connue
et où elle s'arrêtait, elle était continuellement occupée
à entendre les personnes du monde qui désiraient lui

découvrir leurs misères spirituelles, recevoir ses exhortations et ses avis. Ce fait était surtout remarquable dans la *Maison de l'Instruction* du Puy où elle allait si fréquemment : dès qu'elle y était arrivée, les Sœurs et les personnes du monde sollicitaient comme une faveur le bonheur de l'entretenir, et ne lui laissaient pas un moment de repos depuis le matin jusqu'au soir.

CHAPITRE XIII.

TRAITS FRAPPANTS DE LA PROVIDENCE SUR MADAME RIVIER ET SUR SES FILLES.

DIEU, dit le Psalmiste, est admirable dans ses Saints, non-seulement par les vertus que sa grâce produit en eux, mais encore par la protection dont il les entoure et les faveurs qu'il accorde à leurs prières, soit pendant leur vie soit après leur mort : c'est ce qui nous reste à considérer dans Madame Rivier :

Convaincue de cette maxime qu'elle aimait souvent à redire, que Dieu veille d'une manière toute spéciale sur les personnes qui se consacrent à son service, sur-

18

tout celles qui se dévouent à l'éducation de la jeunesse,
elle avait la plus grande confiance en la divine Providence ; et comme elle estimait que toutes les grâces
passent du ciel en terre par les mains de la sainte Vierge,
elle mettait matin et soir toutes ses Sœurs , celles
surtout qui étaient en voyage , sous la protection de
cette auguste Reine, par la récitation du *Salve Regina*,
assurant qu'elle aurait redouté les plus grands malheurs
et n'aurait pu dormir tranquille si elle eût manqué à
cette pratique. Sa confiance en Dieu et en Marie ne fut
point vaine ; et ils sont innombrables les faits où la
protection d'en haut est marquée d'une manière trop
frappante pour qu'on puisse y méconnaître le doigt de la
Providence. Tantôt c'est le feu près de produire un
grand incendie et arrêté sur la prière de Madame Rivier par une circonstance tout-à-fait insolite qu'il est
difficile d'attribuer au hasard ; tantôt c'est la digne
Supérieure elle-même et plusieurs fois ses Sœurs près
de périr aux passages des rivières , se débattant long-
temps entre la vie et la mort, et échappant contre
toute vraisemblance. Ici ce sont ces mêmes Sœurs sur-
prises par la nuit au plus fort de l'hiver à travers les
montagnes , par des chemins affreux et inconnus ,
perdues dans l'obscurité la plus profonde ; et au moment
où tout semblait désespéré, du secours et de la lumière
leur arrivent : là c'est un cheval mal dressé qui pousse

leur voiture à deux doigts d'un abîme ; elles crient vers
le ciel, le cheval s'arrête, et elles sont sauvées ; c'est
une voiture, dont les roues privées de leur clef peuvent.
sortir à chaque moment de l'essieu, et le voyage se fait
sans accident; c'est la foudre qui entre dans une école,
investit de ses feux les religieuses et les élèves et se
retire sans leur faire aucun mal. A Bourg-Saint-Andéol
ce sont, pendant la construction de l'édifice, des chûtes
d'ouvriers des lieux les plus élevés, et aucun ne périt;
des besoins d'argent qui mettent dans le plus grand
embarras, et ceux-là même auxquels on doit viennent
de leur plein gré offrir de prêter des sommes considérables.

Mais ce fut surtout après la mort de Madame Rivier
que Dieu se plut à glorifier sa fidèle servante par des
grâces extraordinaires accordées à son intercession.
Dans l'impossibilité de tout dire, nous nous bornerons
à signaler ici quelques guérisons frappantes juridique-
ment constatées.

La Sœur Théophile, appelée dans le monde Mlle Anne
Montcouquol, avait, à la suite de froids endurés et de
diverses maladies la main droite et les doigts tellement
contractés qu'ils étaient constamment fermés et recour-
bés ; et si une force étrangère les redressait, ils revenaient aussitôt comme par un mouvement de ressort.
à leur état-de contraction : le bras droit était en même

temps contourné, de telle sorte qu'elle ne pouvait faire usage de sa main droite, ni même faire le signe de croix ; et elle était dans cet état depuis environ quatorze ans. En vain les médecins avaient essayé tous les remèdes ; rien ne pouvait la guérir. Enfin deux mois et demi après la mort de Madame Rivier, à la suite d'un songe où elle crut la voir qui lui reprochait de n'avoir pas confiance en elle et lui promettait sa guérison, elle commença une neuvaine pendant laquelle elle allait tous les jours, avec plusieurs de ses compagnes, prier sur le tombeau de son ancienne Supérieure, couvrir la main malade d'un signe de croix tracé avec de la terre de ce tombeau et la poser ensuite pendant un certain temps sur le bocal qui renfermait le cœur de la servante de Dieu : dès le quatrième jour, le samedi dans l'Octave de l'Ascension 1838, elle sentit ses doigts s'allonger, sa main et son bras reprendre leur état naturel ; et sa guérison fut aussi complette qu'instantanée.

La guérison du Curé de Villeneuve-de-Berg, qui arriva au mois de février 1839, ne fut pas moins remarquable. Ce respectable ecclésiastique, nommé M. Faure, était atteint depuis plus de six ans d'une sorte de rhumatisme goutteux aux pieds, aux mains et dans toutes les articulations. Il souffrait des douleurs atroces qui ne lui laissaient presque point de repos, lorsqu'une nuit s'étant endormi malgré la souffrance, il crut voir Madame Rivier qui le fixait avec un sourire gracieux et lui disait : « Priez pour les âmes du Purgatoire, et vous « serez soulagé. » Et comme il ne répondait rien, elle ajouta d'un ton un peu plus animé : « Et priez donc « pour ces âmes, vous dis-je ; moi je prierai pour vous « et vous serez soulagé dans deux heures. » Sorti de son sommeil, il entend sonner quatre heures, et convaincu qu'il venait d'avoir une vision réelle et non pas un simple rêve, il récite le plus pieusement qu'il peut le *De profundis*, promet à Madame Rivier, si elle obtient sa guérison, de faire une neuvaine pour les âmes du Purgatoire, et d'aller dire une Messe d'actions de grâces au Couvent de Bourg, et se rendort. A six heures il s'éveille, ne se sent plus aucune douleur, se lève, vaque à tous les devoirs de son ministère comme s'il n'eût jamais été malade, et depuis ce temps le mal n'a point reparu. Tout au plus de loin en loin éprouve-t-il quelque douleur passagère ; ce qui ne contredit en rien la parole de Madame Rivier laquelle ne lui dit pas : *Vous serez guéri*, mais *Vous serez soulagé*.

Six mois après cette guérison, une Sœur de la Présentation nommée dans le monde Mlle Sophie Souchère, en religion Marie Adélaïde, étant atteinte d'une maladie de poitrine très-avancée, contre laquelle toutes les ressources de la médecine étaient impuissantes, conçut la pensée d'une neuvaine à la Sainte Vierge par la médiation de Madame Rivier ; et l'ayant commencée neuf jours avant l'Assomption, pendant lesquels elle porta sur sa poitrine un morceau d'étoffe qui avait appartenu à sa sainte Supérieure, elle se trouva le jour de la fête parfaitement guérie, reprit dès lors toutes ses occupations avec la nourriture et le régime de la Communauté, et depuis ce temps sa santé s'est constamment soutenue.

Encouragée par le récit de faits si extraordinaires, une jeune personne de Chaudes-Aigues au diocèse de Saint-Flour, affligée d'un ulcère scrofuleux qui lui couvrait une partie du visage et finit par la priver de la vue, eut recours au même moyen de guérison et en éprouva les mêmes effets. Il y avait long-temps qu'elle endurait les plus vives douleurs aux yeux et à toute la tête, poussant les hauts cris et ne pouvant dormir ni la nuit ni le jour, lorsque laissant là tous les remèdes elle tourna tout son espoir vers Madame Rivier, dont lui avaient parlé les Sœurs de la Présentation qui étaient à Chaudes-Aigues : deux verres de tisanne où l'on avait mis un peu de terre du tombeau vénéré, suffirent pour faire disparaître les douleurs des yeux et de la tête. Mais cependant elle ne pouvait encore jouir de la vue, et l'ulcère demeurait toujours au visage : alors avec sa pieuse mère elle commence une neuvaine devant l'image de Madame Rivier, plaçant sur sa tête une coiffure qui avait été à son usage : la neuvaine finie, aucun résultat ne paraît ; elle ne se décourage pas, elle en commence une seconde : encore de cette fois aucun résultat ; enfin pleine de foi et de confiance, elle en commence une troisième, et à la fin fait dire une messe où elle communie avec sa mère. La messe était à peine terminée que la malade recouvre la vue, ses infirmités disparaissent, sauf quelques petites cicatrices au visage et un peu de rougeur sur les paupières, conformément au vœu de sa mère qui craignant le danger auquel l'exposerait une guérison entière, avait demandé qu'il lui restât quelques légères difformités ; elle revient de l'église sans aucun secours étranger, vaque à tous les travaux de la maison, et depuis ce temps sa santé a été parfaite.

Une guérison plus merveilleuse encore s'est opérée naguères au Monastère de la Trappe d'Aiguebelles, diocèse de Valence. Un jeune Religieux de cette maison, natif de Toulouse, était atteint d'une maladie grave que plusieurs médecins avaient jugée incurable. Abandonné des hommes, il se tourne vers le ciel et commence, par les ordres du R. P. Abbé, une neuvaine de prières devant l'image de Madame Rivier, que le P. Abbé lui avait recommandé d'invoquer seule : pendant cette neuvaine il se trouve tout-à-coup et en un instant si parfaitement guéri que dès le jour même

il reprend en entier l'ordre et les travaux de la Com--
munauté. C'était en mai 1841, et depuis ce temps il
jouit d'une santé parfaite.

Nous pourrions multiplier encore les citations, mais
nous en avons dit assez pour montrer que Dieu est
vraiment admirable dans ses Saints; et nous compre-
nons d'ailleurs toute la réserve qui nous est commandée
sur ces matières. C'est à l'Église à prononcer sur la
réalité des miracles aussi bien que sur la sainteté des
serviteurs ou servantes de Dieu : nous ne voulons point
anticiper sur les jugements de cette divine interprète
des oracles du ciel ; et faisant réserve de toutes les
expressions par lesquelles nous aurions dans le cours
de cette histoire signalé comme sainte la personne de
Madame Rivier, ou comme miraculeux certains effets
obtenus par ceux qui l'invoquaient, nous déclarons en
conséquence des décrets de N. S. P. le Pape Urbain VIII,
tout soumettre au jugement de la Sainte Église Catholique, Apostolique et Romaine, dans le sein de laquelle
nous voulons vivre et mourir.

 FIN.

TABLE.

❦

LIVRE SECOND.

LIVRE TROISIÈME.

FIN DE LA TABLE.

CPSIA information can be obtained
at www.ICGtesting.com
Printed in the USA
LVHW080009230119
604917LV00007B/87/P

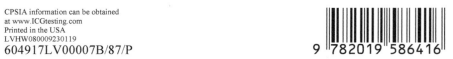